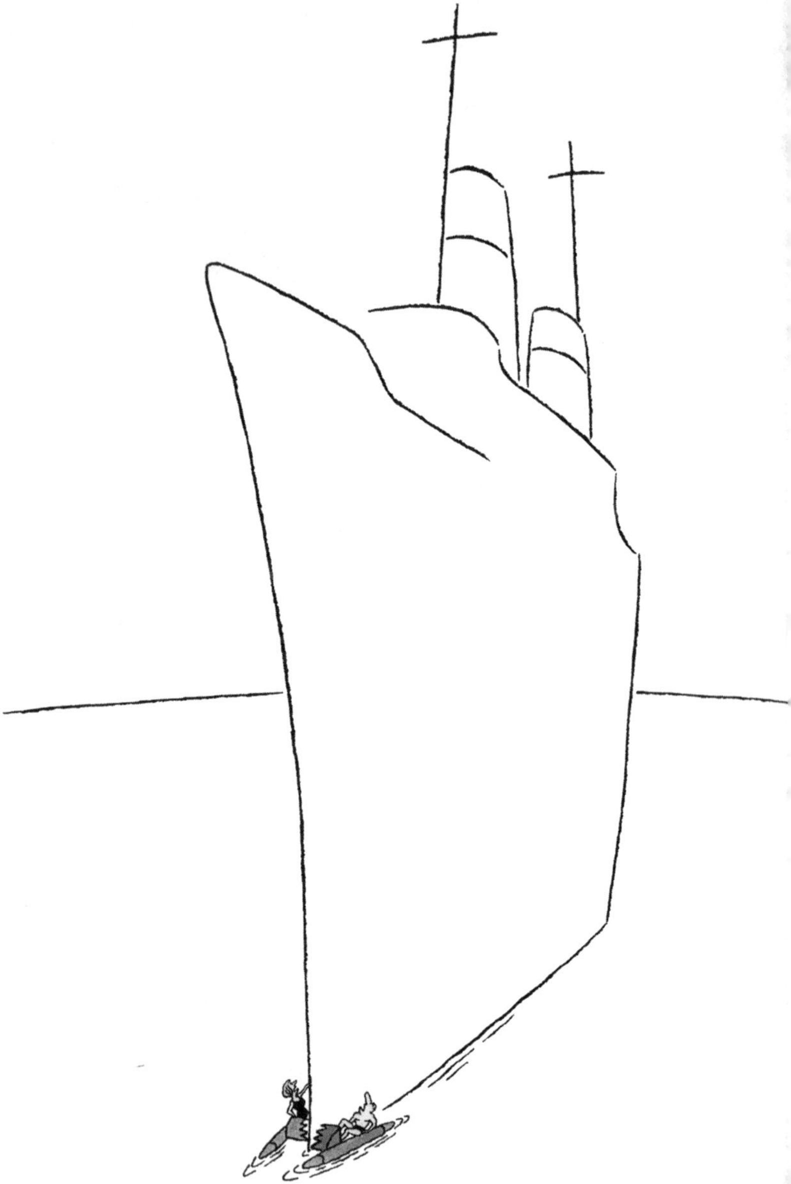

Kreuzfahrt-Lesebuch

Mit Zeichnungen von Loriot, Bosc und Jean-Jacques Sempé

Ausgewählt von Daniel Kampa

Diogenes

Nachweis am
Schluss des Bandes
Umschlagzeichnung von
Jean-Jacques Sempé

Originalausgabe

www.diogenes.ch
120/12/4/1
ISBN 978 3 257 06827 6

Inhalt

René Goscinny

Wir legen ab

Die Präliminarien einer Seereise sind langwierig und nicht besonders aufregend. Sie setzen mit einem Prospekt ein, auf dem eine Fotografie ein übermäßig vergrößertes Schwimmbecken zeigt. Attraktive Männer und bildhübsche junge Frauen führen auf prachtvollen Farbfotos sorglose Fröhlichkeit vor. Weiße Smokings defilieren vor vielfarbigen Horsd'euvres, gutaussehende Stewards in rasant geschnittenen Uniformen beugen sich graziös über lächelnde Damen, die sich in weich gepolsterten Liegestühlen kühle Drinks servieren lassen – und das alles neben dem leeren Schwimmbecken oder auf dem großen Promenadendeck über der glatten See … Auf einer anderen Illustration sieht man einige Passagiere, die im Salon mit dem gold betressten Kapitän den Begrüßungs-Sekt trinken.

Das alles ist ja offenbar zu schön, um wahr zu sein, und die nüchternen Büros der Schifffahrtsagenturen tragen auch nicht dazu bei, uns verlässlich zu informieren. Sicher sähen wir lieber sonnengebräunte Seeleute, die ihrem Reeder über eine Meuterei bei der Umrundung des Kaps der Guten Hoffnung Bericht erstatten oder von Skorbut-Fällen, von denen die Mannschaft vor den Inseln unter dem Winde dezimiert wurde – ohé, ohé, fare well.

Aber statt der sonnengebräunten Seefahrer trifft man in

den Büros nur auf blasse, erdverbundene Angestellte, die offenbar schon länger weder Sonne noch Meer gesehen haben. Auch die Pläne der verschiedenen Ebenen des Schiffes sind nicht sehr informativ: die erste Klasse in Rot, die zweite in Blau, die dritte – schon etwas kleiner – in Gelb. Das alles ist sehr abstrakt, trotz der Details: die Aufstellung der Tische im Speisesaal und der Sessel im Salon, die Anordnung der sanitären Einrichtung in den Toiletten. Zwar gibt es Modelle des Schiffes, aber sie sind unter Glas verwahrt und vermitteln noch nicht im Entferntesten das Gefühl der bevorstehenden Reise. Die Kinder jedenfalls sind fasziniert, sie untersuchen neugierig das Labyrinth zukünftiger Entdeckungen. »Bleib von dem Schiff weg!«, sagen die Eltern; die später leider nicht mehr so streng mit ihren Anordnungen sind.

Erst wenn die Billetts und die Aufklebe-Etiketten für die Gepäckstücke ausgegeben werden, beginnt man sich genauer umzusehen und fragt sich, ob die anderen Kunden der Agentur, die vor den Schaltern stehen, an Bord des gleichen Schiffes gehen werden: der anglikanische Pastor, die hübsche junge Dame, der altersschwache Herr – wer von ihnen wird wohl mit an meinem Tisch sitzen oder so eine interessante Reisebekanntschaft werden, von der in dem Prospekt die Rede war? Und schon fängt man an ein wenig zu träumen: Man tanzt im weißen Smoking mit der hübschen jungen Dame oder liegt bequem im Liegestuhl und lässt sich von dem Steward ein erfrischendes Getränk servieren. Der anglikanische Pastor – er könnte eine Figur aus einem Roman von W. Somerset Maugham sein, erzählt von seiner Missionstätigkeit. An den alten Herrn denke ich weniger, aber das ist vielleicht ein Fehler: In ein paar Tagen kann er neben mir am Tisch sitzen. In ein paar Tagen – die gehen jetzt schnell vorüber zwischen Gepäckstücken, Impfterminen, Reisepapieren und Mottenpulver.

Aber dann plötzlich und wie durch ein Wunder befindet man sich in einer Halle am Hafen und vor dem Schild mit dem Pfeil: Enbarquement! Das Schiff hat man zwischen den Lagerschuppen und den Kränen noch gar nicht bemerkt. Was man erkennt, ist das Ende einer Landebrücke, an der ein Polizist steht.

Ein Steward im weißen Dress schlendert vorüber, ein junger Offizier verschwindet im Zollbüro, ohne auf die Reisenden zu achten, die allmählich eintreffen und ihre Dokumente bereithalten. Ein ziemlich trister Verein übrigens, die künftigen Passagiere. Selbst wenn sie einen Luxusdampfer gebucht haben, sehen sie eher aus wie Emigranten, die vor einer Krise fliehen, weil die Kartoffelernte schlecht war. Zwischen flüchtig verschnürten Paketen, Tragetaschen mit eilig zusammengerafften Sachen, die nicht mehr in die Koffer passten, sehen sie entnervt aus, fast verängstigt. Sie haben sich gesorgt, kein Taxi rechtzeitig zu bekommen, den Zug zu verpassen, sie sehen andere Reisende vor ihnen zur Kontrolle drängen, sie wechseln feindselige Blicke und nehmen die ganze Prozedur als schlechtes Vorzeichen. Schon werden ein paar unerzogene Bengel laut, giften sich zwei aufgeregte Männer an und richtig, da steht ja auch der alte Herr wieder, ganz unauffällig als Erster in der Schlange und mit dem Pass in der Hand. »Mit diesen Typen soll ich drei Wochen auskommen?«, seufzt jeder. Ein Kleinkind, in seiner Reaktion spontaner als seine Eltern, verkündet heulend, es will nach Hause, und bezieht daher seinen ersten Klaps auf der Reise als letzte Erinnerung an das Festland.

Trotzdem wird sich aus dieser tristen Gruppe von Enttäuschten und Übelgelaunten mit der Zeit eine organisierte Gesellschaft bilden, mit all ihren Problemen und Vorlieben.

Nach Erledigung der Formalitäten bewegt man sich schließlich auf die Landungsbrücke zu; ein letzter Moment der Unsicherheit, bevor man festen Boden verlässt: Sind die Koffer auch mitgekommen? Haben wir nichts vergessen? Und dann, nach ein paar Minuten ist man an Bord! Der Geruch von frischer Farbe, Gummi und Teer verursacht einen leichten Glücksschwindel. Diese neue Welt, die schon nicht mehr so riecht wie die gewohnte, scheint doch vertrauenswürdig und stabil zu sein. Sie vibriert ein wenig, aber das ist alles. Zimmermädchen und Stewards gehen voraus über farbige, filzbelegte Gänge, in denen man von weitem das Summen ferner Motoren spürt.

Sie haben inzwischen von Ihrer Kabine Besitz ergriffen – ein erstaunlich sauberer, geordneter Raum –, und Sie bauen sich schnell Ihr Nest. Da ist die aktuelle Speisekarte, da sind Äpfel und eine Einladungskarte, die Bordzeitung und der Party-Zubehör. Auf der Innenseite Ihrer Kabinentür finden Sie die Nummer Ihres Rettungsbootes und Hinweise auf die Schwimmweste, die Sie auf See an der Oberfläche hält, falls zu viele Frauen und Kinder die gleiche Nummer für das Rettungsboot haben wie Sie. Dass man verschiedene Signale und Vorschriften beachten muss, wenn das Schiff aufgegeben wird, erstaunt natürlich etwas, denn davon stand nichts in dem Werbeprospekt!

Jetzt machen Sie sich schnell daran, den Bereich zu erkunden, der für die nächsten Tage und Wochen Ihr Leben bestimmen wird. Sie laufen über die Decks, erstaunen über den winzigen Swimmingpool, der leer und mit einem Netz abgedeckt ist. Sie besuchen die Salons, gehen in den Speisesaal hinunter, wo Sie, wie man Ihnen geraten hat, Ihren Tisch beim Chefsteward reservieren lassen.

»Setzen Sie mich bitte nicht mit uninteressanten Leuten zusammen«, sagen Sie. Der Chefsteward lächelt diskret. »Hier, da sind Sie gut aufgehoben«, sagt er und zeigt auf seinen Plan. Sie lächeln dann ebenfalls diskret und reichen ihm ein Trinkgeld, denn man hat Ihnen geraten, das sofort beim Ablegen zu tun. So verabschiedet man sich beiderseits mit diskretem Lächeln.

Und dann, nachdem Sie alle Treppen rauf- und runtergegangen sind, die Decks inspiziert haben und die Verladung eines großen Automobils beobachten konnten, gehen Sie in einen Salon oder eine Bar und setzen sich in einen Sessel.

Merkwürdig, dieser Sessel kann Ihr privates Nest werden, in das Sie immer wieder zurückkehren, zwischen den Mahlzeiten, bei starkem Seegang, um zu lesen, zu schlafen, um zu leiden. Oder aber man benutzt ihn von da an nie wieder. In diesem Falle werden Sie sich während der Reise kaum noch erinnern, was Sie auf die verrückte Idee gebracht hat, sich in diesen Sessel zu setzen. Jetzt jedenfalls ist das Schiff voller lauter und erregter Gruppen, und man kann die Passagiere von den Besuchern nicht mehr unterscheiden. Man fragt sich dennoch immer wieder: Sind das nun Passagiere oder Besucher? Einige unsympathische Gesichter möchte man gerne an Land zurücklassen. Aber dann beginnt etwas Merkwürdiges: Die alten Bedenken und Alltagssorgen sind wie ausgelöscht. Das Wichtigste im Augenblick scheint zu sein, dass das kleine plärrende Monster und die dicke übellaunige Dame nicht an Bord bleiben.

Ein gewaltiger Sirenenton lässt alle zusammenfahren, und jetzt hört man aus dem Lautsprecher zum ersten Mal den Satz: »Alle Besucher von Bord!« Er löst ein geräuschvolles Durcheinander aus. Das kleine heulende Monster rennt zur Landungsbrücke, aber es wird in letzter Sekunde von der dicken mürrischen Dame zurückgeholt – die beiden bleiben also.

Nach einigen Augenblicken der Verwirrung und unter heftigen Sirenenstößen löst sich das Schiff vom Kai.

Wir legen ab.

Die Hafenmauer hat sich zunächst kaum spürbar entfernt, dann jedoch schneller, und ein Gefühl des Mitleids weht uns an. Mitleid mit denen, die zurückbleiben, die mit ihren Taschentüchern winken, und mit denen man nichts mehr gemeinsam hat.

Bald steigen Sie in den Speisesaal hinunter, wo der Chefsteward Sie mit diskretem Lächeln empfängt. An Ihrem Tisch sitzt schon der alte trottelige Herr, der Ihnen einen erstaunten Blick zuwirft.

Er sieht sogar so aus, als fühlte er sich hereingelegt.

John Updike
Kreuzfahrt

Immer neue Inseln tauchten vor ihren Fenstern auf. Kreta, Ogygia, Capri, Ponza. Kalypso, die Neumans Reisegefährtin geworden war, seine Frau zur See, saß beim Lieben gern rittlings auf ihm und spähte durchs Bullauge hinaus, während sie zwischen ihren Beinen das Wogen und Bocken des Schiffes fühlte. Das Hortensienblau ihrer Augen wurde dunkel in diesen Augenblicken, neigte sich dem violetten Ende des Spektrums zu. Ihre Haut war so glatt wie die einer frisch entstandenen Statue. Er nannte sie Kalypso, weil die gesamte Kreuzfahrt, an der fünfundsechzig Passagiere und vierzig Besatzungsmitglieder teilnahmen, als genaue Wiederholung der verschlungenen Heimfahrt des Odysseus verkauft wurde, auch wenn alle, einschließlich derer, die die Vorträge hielten, immer wieder vergaßen, welche Anlaufbahn was in der *Odyssee* darstellte. Waren die Klippen von Bonifacio, einer schicken, stürmischen Touristenfalle am Südzipfel von Korsika, *wirklich* die Klippen, von denen die riesenhaften, wahllos Fleisch fressenden Laistrygonen die Flotte mit Steinen bombardiert und alle Schiffe versenkt hatten, nur das blau geschnäbelte des listigen Anführers nicht? War Djerba, eine in der Hitze dösende, der tunesischen Küste vorgelagerte Insel, die sich durch eine im Gebrauch befindliche Synagoge sowie eine stillgelegte aragonische Feste aus dem dreizehnten Jahrhundert hervortat, *wirklich* das Land der Lotusesser?

»Nun, was ist ›wirklich‹?«, gab der Mann, der ihnen Vorträge hielt, zurück, in sokratischer Manier eine Frage mit einer Gegenfrage beantwortend. »Tί ἐστιν ἀλήδεια? Oder wie die Franzosen sagen würden: ›*Le soi-disant Ding an sich, c'existe ou non?*‹«

Es gab zwei Vortragende an Bord: einen kleinen Mann und eine große Frau. Der Mann predigte einen verqueren verbalen Dekonstruktivismus und die Frau einen klirrenden kosmischen Feminismus. Klytämnestra entsprach ihrer Vorstellung von einer griechischen Heldengestalt. Medea und Hekuba bewunderte sie ebenfalls. Sie trug Goldsicheln um den Hals, und ihr Haar war in geflochtenen Schlangen hochgesteckt. Die Liebenden, im Taumel ihrer eben erst ausgebrochenen Leidenschaft respektlos und grausam gegenüber dem Rest der Menschheit, nannten sie Killer. Den Mann nannten sie Homer. Homer saß jeden Abend bis spät in die Nacht in der Lounge, rauchte Zigaretten und legte sich zurecht, was er am nächsten Tag vortragen wollte. Er sah erschöpft aus von all seinem Wissen, seinen Sprachen und blass vom zu langen Aufenthalt in geschlossenen Räumen. Sogar wenn er sich die rutschigen, geröllbedeckten Böschungen archäologischer Grabungsstätten hinauf- und hinunterplackte, trug er ein Button-down-Hemd und geschnürte schwarze Schuhe. Die Liebenden fühlten sich ihm überlegen in ihrem Zustand der Euphorie, in den häufige Orgasmen im sich wiegenden, klickenden, geschickt genutzten Raum der kleinen Kabine sie versetzt hatten.

»*Aiiiieeee!*«, schrien sie. »*Aiae, aiae!* Wir sind wie Götter!«

Zwischen Malta und Djerba gab es grobe See. Neuman übergab sich, sehr zu seiner Überraschung und seinem Ärger. Er war, aufgrund mehrerer Atlantiküberquerungen in riesigen Linienschiffen, der Meinung gewesen, seetüchtig zu sein. Kalypso, die in ihrem Leben zu Lande auf einer Weizenfarm in Nebraska aufgewachsen war und den Ozean zum ersten Mal zu Gesicht bekommen hatte, als sie einundzwanzig war und unglücklich verheiratet, blieb von Seekrankheit ganz unberührt; als er vom Tisch im schwankenden Speisesaal aufsprang, blieb sie ruhig sitzen, aß ihre gedünstete Lachsforelle zu Ende, tat sich von seinem Tintenfisch-Stew auf, ließ keinen einzigen der köstlichen kleinen Malteser Biskuits im Brotkorb übrig und bestellte zum Dessert karamellisierte *Pomme Charlotte* und türkischen Kaffee. In der gelassenen Ruhe ihres Magens hatte sie wahrlich etwas von einer Göttin – Kalypso, die Tochter der Thetis und des Okeanos. Während der Flucht aus dem Speisesaal und durch den langen Korridor des zweiten Decks hielt Neuman bittersaures Erbrochenes hinter den Zähnen zurück; als er sein Bad erreichte, spie er los wie eine Fontäne, widerwärtig, ausführlich. Ah, was ist der Mensch anderes als ein bisschen Schleim in der Zisterne des Nichts?

»Du armer Schatz«, sagte sie, als sie schließlich zu ihm herunterkam. Ihr Kuss schmeckte nach Karamell und hatte einen neuerlichen kleinen Würgeanfall zur Folge. »Ich glaube, ich verbringe die Nacht in meiner eigenen Kabine«, ließ sie ihn wissen. »Aber erst noch ein Gläschen Anisette.«

»Geh nicht in die Lounge hinauf«, bat er, schwach und grüngesichtig und doch von sexueller Eifersucht geplagt. »Da hockt jeden Abend eine Clique von Kampftrinkern herum. Abgebrühte Kreuzfahrer. Amüsierhanseln. Heute Abend singen sie alle miteinander, und anschließend gibt es *Casablanca*. Immer wenn auf diesen Schiffen *Casablanca* gezeigt wird, ist die Hölle los.«

»Ich mach das schon«, sagte sie, und ihre komplizierten blauen Augen schweiften ausweichend zum Bullauge hin, das schwarz war, bis auf den trüben Schein der Steuerbordlichter und einen diagonalen Gischtstreifen am Tiefstpunkt eines besonders widerwärtigen Klatschers ins nasse Nichts. »Nur weil's mit dem Sex bei uns stimmt«, sagte sie energisch, »bin ich noch lange nicht dein Eigentum, Freundchen. Ich habe für diese Kreuzfahrt mein eigenes Geld hingeblättert und beabsichtige, mich zu amüsieren.«

Sie gehörte zu den neuen Frauen und er, trotz seines Namens, zu den alten Männern. Weibliche Gleichberechtigung erschien ihm als eine unzivilisierte Idee. Allein schon die Vorstellung, dass sie sich amüsierte – aus diesem unfertigen, hyperaktiven Wirrwarr von Universum ein bisschen selbstisches Glück melken wollte –, verdoppelte und verdreifachte seine Übelkeit. »Geh schon, du blödes Stück«, sagte er. Sein Magen, der wie eine zarthäutige Qualle in ihm trieb, schickte sich gerade zu einer neuen Konvulsion an, und er war bereit zum Sturm auf die Toilette, sobald sie das Hindernis aus dem Weg geräumt haben würde: ihren properen kompakten Körper im Chiton aus gestärktem blauen Leinen, gegürtet mit goldener Kordel. Sie hatte gute kräftige Beine, wie eine Cheerleaderin, nur ohne die weißen Söckchen. Die Hüften leicht eckig, wie kleine Baumwollballen. Schmale Füße in Goldsandaletten. »Wie gewonnen, so zerronnen«, sagte er mit gespielter Munterkeit, während es in ihm hochquoll.

Sie hatten einander am Ausgangspunkt der Reise, in den Ruinen von Troja, ins Auge gefasst. Sie stand in kakifarbenen Safarihosen und mit hellgrünem Augenschirm auf Ebene VIIa, die als Priamos' Troja galt, falls überhaupt etwas »wirklich« war an dieser archäologischen Stätte, und er befand sich unten auf Ebene II, nicht weit von der Stelle, wo Schliemann und seine rassige griechische Frau Sophia einen Goldschatz aus dem dritten Jahrtausend vor Christus gefunden und heimlich beiseitegeschafft hatten. Das Ganze war jetzt ein Durcheinander von Erdwällen und Steinen, wehendem Gras und tanzenden Mohnblumen, feuchtäugigen Fremdenführern, nicht mehr ganz jungen Amerikanern und festgefügten Kalksteinmauern, die höchstwahrscheinlich zu niedrig waren, um die Mauern des sagenhaften Troja gewesen zu sein. »Kann das wohl alles sein?«, murmelte Homer fragend in die Runde. »*Est-ce que c'est tout?* Ein kleiner Schutthaufen am Rande des Sumpflands? Schliemann befand: ›Es ist genug. Dies war Troja.‹« Die Mohnblumen tanzten im wehenden Gras. Über den gerölligen Boden waren Kassandra und Aeneas geschritten, der ehrwürdige Priamos und die berückende Helena.

Die Blicke der beiden, die ein Liebespaar werden sollten, trafen sich einmal und noch einmal. Sie schätzten einer des andern Größe und Alter ab und suchten nach Zeichen sozio-ökonomischer Kompatibilität, und er kletterte vorsichtig hinauf, um sich unauffällig ihrer Gruppe anzuschließen. Der Fremdenführer, ein Türke aus der Gegend, erzählte vom Urteil des Paris, als sei es etwas, das sich gestern im Nachbardorf abgespielt hatte. »Armer Zeus, was soll er machen? Eine Frau seine Frau, andere seine Tochter, mitten aus Kopf raus – päng!« Er schlug sich mit der Faust gegen die breite braune Stirn. »Jede Dame sagen, sie eindeutig die beste, *sie* goldenen Apfel verdienen. Zeus böse und sich umdrehen und weit weg, auf Berg Ida, da hinten, man kann fast sehen« – er zeigte, und die Touristen spähten, harkten mit den Augen die leere troische Ebene ab, die zwar weit war, aber nicht ganz so windig wie im Epos – »er sehen diesen armen Hirtenjungen, Sohn von König Priamos, der sich um seinen eigenen Kram kümmern und auf Schafe aufpassen. Sein Name: Paris. Zeus zu ihm sagen: ›Du bestimmen.‹ – ›Wer, ich?‹ – ›Ja, du.‹« Die in der Sonne schmorenden amerikanischen Touristen lachten höflich; der Fremdenführer lächelte und ließ einen goldenen Fangzahn aufblitzen. »›O Mann‹, Paris denken. ›Problem.‹ Eine Dame ihm viel Reichtum anbieten, Hera. Andere sagen: ›Nein, ich dir geben Ruhm und Ehre in Schlacht, in Krieg.‹ Das war Athene, Tochter aus Zeus' Kopf. Dritte war Aphrodite, sagen: ›Kannst du alles vergessen. Ich dir geben schönste Frau von der Welt zum Heiraten.‹ Und Paris sagen: ›Okay, abgemacht, Sie haben gewonnen.‹«

Mittlerweile stand Neuman auf gleicher Höhe mit seiner Augenschirm tragenden Beute. Er murmelte ihr ins Ohr: »Das Okay, das tausend Schiffe vom Stapel gelassen hat.« Eine heisere amerikanische Geistreichelei, hier an diesem abgelegenen archaischen Ort. Ihr Ohr gefiel ihm sehr, seine marmorne Weiße, seine eckige Gefalztheit. Es war feminin, doch unverspielt, wie ihr fester Blick.

Sie hatte seine Nähe gespürt. Die Seele hat Härchen, die sich aufrichten. Kalypso kehrte ihm das Profil zu und lächelte kaum über den Scherz, dann wandte sie den Kopf, um ihn zu taxieren, seine physische und mentale Eignung sowie die Dauer der vor ihnen liegenden Kreuzfahrt abzuschätzen. Nauplia, Valletta, Bonifacio, Sperlonga. Okay. Wie vom Schicksal gelenkt, ohne es geplant zu haben, trafen sie im selben Augenblick in der Lounge ein, um vor dem Dinner noch einen Schluck zu trinken. Mit größter Zurückhaltung nahmen sie auf demselben Sofa Platz, und die alles andere als beendeten, immer an- und aufgeregter werdenden Berichte aus den jeweiligen Vergangenheiten machten es notwendig, auch am selben Esstisch Platz zu nehmen, indes das schnittige weiße Vergnügungsschiff die eng sitzenden Dardanellen abstreifte und in das lose fließende, paillettenbesetzte blaue Gewand der Ägäis schlüpfte.

Malta, eine Märcheninsel. Alles war sandfarben – eine Reihe riesiger Sandburgen entspulte sich, als sie sich vorsichtig in den Hafen zwängten. Benommen von einer ihrer Liebesnächte auf hoher See, schlenderten Neuman und Kalypso, sich ein wenig abseits von den dreiundsechzig anderen Reisenden haltend, Hand in Hand durch die geschäftigen Straßen von Valletta, wo jeder hüftschwenkende Passant ein dunkles mürrisches Gesicht hatte. Das prähistorische maltesische Blut war jahrhundertelang von zuströmendem italienischen durchsetzt worden. Der Palast der Großmeister des berühmten Ritterordens hing voller düsterer Wandteppiche, und die Ruinen der Tempel von Tarxien waren so alt, ihr Zweck so im Ungefähren, nur zu Vermutenden, dass einem ganz schwindlig wurde im dachlosen Labyrinth der Anlage unter der glühenden Sonne.

Die kleinen Fischerboote im Hafen von Marsaxlokk hatten aufgemalte Augen am Bug; Neuman fragte sich, ob sie ehrlich als Zauber gemeint waren oder man sie nur hingepinselt hatte, um die Touristen glücklich zu machen. So vieles war jetzt bloß für Touristen – die Drudenfüße an pennsylvanischen Scheunen, die Beefeater-Uniformen vorm Tower in London. Die Welt war zu einem ziemlich schäbigen Themenpark verkommen, ihre Attraktionen waren getürkt und suspekt. Es gab einen kleinen vergammelten Spielplatz in Marsaxlokk; Kalypso setzte sich auf eine der Schaukeln, und Neuman gab ihr einen Schubs, denn beide kämpften sie gegen die Traurigkeit an, die aus dem Untergrund heraufquoll – ein schwarzer Bodensatz, der sich von unten durch das Gitter der Xe in maltesischen Ortsnamen drückte, ein dunkles flüssiges Rutschen unter dem Fortschreiten der lückenlos verplanten Tage, die Gewissheit, dass die Kreuzfahrt irgendwann zu Ende sein würde. Sie hatten beide eine Scheidung hinter sich und eine vor sich, was schlimmer war, als Hochzeiten vor und hinter sich zu haben. Beider Gatten hatten sich rundheraus geweigert, an dieser Bildungsreise teilzunehmen, und diese Ablehnungen hingen in der Luft wie das Dröhnen, das einem nach einundzwanzig Schuss Salut in den Ohren bleibt. In der Hitze von Malta, auf dem Weg vom Bus hinauf zu den Steinsäulen von Hagar Qim, fühlte ihre rosa Hand in der seinen sich so klebrig an wie die eines Kindes.

Wunder – Wunder! – begannen, über sie zu kommen. Mrs. Druthers, eine enorm übergewichtige Witwe aus Caldwell, New Jersey, die sich, auf Metallkrücken gestützt, vorwärts bewegte (sehr tapfer, waren alle sich einig, besonders als sie sich etliche Tage zuvor bis ganz hinauf zur Festung von Mykene geschleppt hatte, durch das berühmte Löwentor und am Rand des großen Schachtgrabens entlang), ließ sich in ihrem sandfarbenen Staubmantel erschöpft auf einem der Steine nieder und war verschwunden. Verschwunden! Eine konzertierte Suchaktion unter Leitung des Kapitäns und des maltesischen Geheimdienstes vermochte keinen Aufschluss über ihren Verbleib zu erbringen, wenngleich sich das Gummiende einer Krücke in einer Felsspalte fand und ein ortsansässiger Archäologe sagte, irgendwie scheine ihm ein Stein mehr als sonst dazustehen.

Als sie dann wieder auf See waren, begann die bolivianische Verlobte des Kapitäns, die sonst immer einen gestreiften Poncho und einen Bowler trug, sich durchsichtig anzuziehen und viele Stunden hintereinander zusammen mit dem Zahlmeister hingegossen an der U-förmigen Bar zu verbringen, während der Kapitän mit strenger Miene und fester Hand das Schiff steuerte. Der Zahlmeister war ein gemessener, schnurrbärtiger junger Mann, der sich ungemein viel Zeit zum Rechnen nahm, wenn er Dollars in Drachmen und Dinare umtauschte. Oft saß er am badewannengroßen Pool des Schiffs, elegisch in die französische Übersetzung eines Grisham-Romans vertieft, indes sein überraschend muskulöser Körper eine glühende, narzisstische Bräune annahm, und so hatten die Passagiere ihn allgemein für einen Schwulen gehalten, der sein Coming-out noch vor sich hatte. Und nun entpuppte er sich als ein Lothario, ein Prometheus, der der Autorität trotzte, und alle weiblichen Passagiere mussten plötzlich dringend Geld umtauschen und ihre Rechnungen prüfen lassen; sie fanden ein Schild an der Bürotür, auf dem stand: HOURS/HEURES/HORAS/STUNDEN, aber keine Uhrzeit; der dafür vorgesehene Platz war leer und blieb leer.

Eines Nachts, lange nach Mitternacht – die Passagiere stöhnten in ihren Träumen und wälzten sich –, legte das Schiff mitten im Mittelmeer einen außerplanmäßigen Stopp ein: Der Kapitän setzte seinen Nebenbuhler auf einem kahlen, pappmachéhaft zerkrumpelten Felsen östlich von Ustica aus. Zornentbrannt verwandelte er seine Verlobte dann in einen leuchtend grünen Papagei und trug sie auf seiner epaulettengeschmückten Schulter, als er flammenden Blicks von der Brücke herunterkam. Er war ein hoch aufgerichteter Samothrake in mittleren Jahren, sehr stolz, seine Uniform sehr sauber. Der Papagei drehte den glänzenden kleinen Kopf hin und her und bestätigte krächzend und lispelnd in einem fort: *»Si, si.«*

Am wunderbarsten aber war, was mit dem alten Mr. Breadloaf geschah. Er war der älteste Passagier, hoch in den Achtzigern. Ihm fehlten etliche Zähne, aber er lächelte trotzdem, ein liebreiches schiefmundiges Lächeln. Sein weißes Gesicht hatte etwas Unheimliches wegen der Röte der herabhängenden unteren Augenlider: wie zwei leuchtende Kürzezeichen auf einer Seite, die sonst ohne Akzentuierungen war. Von Djerba aus setzte eine Gruppe, einschließlich des alten Herrn, umnebelt vom Dieselgestank mehrerer Mercedes-Benz-Laster, auf einer Fähre zum tunesischen Festland über. Ein Bus erwartete die Kreuzfahrtpassagiere und schaukelte sie kilometerweit durch Olivenhaine nach Gigthis, zu den Ruinen einer römischen Stadt. Dort, nahe dem Meer, vermittelten blasse Steine – Pflasterreste, Stufen, zerborstene Säulen, umgestürzte korinthische Kapitelle – noch immer die Ahnung von einem Straßensystem; die amerikanischen Reisenden stapften in ihren Joggingschuhen und mit den blauen Kreuzfahrtabzeichen umher und spürten die Anwesenheit einer uralten Hoffnung, einer von weither projizierten Ordnung. AVRELIO VERO CAESARI GIGTHENSIS PUBLICE, verkündete ein hochkant stehender rötlicher Stein. Killer stand auf einem Säulenstumpf und übersetzte für sie in einer forschen Sprache, die ursprünglich dazu gedacht gewesen war, die Aufmerksamkeit von Innercity-Schülern zu fesseln: »Ich, Kaiser Aurelius, schenke euch hiermit diese klasse kleine römische Stadt mit ihrem Forum, ihren Läden und öffentlichen Badeanstalten und ihrem schnieken geraden Straßennetz, um euch eine Kostprobe zu geben von dem, was die Macht von Rom für euch tun kann. Hopp, Leute, weiter im Programm.«

Es wurde allmählich Zeit zum Abendessen. Die Busfahrer, schlanke Männer mit Zweitagebärten, die in den Dünen warteten und rauchten, ließen zum Zeichen wachsender Ungeduld ihre arabische Unterhaltung lauter schallen. Der Himmel über ihnen ermattete, die parallelen Schatten in den aufgeräumten Ruinen wurden länger. Aber als die Touristen sich nach und nach sammelten und durch die eingestürzten Kalksteinarkaden zu ihrem Bus hinzockelten, ging mit Mr. Breadloaf, der wie eine leicht schief geneigte Säule allein auf einem gepflasterten Platz stand, eine Transfiguration vor. Er wurde größer. Sein Krückstock hing herunter wie ein Stöckchen aus Zuckermasse, und seine knotige alte Hand ließ ihn klappernd fallen. Sein verklärtes weißes Gesicht war zu einer lächelnden Diagonale gedehnt und breitete sich immer weiter aus. Seine seit sechsundfünfzig Jahren mit ihm verheiratete Frau, schwerhörig und schwachsinnig zugleich, blickte in gewohnheitsmäßiger Bewunderung unverwandt nach oben. Das Strahlen ihres Gatten war mittlerweile ziemlich diffus, und seine beunruhigenden Lider waren zu zwei dünnen roten Wölkchen tief am Horizont verwischt, über dem legendenumsponnenen weindunklen Meer. Aus Mr. Breadloaf war ein Sonnenuntergang geworden – das spukhafte Ende eines hinlänglich mit Sehenswürdigkeiten gespickten Tags.

Doch ach, wie schon die Alten wussten, nichts ist von Dauer. Die überirdische Seligkeit der Liebenden wurde in der elften Nacht durch Kalypsos wiederholtes geräuschvolles Schnuppern gestört. »In dieser Kabine riecht es merkwürdig«, sagte sie. »Schlimmer als merkwürdig. Entsetzlich.«

Neuman war beleidigt. »Glaubst du, ich bin's?«

Sie beugte sich nieder und beschnüffelte seine Brust, seine Achselhöhlen. »Nein. Du riechst normal männlich. Angenehm.« Sie stieg von ihm ab, ging nackt in seiner Kabine umher, öffnete Türen, bückte sich, schnupperte. Hüpfender Flackerschein von den Steuerbordlichtern, die sich in den Wellen spiegelten, hob bald ihren leicht eckigen Hintern hervor, bald den Halbmond ihrer Schultern und den schwappenden Fall ihres Haars, das jetzt nicht von den Nadeln aus spiraligem Golddraht gehalten war. Ihre Stimme stieß zu: »Es ist hier drin. Ganz unten.« Sie war an seinem Schrank im schmalen Durchgang zum Bad. »Oh, das *stinkt!*«

Sie machten das Licht an. Da war nichts, nur seine Schuhe standen da, einschließlich der Sandalen, die er in einem Laden bei Houmt Souk gekauft hatte. »Ein Dollar, ein Dollar«, hatte der Tunesier auf der Straße davor gesungen, aber als Neuman hineinging und gefangen war in einem rückwärtigen Kabuff, zwischen Wänden voll besticktem Leder und Fliegenwedeln aus Rosshaar und Andenkenbechern mit dem Bild der aragonischen Feste, fassten dauernd irgendwelche Männer ihn an, hielten ihm Sandalen vors Gesicht und sagten: »Fünfunddreißig Dollar, nur fünfunddreißig.« Panik hatte ihn gepackt, doch als er sich duckte, um sich durchs Gewühl einen Weg zurück ins Freie zu bahnen, hatte eine Stimme gesagt: »Zehn«, und er – wie Odysseus daran interessiert, unnötige Gewalt zu vermeiden – hatte gesagt: »Abgemacht.« Die Sandalen waren beige und brachten, fand er, seinen Spann recht vorteilhaft zur Geltung. Er hatte sie ein- oder zweimal angehabt, am Pool, den niemand mehr benutzte, seit der Grisham lesende Zahlmeister wegen Hybris ausgesetzt worden war.

Kalypso hielt die Sandalen dicht an ihre hübsche weiße dorische Nase mit den sonnverbrannten Nüstern. »Uuh«, sagte sie, »Fisch. Verfaulter Fisch. Die haben die Sohlen mit Fischleim angeklebt. Schmeiß sie raus, Schatz.«

Ihr Ton erinnerte Neuman unangenehm an seine Frau zu Lande, seine rechtmäßige Frau, Tausende Flugmeilen weit entfernt. »Hör mal«, sagte er, »ich habe gutes Geld für diese Sandalen bezahlt. Ich habe meine Haut für sie riskiert – was wär gewesen, wenn einer von den Kerlen in dem Kabuff ein Messer gezogen hätte.«

»Das waren arme Tunesier«, sagte sie naserümpfend, »die wollten nichts weiter, als einem abscheulichen reichen Abendländer was verkaufen. Du machst gern aus jeder Kleinigkeit, die dir passiert, ein Drama. Aber du irrst dich, wenn du glaubst, dass ich weiterhin mit einem Mann schlafe, in dessen Kabine es nach totem Fisch riecht.«

»Ich habe den Geruch nicht einmal wahrgenommen«, verteidigte er sich.

»Daraus kann ich nur schließen, dass du nicht übermäßig sensibel bist.«

»Wenn du wirklich so hin und weg von mir wärst, wie du tust, hättest du überhaupt nichts gemerkt.«

»Ich *bin* hin und weg, aber das macht mich doch nicht ganz und gar unempfindlich. Wirf diese Sandalen über Bord, Neuman, oder du kannst den Rest der Kreuzfahrt allein hinter dich bringen.«

»Schließen wir einen Kompromiss. Ich wickle sie in eine Plastiktüte und stopfe sie unter meine schmutzige Wäsche.«

Sie ließ sich auf diesen Kompromiss ein, doch die Beziehung hatte einen Riss bekommen. Immer rascher tauchten die Inseln draußen vorm Bullauge auf: Stromboli, Panarea, Lipari, Sizilien. In der Straße von Messina hielten die beiden den Atem an zwischen der Skylla, geliebt und verloren zu haben, und der Charybdis, von der Liebe erst gar nicht getroffen worden zu sein.

Auf Korfu, angeblich dem Land der liebenswürdigen Phäaken, die den verwahrlosten, schiffbrüchigen Odysseus in einen wohlgenährten, wohlgekleideten Gast verwandelten, den sie getrost heimbringen konnten auf die Insel, deren König er war, fasste Kalypso eine Abneigung gegen den Achilleion-Palast, den man 1890 für die österreichische Kaiserin Elisabeth gebaut hatte, um deren außerordentlicher Liebe zu Achilles ein Denkmal zu setzen. »Er ist so pseudo«, sagte Kalypso, »so deutsch.«

Ihr Abscheu vor dem Fischgeruch seiner Sandalen wurmte ihn noch immer. »Für mich«, sagte er, »hat diese imposante

Villa im neoklassizistischen Stil einen ganz entzückenden spätviktorianischen Charme. Endlich einmal Statuen ohne abgebrochene Nasen und Arme und von einem so feinen wissenschaftlichen Empfinden durchdrungen! Wer behauptet da noch, das neunzehnte Jahrhundert hätte keine Skulpturen hervorbringen können! Sieh nur, mit welch bezaubernder anatomischer Genauigkeit der Knabe und der Delfin da im Brunnen ineinander verschlungen sind! Und schau, Liebling, der *Sterbende Achill* von Ernst Herter, wie die Haut an der Ferse sich um den Pfeil kräuselt – als ob es etwas Erotisches wäre! Vergiss das ›als ob‹. Das *ist* erotisch. Das sind *wir*.«

Aber sie war mit jedem Tag schwerer zu umgarnen und bei Laune zu halten. Im Vorgefühl der Verletzung, die ihr empfindliches, eitles, göttliches Wesen demnächst erleiden würde, war sie bestrebt, die unvermeidliche Trennung zu ihrer eigenen Tat zu machen. Sie ließ sich nicht mehr rittlings vom Auf und Nieder des Schiffes wiegen, sondern verkroch sich, neben ihm liegend, tief unter den Decken, während an Backbord die wehmütigen vereinzelten Lichter der griechischen Küste und des nachtumfangenen Albanien vorüberglitten. Nur die sonnengeküsste rosa Spitze ihrer dorischen Nase schaute heraus, und wenn er sie berührte, zog auch sie sich in den Panzer aus Decken zurück.

Am Nekromanteion von Ephyra, das einst als Eingang zum Hades gegolten hatte, wurden sie bei hellem Sonnenlicht durch das Labyrinth geführt, in dem vor langer Zeit vertrauensvolle Pilger umhergetappt waren, im Dunkeln, eine Qual, die Tage dauerte und viele Opfergaben kostete. Den modernen Pilgern wurde der unterirdische Raum gezeigt, aus dem die Priester Orakel hinaufriefen durch den Steinfußboden der Endkammer. Die Steine rochen nach all den vergangenen Leben, die im flackernden Schein der Illusion dahingestolpert waren, von der Geburt zum Tod.

Im kleinen fächerförmigen Vortragssaal mit dem schwachen Diaprojektor und der rutschigen grünen Wandtafel, die sich dem Druck der Kreide widersetzte, versuchte Homer, sie auf Ithaka vorzubereiten. Sein fahles dreieckiges Gesicht wurde von unten, vom funzligen Pultlämpchen, erhellt und sah besonders melancholisch aus. Das Ende der Reise bedeutete für ihn die Rückkehr zu seiner Universität – zu den rotbackigen Studenten, die unbesiegbar waren in ihrer Ignoranz, zu den teuflischen Fakultätsintrigen, zu den lautstarken Forderungen nach immer höheren Graden politischer Korrektheit und kultureller Vielfalt. »ΚΡΙΝΩ«, schrieb er an die Tafel und sprach es nachdrücklich aus, »*krino* – trennen, urteilen, imstande sein, das Reale vom Irrealen zu unterscheiden. Um das zu können, brauchen wir *nous,* Geist, Intellekt.« Er schrieb an die Tafel: »ΝΟΟΣ«. Sein von unten illuminiertes Gesicht sah aus wie das eines Schachtelteufelchens oder eines Souffleurs, der aufgeschmissenen Thespisjüngern den Text zuzischt. »Wir brauchen *nous*«, sagte er und kratzte in stürmischem Erklärungsdrang mit seiner unsichtbaren Kreide weiter, »um unseren *nostos* zu bewerkstelligen, unsere Heimkehr.« Er trat beiseite, um das vollendete Wort zu enthüllen: ΝΟΣΤΟΣ. Einem nachträglichen Einfall folgend, wischte er eilig zwei der Buchstaben weg, kreierte ΠΟΝΤΟΣ und sagte mit einem kleinen schelmischen Lächeln: »Nachdem wir zusammen das Meer überquert haben, den *pontos*.«

Und das Schöne an Ithaka war, dass es einem tatsächlich ein Gefühl von Heimkommen gab, heim zur Insel aller Inseln, grün und reich an Erinnerungen und steil abfallend: *ithaki,* steil abfallend. Der Bus, der sie die Serpentinenstraße zum Kloster von Kathara und zur so genannten Zitadelle des Odysseus hinauffuhr, musste des Öfteren, mit viel Motorengeschnauf und Bremsengejaul, in den engen Kurven zurücksetzen. Wäre der Fuß des Fahrers vom Pedal gerutscht, hätten Kalypso und Neuman, die Hand in Hand ganz hinten saßen, zu den ersten Touristen gehört, für die dies das Ende gewesen wäre: der Bus rückwärts wegkippend und abstürzend, immer tiefer, in Peckinpah'scher Zeitlupe, über den Rand der sahnig weißen Klippen von Korax hinab auf die Hochebene von Marathia, wo der getreue Eumaios seine Schweine getränkt und sich mit dem heimgekehrten König verschworen hatte, die Freier niederzumetzeln – die Freier, deren einziger Fehler doch eigentlich gewesen war, die unklaren Signale der sich in Sehnsucht verzehrenden Königin aufzufangen. Die Liebenden packten so fest, wie sonst ihre Leiber sich umklammert hatten, einer des andern Hand beim Gedanken an das lange Fallen, das mit dem Tod – *aiae!* – enden würde.

Doch der Fahrer, ein herzhafter junger Einheimischer namens Telemachos, fuhr diese Strecke jeden Tag. Im Klosterhof blühte die Bougainvillea, und auf einer steinernen, mit dem komplizierten Schattengeflecht einer Weinlaube drapierten Bank saß ein verblödeter blinder alter Mönch, verlangte mit zittrig ausgestreckter Hand Geld und stieß dann und wann einen Schrei aus. »Zu Hause wäre er obdachlos«, sagte Neuman schüchtern.

»Irgendwie«, sagte sie und lächelte nicht, »verletzt es mich, suggeriert zu bekommen, dass man geisteskrank sein muss, um fromm zu sein.« Ein schmutziger weißer Hund schlief vor einer blauen Tür, ein Blau von so unbeschreiblicher Richtigkeit, dass Kalypso es mit peinlichst genau eingestellten Belichtungszeiten fotografierte. Unter ihnen lag das Kreuzfahrtschiff weiß wie ein schmales Stück Seife, das auf dem Boden einer saphirblauen Badewanne ruht, deren Seiten Berghänge sind.

Der Bus nahm auf der Rückfahrt einen anderen Weg und hielt im sonnigen, terrassenförmig ansteigenden Dorf Stavros. In einer kleinen Grünanlage erwartete sie hier eine Büste des Odysseus. Neuman stellte sich, für Kalypsos Kamera, neben ihr in Positur. Auch wenn er keinen Bronzebart hatte, bestand doch eine Ähnlichkeit: die, welche alle Männer untereinander haben. Irrfahrer, Fahnenflüchtige, Heimkehrer. In Ferienendstimmung posierten jetzt die Harvard-Absolventen für die Yale-Absolventen und umgekehrt, während die minderen Passagiere, die mit Examen an der Columbia University und der University of Chicago, verächtlich zusahen.

Kalypso und Neuman schlenderten fort vom Platz mit seinen Statuen und der Taverne und fanden in einer Seitenstraße einen kleinen Laden, wo sie Souvenirs für ihre Ehegatten und Kinder kauften: Tücher und Schürzen, Körbe und Vasen. Er dachte daran, wie ihre Schenkel ihn umfasst hatten, so feminin und doch ganz unverspielt, und sagte: »Ich ertrage es nicht.«

»Das Leben ist eine Reise«, sagte Kalypso, »und der Spaß kostet seinen Preis. Wir bezahlen mit Verlust.«

»Halt mit keine Vorträge«, bat er.

Sie zuckte mit den Achseln und sagte: »Bleibe bei mir, und ich mache dich zum Gott. Deine Jugend hat ihren letzten Atemzug getan. Bei mir aber wirst du ewig jung sein und niemals sterben.«

Neuman würde nie das Elektrische, Statische vergessen, das von ihr ausging, als sie dastand, die Arme voll Stoff, die Hände voll Drachmen, und dieser göttinnenhaften Herausforderung einen Blick nachschickte, aus Augen, deren Iris so vielblütig waren wie Hortensiendolden. Zitterte ihre Unterlippe? Das wäre gerade eben das Maß an Verletzlichkeit, das zu zeigen die Tochter des Okeanos sich gestatten durfte. Der aus der Fassung gebrachte Sterbliche wehrte sich, so gut er konnte, indem er das Reale vom Irrealen schied: »Ich bin bloß ein Mensch. Nur Götter und Tiere können der Monotonie der Ewigkeit standhalten, so paradiesisch sie sein mag.«

Sie wandte ihm abrupt das Profil zu und sagte schnippisch: »Wer hält hier jetzt Vorträge!«

Sie waren übereingekommen, während dieser letzten Nacht auf See in getrennten Kabinen zu schlafen. Um vier in der Frühe indes gab Aurora Mergenthaler, die schönstimmige Chefstewardess, über die Lautsprecheranlage jeder Kabine bekannt, dass das Schiff in Kürze den Kanal von Korinth passieren werde. Das Bauvorhaben, mit dem schon Periander und Caligula geliebäugelt hatten, war von Nero ernsthaft in Angriff genommen, 1881 von einer französischen Gesellschaft fortgeführt und 1893 von den Griechen vollendet worden. Der Kanal ist sechstausenddreihundert Meter lang, dreiundzwanzig Meter breit und bis zu achtzig Meter tief eingeschnitten. Vollständig von Hand gegraben, hat er die Peloponnes aus einer Halbinsel in eine Insel verwandelt.

Die Erdwände glitten im Dunkel bedrohlich nah vorbei und wurden höher und höher. Es schien viele Horizonte zu geben, markiert von zurückweichenden bläulichen Lichtern. Das Schiff, vordem so frei und unbehindert, stampfte durch den Kanal wie ein mit Scheuklappen versehener Ochse. Auf dem feuchten Oberdeck waren überraschend viele gewissenhafte Kreuzfahrtpassagiere versammelt, manche trugen gespensterhafte Pyjamas, andere gefielen sich in abenteuerlichen Jogging-Outfits, und wieder andere waren fix und fertig angezogen für die Ausschiffung auf dem Festland, in Piräus. Personen, die im Lauf der Zeit ausgeprägte Konturen gewonnen hatten, verwischten sich jetzt wieder zu blassen Gestalten: Schatten. Kalypso war nicht unter ihnen. Wenn sie es doch war – und Neuman suchte nach ihr mit hämmerndem Herzen, sah in jedes Gesicht –, hatte sie sich so verwandelt, dass er sie nicht mehr erkannte.

David Foster Wallace

Schrecklich amüsant

Wer zum ersten Mal eine Seereise unternimmt, wird feststellen, dass das Meer nicht immer ein und dasselbe Meer ist. Das Wasser verändert sich. Der Atlantik, der gegen die Ostküste der USA anwogt, ist trübe, lichtlos und wirkt immer bedrohlich. Rund um Jamaika ist die See von einem hellen, durchscheinenden Aquamarin. Vor den Kaiman-Inseln ist sie tiefblau, und vor Cozumel beinahe violett. Dasselbe bei den Stränden. Man merkt gleich, der Strand von Südflorida ist zerriebenes Felsgestein, er hat dieses mineralische Glitzern und ist so hart, dass einem beim Gehen die Füße weh tun. Der Strand von Ocho Rios sieht aus wie schmutziger Zucker, während er auf Grand Cayman eher puderig ist, reines Silikat in Wolken-Traum-Weiß. Die einzige echte Konstante auf der Fahrt der Nadir ist eine Szenerie, die wie retuschiert wirkt, so hübsch ist sie.[1] Das andere, was sich darüber hinaus noch mit einiger Sicherheit sagen lässt: Sie sieht *teuer* aus.

Ein Morgen im Hafen ist für agoraphobisch Veranlagte immer eine ganz besondere Zeit, denn alle anderen sind auf Landgang, unternehmen geführte Exkursionen oder einen Einkaufsbummel entlang der Touristen-Renne, und die obe-

[1] Ich sage absichtlich nicht »schön«, sondern »hübsch«, das ist ein Unterschied.

ren Decks der Nadir sind so gespenstisch schön verwaist wie früher das Haus meiner Eltern, wenn man krank das Bett hüten musste und alle anderen entweder auf der Arbeit oder in der Schule waren. Wir schreiben Mittwoch, den 15. März (die Iden des ...), es ist exakt 9:30 Uhr, wir liegen im Hafen von Cozumel, Mexiko. Ich befinde mich auf Deck 12. Alle paar Minuten joggen mehrere Typen in T-Shirts einer Software-Firma wohlriechend vorbei,[2] aber sonst bin ich allein mit meinem ZnO, meinem Sonnenhut und etwa eintausend leeren und einheitlich ausgerichteten Qualitätsliegestühlen. Der Handtuch-Mensch von Deck 12/achtern hat fast niemanden, an dem sich seine Service-Philosophie erproben ließe, und um 10:00 Uhr bin ich bei meinem fünften Handtuch.

Hier, auf dem höchsten Steuerbord-Deck ist der agoraphobisch Veranlagte endlich allein und kann versonnen aufs Meer schauen. Die See vor Cozumel ist von einem blassen Indigo, durch das man den weißen Meeresgrund sehen kann. In einiger Entfernung beginnen violette, wolkenartige Korallenformationen. Ich begreife, warum die Leute von »glasklarem« Wasser sprechen. Gegen 10:00 Uhr treffen die Sonnenstrahlen in einem solchen Winkel auf der Wasseroberfläche auf, dass der ganze Hafen, so weit das Auge reicht, zu leuchten anfängt. Das Wasser bewegt sich in Millionen Splittern, und jeder einzelne glitzert von Zeit zu Zeit auf. Hinter den Korallen wird das Wasser in kartografisch-präzisen Stufen immer dunkler, ein Phänomen, das offenbar mit

[2] Sieben Runden um Deck 12 ergeben eine Meile, und ich gehöre zu den wenigen Nadiriten unter siebzig, die jetzt, wo das Wetter schön ist, nicht joggen wie der Teufel. Die zirkuläre Rushhour auf Deck 12 beginnt meist schon in der Frühe, und ich konnte bereits einige monstertruckmäßige Kollisionen beobachten.

der Perspektive zusammenhängt. Dies alles ist extrem hübsch anzusehen und sehr friedlich. Außer mir und dem H. M. und den Trimmtrab-Trabanten befindet sich nur eine ältere Lady an Deck (sie liest ein Buch mit dem Titel *Codependent No More – Das Ende der Abhängigkeit*) sowie, in Bugnähe, ein Mann, der das Meer auf Video aufnimmt. Ein trauriges Gerippe mit grauem Bürstenschnitt, Birkenstocks und spindeldürren, haarlosen Waden, das bei mir ab Tag 2 nur noch *Captain Video* hieß und sicherlich einer der denkwürdigen Exzentriker an Bord war.[3] Fast jeder an Bord ist mehr oder weniger kamerabesessen, doch Captain Video filmt praktisch alles: Mahlzeiten, leere Korridore, scheintote Bridge-Partien.

[3]Zu den weiteren Exzentrikern auf dieser 7NC zähle ich: den dreizehnjährigen Jungen mit dem Toupet, der in seiner orangefarbenen Schwimmweste, die er nie ablegt, auf dem Oberdeck sitzt, den aufgedunsenen Kerl, der jeden Tag von 12:00 Uhr mittags bis 3:00 Uhr in der Frühe stieren Blicks an demselben Blackjack-Tisch im Mayfair Casino ausharrt, Long Island Iced Teas süffelt (darin enthalten: Tequila, Gin, Rum, Triple Sec) und der mit einer Langsamkeit spielt, die submarin anmutet. Und natürlich den *Mann-der-am-Pool-schläft*. Er tut tatsächlich nichts anderes, und er tut es immer, sogar bei Regen, er schläft, ein Mann von vielleicht fünfzig Jahren, ein Exemplar von John Naisbitts *Megatrends* aufgeschlagen auf dem behaarten Bauch, schläft, ohne Sonnenbrille oder Sunblocker, schläft, regungslos, stundenlang in der High-Energy-Sonne, ohne aufzuwachen, ohne Verbrennungen, immer weiter. (Ich vermute, sie schaffen ihn nachts auf einer fahrbaren Krankentrage hinunter in seine Kabine.) Des Weiteren existieren an Bord zwei urzeitliche, trübäugige Ehepaare, die hinter dem Plexi-Windschutz auf Deck 11 festgewachsen sind, gleich neben den Pools und dem Windward Café. Mit senkrecht gestellten Rückenlehnen sitzt das Quartett hinter der Plexischeibe und schaut Ozeane und Häfen wie andere Leute Fernsehen – und, soweit ich erkennen konnte, in vollkommener Reglosigkeit.

Folgendes scheint mir dabei wichtig, festgehalten zu werden: Die Exzentriker der Nadir sind in der Mehrzahl Spezialisten der Stasis. Was immer sie tun, sie tun es unentwegt, Stunde für Stunde, Tag für Tag und weitestgehend bewegungslos. (Captain Video ist die Ausnahme. Captain Video mit seinem Camcorder ist bei den anderen Passagieren erstaunlich wohlgelitten – bis zur vorletzten Nacht an Bord und bis zu einem so genannten *Midnight Caribbean Blow-Out* am Pool von Deck 11, wo er versucht, die Polonaise umzuleiten, weil sie so besser ins Bild passt. Da erhebt sich ein Aufstand gegen Captain Video, unblutig zwar, aber insgesamt doch so unschön, dass er sich für den Rest der Reise unter Deck verkriecht und vermutlich mit Schnitt und Bildbearbeitung beschäftigt ist. Material hat er genug.)

Während der Pool-Party springt er sogar auf die Bühne, um die Menge aus der Perspektive der Musiker aufzunehmen. Schon jetzt ist abzusehen, dass die gesammelten Kassetten von Captain Videos Megakreuzfahrt einmal ein Filmdokument ergeben, das exakt so lang ist wie die Kreuzfahrt selbst – und so langweilig wie Warhol. Außer mir ist Captain Video der Einzige, der ohne Anhang angereist ist. Dies und einige weitere Gemeinsamkeiten zwischen mir und Captain V. (z. B. der agoraphobische Widerwille gegen Landgänger) sorgen dafür, dass ich mich in seiner Gegenwart ziemlich unwohl fühle und ihm aus diesem Grund möglichst aus dem Weg gehe.

Der agoraphobisch Veranlagte kann aber auch auf der Steuerbordseite stehen und zugucken, wie die Nadir-Kohorten an Land gespieen werden. Schier endlos der Strom, der sich über die schmale Gangway von Deck 3 ergießt. Und sobald eine Sandale die Pier betritt, verändert sich die gesamte Soziologie dahingehend, dass aus den Fünf-Sterne-Passagieren stinknormale Touristen werden. Eine dreizehnhundertköpfige Schlange von amerikanischen Wohlstandsbürgern drängelt sich in diesem Moment auf dem gut vierhundert Meter langen Betonkai von Cozumel in Richtung TOURISM CENTER[4], die Taschen voller Geld, entschlossen, etwas zu erleben und diese Erlebnisse aufzuzeichnen. Das Tourism Center ist eine Art Wellblech-Bunker, von wo aus man »Organized Shore Excursions«[5]

[4] (das Schild ist nicht umsonst auf Englisch)

[5] Die große Attraktion in Ocho Rios am Montag war ein Wasserfall, hinter dem man in Begleitung eines Führers entlangspazieren konnte. Ein Regenschirm für die Kamera wurde gleichwohl empfohlen. Gestern auf Grand Cayman drehte sich alles um zollfreien Rum und etwas, das sich *Bernhard Passman Black Coral Art* nannte. Hier auf Cozumel feilscht man mit fliegenden Händlern um Silberschmuck. Daneben gibt es Duty-Free-Schnaps und, in San Miguel, eine legendäre Bar namens *Carlos und Charlie's*, wo Drinks ausgeschenkt werden, die hauptsächlich Feuerzeugbenzin enthalten.

buchen kann und wo auch Taxis bzw. Moped-Taxis nach San Miguel warten. Die Armut und die primitiven Zustände auf Cozumel waren abends zuvor Gesprächsthema an Tisch 64. Angeblich ist dort alles so arm und so primitiv, dass der US-Dollar empfangen wird wie ein Ufo: »Ehrlich, die Leute fallen auf die Knie, wenn er landet.«

Einheimische entlang des Kais offerieren den Nadiriten die Gelegenheit, sich mit einem Grünen Leguan fotografieren zu lassen. Gestern auf Grand Cayman war es statt des Leguans ein Alter mit Holzbein und Haken – derweil draußen in der Bucht ein nachgebildetes Piratenschiff auf Seeräuber-Folklore machte und stundenlang Breitseiten böllerte, was allen ziemlich auf die Nerven ging.

Träge zerfließend wie ein Lavastrom suchen sich die Nadir-Massen ihren Weg zu zweit, zu viert, in kleinen Gruppen, ganzen Horden, ein komplexes, unaufhaltsames Vorrücken pastellfarbener Hemden und Blusen, behängt mit Aufnahmegeräten. 85% der Frauen tragen weiße Augenschirme und Handtaschen aus Korbmaterial. Und alle tragen sie Sonnenbrillen mit dem Accessoire des Jahres, einer weichen Brillenkette in Leuchtfarbe, welche das unentwegte Aufsetzen und Abnehmen der Brille ermöglicht.[6]

Rechts von mir (Südost) nähert sich ein weiteres Megaschiff der Anlegestelle, die, bedenkt man den stumpfen Anfahrtswinkel, ziemlich in unserer Nähe sein muss. Das Schiff bewegt sich wie eine Naturgewalt und lässt die Vorstellung

[6] Die Sonnenbrille wie ein Diadem auf den Kopf zu schieben, früher bei besser verdienenden Sonnenbrillenträgern sehr beliebt, ist offenbar aus der Mode gekommen, ebenso wie die Marotte, sich weiße Lacoste-Tennispullis locker um die Schulter zu hängen.

nicht zu, dass es tatsächlich von einer menschlichen Hand gesteuert wird. Ein solches Riesenteil an seinen Liegeplatz zu manövrieren ist etwa so, als wollte man mit verbundenen Augen und vier LSD-Trips auf der Zunge eine Zugmaschine in eine Parklücke zwängen, die einem nicht einmal einen einzigen Zentimeter Rangierraum bietet. Wie es wirklich abläuft, lässt sich leider auch nicht herausfinden. Unser Anlegemanöver bei Sonnenaufgang versetzte sowohl die Mannschaft an Bord als auch die Hafenarbeiter in hektische Betriebsamkeit. Und während aus dem Nabel des Schiffs der Anker an seiner Kette[7] in die Tiefe rattert, wird das Schiff an zwölf Stellen gleichzeitig an Pollern vertäut, die tatsächlich so aussehen wie Mammutversionen der allseits bekannten verkehrsabweisenden Elemente. Aus irgendeinem Grund heißen diese touristenkopfdicken Trossen bei der Crew immer noch »Leinen«.

Was sich mit Worten kaum beschreiben lässt, sind die surrealen Dimensionen des Ganzen – das Schiff, die Leinen, die Poller, der Kai, die kolossale Lapislazuli-Kuppel des Himmels. Die Karibik ist, wie immer, geruchlos. Nur die millimetergenau verlegten Holzplanken von Deck 12 riechen so würzig wie in der Sauna.

Aber von hoch oben zuzusehen, wie die eigenen Landsleute auf teuren Sandalen in bettelarme Hafenstädte wackeln, gehört nicht zu den erhebenden Augenblicken einer 7NC. Den amerikanischen Touristen, ganz besonders in der Gruppe, umgibt die Aura eines Herdentiers, eine geradezu

[7] Dieser Anker ist gigantisch und wiegt bestimmt um die hundert Tonnen. Mich freut aber, dass er äußerlich jenen Ankern gleicht, die man z. B. als Tattoo bewundern kann.

bovine Ausstrahlung in seiner unersättlichen Selbstgefälligkeit. Oder besser: unserer. In jedem Hafen werden wir automatisch zum *Peregrinator americanus,* zu amerikanischen hoi poloi. *The Ugly Ones* – das sind wir. In meinem Fall ist Boviscopophobie[8] noch ein weit stärkeres Motiv, an Bord zu bleiben, als meine agoraphobische Veranlagung. Der Anblick meiner Landsleute vor der poweren Kulisse vermittelt mir das bohrende Gefühl einer unausweichlichen Komplizenschaft. Ich bin zwar bisher kaum aus den US of A hinausgekommen und ganz bestimmt nicht als Teil einer Upper-Class-Touristenmeute, aber sogar hier oben auf Deck 12 werde ich unangenehm darin erinnert, dass ich Weißer bin, ein Weißer inmitten lauter nichtweißer Menschen. Ich kann mir gut vorstellen, welchen Eindruck wir aus Sicht gelassener Jamaikaner oder Mexikaner[9] oder gar der nichtweißen Service-Knechte an Bord der Nadir hinterlassen. Die ganze Woche habe ich vor der Besatzung alles getan, um mich von der bovinen Herde, zu der ich ja nun einmal gehöre, zu distanzieren und gewissermaßen loszusagen. Ich boykottiere Kameras und Sonnenbrillen und Hawaiihemden. In der Cafeteria trage ich mein Tablett demonstrativ selbst und bedanke

[8] (= die Angst, als *bovines* Herdentier angesehen zu werden)

[9] Ich frage mich, ob die anderen Nadiriten nicht denselben Selbstekel empfinden wie ich. Manchmal denke ich, sie sind viel zu vernagelt in ihrer bovinen Zufriedenheit, als dass sie etwas von den abschätzigen Blicken der Straßenhändler, Schnappschussfotografen und Service-Knechte mitkriegen. Dann wieder scheint mir, dass sie sich sehr wohl unbehaglich fühlen in ihrer Rolle als bovine US-amerikanische Reichis, genauso unbehaglich wie ich, aber dass sie ihre Boviscopophobie bewusst ausblenden. Sie haben gutes Geld für diese Reise bezahlt und lassen sich ihren Spaß nicht vermiesen. Sie wollen fremde Länder sehen, und das mit größtmöglicher Bequemlichkeit. Und sie wollen verdammt sein, wenn ihnen solche neurotischen Bedenken nicht am Arsch vorbeigehen. Sie haben hart gearbeitet, sie haben gespart für diese 7NC-Luxus-Kreuzfahrt, sie haben es sich verdient – egal, wie der American Way of Life bei ein paar einheimischen Hungerleidern rüberkommt.

mich überschwänglich für jede noch so kleine Handreichung. Und weil viele meiner Mitpassagiere das Personal, das selten gut Englisch spricht, extra laut anbellt, lege ich großen Wert darauf, besonders leise mit diesen Leuten zu reden.

Um 8:00 Uhr schweben nur noch zwei kleine Wölkchen an einem Himmel, der so blau ist, dass es schmerzt. Bisher habe ich in den Häfen nur bedecktes Wetter erlebt. Dann gewinnt die steigende Sonne an Kraft, vertreibt die Wolken, und etwa eine Stunde lang erscheint der Himmel wie zerfasert. Gegen 10:35 Uhr öffnet sich über mir, einem ungeheuren Auge gleich, endloses Blau – und bleibt so bis in die Mittagsstunden, wobei ein, zwei Wolken immer mit dabei sind, so, als wollten sie einem die Größenverhältnisse verdeutlichen.

Während sich das andere hellweiße Megaschiff langsam an die Kaimauer schiebt, herrscht unter den Hafenarbeitern mit ihren Walkie-Talkies und Trossen ameisenhafte Aktivität.

Am späten Morgen rücken die isolierten Wolken allmählich aufeinander zu, ehe sie sich nachmittags zusammenschließen wie Puzzleteile. Gegen Abend ist das Puzzle fertig, und der Himmel hat die Farbe alter Silbermünzen.[10]

Natürlich entspringen gerade die Distanzierungsversuche meinerseits einem komplexen und teilweise ziemlich arroganten Selbstdarstellungsprogramm, das wiederum typisch ist für die amerikanische Oberschicht. Diesem inneren Konflikt entgehe ich auf dieser Reise keine Minute. Denn was

[10] Die Wolken morgens und abends waren ein festes Muster. Überhaupt waren drei von meinen sieben Tagen eindeutig keine Sonnentage, und geregnet hat es auch. Der Freitag in Key West zum Beispiel war total verregnet, aber wie gesagt: Dafür kann man CC Inc. kaum verantwortlich machen.

ich auch tue, ich bin und bleibe eben Amerikaner, und das ist nicht immer angenehm. Seinen Höhepunkt erreicht dieses Dilemma regelmäßig in den Häfen, in denen die Nadir festmacht. Egal, ob unten im Gewusel des Hafens oder ganz oben an der Reling von Deck 12, ich werde das dumme Gefühl nicht los, dass ich ein amerikanischer Tourist bin und dadurch per se ein stiernackiger, lauter, vulgärer, großkotziger Fettsack, eitel, verwöhnt, gierig und zugleich gepeinigt von Scham und Verzweiflung. In diesem Sinne ist der amerikanische Tourist wirklich einzig auf der Welt: ein bovines Herdentier *und* ein Fleischfresser.

Hier wie in den anderen Häfen auch umschwärmen Jet-Skis die Nadir, diesmal etwa ein halbes Dutzend. Jet-Skis sind die Moskitos der Karibik, sie sind klein, lästig und allgegenwärtig. Der Lärm, den sie verursachen, ist eine Mischung aus Kettensäge und Gurgeln. Ich habe noch nie auf einem Jet-Ski gesessen, ich weiß nur, dass sie mich nerven. Irgendwo habe ich gelesen, dass Jet-Skis unheimlich unfallträchtige Geräte sind, und aus dieser Information ziehe ich einen gewissen, niederträchtigen Trost, während ich zusehe, wie blonde Typen mit Waschbrettbauch und Sonnenbrille (an fluoreszierenden Kettchen!) ihre Runden drehen und schäumende Hieroglyphen in die See malen.

Statt nachgemachter Piratenschiffe kreuzen Glasbodenboote vor den Korallenbänken von Cozumel. Schwerfällig zerteilen sie das Wasser, denn sie sind entsetzlich überladen mit Kreuzfahrern, die sich die *Organized Shore Excursion* nicht entgehen lassen wollen. Was mir aber an dem Anblick gefällt, ist, dass sie alle – und es sind über hundert Leute pro Boot – wie zum Gebet den Kopf gesenkt haben und nach unten schauen. Alle bis auf den Mann am Steuer, der, wie sämtliche Fahrer von Massentransportmitteln auf dieser Welt, den Blick gleichgültig in das ewig gleiche Nichts gerichtet hat.[11]

[11] Einen weiteren Dämpfer erhält mein Selbstbewusstsein, wenn ich mir ansehe, wie gelangweilt die Einheimischen mit amerikanischen Touristen umgehen. Jawohl, wir *langweilen* sie, und das ist schlimmer, als wären wir ihnen einfach nur widerwärtig.

Jonathan Franzen

Echt skandinavisch

Dank Aslan® – und Dr. Hibbard, einem fabelhaften, hochkarätigen junge Mann – schlief Enid seit vielen Monaten zum ersten Mal durch.

Es gab tausenderlei Dinge, die sie sich vom Leben *wünschte,* und da mit Alfred zu Hause in St. Jude weniges davon zu haben war, hatte sie notgedrungen all ihr Wünschen auf die gezählten Tage, die Lebenszeit einer Maifliege, gelenkt, die ihre Luxuskreuzfahrt dauern würde. Monatelang war die Kreuzfahrt der sichere Parkplatz ihrer Seele gewesen, die Zukunft, die ihre Gegenwart erträglich machte, und nachdem der Nachmittag in New York sich in der Kategorie Vergnügen als mangelhaft erwiesen hatte, war sie mit doppelten Gelüsten an Bord der Gunnar Myrdal gegangen.

Hier vergnügte man sich stürmisch auf jedem Deck. Vor allem Cliquen von Senioren schienen ihren Ruhestand so zu genießen, wie Enid es sich von Alfred gewünscht hätte. Obwohl Nordic Pleasurelines nun ganz bestimmt keine Billiglinie war, hatten fast nur große Gruppen die Kreuzfahrt gebucht – der Ehemaligenverein der Universität von Rhode Island zum Beispiel, der Wohltätigkeitsclub American Hadassah aus Chevy Chase (Maryland), die 85. Luftlandedivision (›Himmelsteufel‹) und die Senioren-Equipe der Paarturnier-Bridgeliga aus Dade County (Florida). Witwen bei bester Gesundheit geleiteten einander am Ellbogen zu speziellen Appellplätzen, wo Namensschilder und Informationsmappen verteilt wurden und das bevorzugte Zeichen gegenseitigen Wiedererkennens der glaszerschmetternde Schrei war. Bestrebt, jede Minute der wertvollen Kreuzfahrtzeit auszukosten, tranken manche Senioren bereits aus Kelchen, die man mit beiden Händen halten musste, den geeisten Cocktail du jour, einen lappländischen Preiselbeer-Frappé. Andere drängten sich an den regengeschützten Relings der unteren Decks und suchten Manhattan nach einem Gesicht ab, dem sie zum Abschied winken konnten. Eine Combo in der Abba-Show-Lounge spielte Heavy-Metal-Polka.

Während Alfred im Badezimmer eine letzte Sitzung vor dem Abendessen abhielt, die dritte innerhalb einer Stunde, saß Enid in der B-Deck-Lounge und lauschte auf den langsamen Rums-Schlurf-Rhythmus von jemandem, der mit einer Gehhilfe die A-Deck-Lounge über ihr durchquerte.

Die Kreuzfahrtuniform der Bridgeligisten war offenbar ein T-Shirt mit dem Aufdruck: ALTE BRIDGESPIELER STERBEN NIE, SIE SCHNEIDEN NUR NICHT MEHR. Enid fand, der Witz vertrug keine allzu häufige Wiederholung.

Sie sah Pensionäre auf den lappländischen Preiselbeer-Frappé zu *rennen*, regelrecht die Füße vom Boden heben.

»Na ja«, murmelte sie, darüber nachsinnend, wie alt hier alle waren, »wer sonst sollte sich auch so eine Kreuzfahrt leisten können?«

Der vermeintliche Dackel, den ein Mann an einer Leine hinter sich herzog, entpuppte sich als auf Rollschuhe montierte und in einen Haustierpullover gesteckte Sauerstoffflasche.

Ein sehr dicker Mann kam vorbei, auf dessen T-Shirt TITANIC: DAS WRACK stand.

Da war nun das ganze Leben ungeduldig auf einen gewartet worden, und jetzt dauerte ein einziger Badezimmeraufenthalt des ungeduldigen Ehemanns mindestens fünfzehn Minuten.

ALTE UROLOGEN STERBEN NIE, SIE VERSIEGEN NUR.

Selbst an Abenden mit legerer Kleiderordnung, wie heute, waren T-Shirts offiziell nicht gern gesehen. Enid trug einen wollenen Hosenanzug und hatte Alfred gebeten, einen Schlips anzulegen, obwohl seine Krawatten so, wie er in letzter Zeit mit dem Suppenlöffel umging, an der Abendessenfront kaum mehr als Kanonenfutter waren. Sie hatte dafür gesorgt, dass er ein Dutzend einpackte. Eine Nordic-Pleasurelines-Kreuzfahrt war Luxus, das stand ihr deutlich vor Augen. Sie erwartete – und hatte, zum Teil mit ihrem eigenen Geld, dafür bezahlt – *Eleganz*. Jedes T-Shirt, das sie sah, versetzte ihrer Phantasie, und folglich ihrem Vergnügen, einen kleinen Tritt.

Es wurmte sie, dass reichere Leute als sie ganz häufig weniger ehrenwert und ansehnlich waren. Ordinärer und rüpelhafter. Es konnte etwas Tröstliches darin liegen, wenn man ärmer war als schöne und kluge Menschen. Aber weniger wohlhabend zu sein als diese Witze reißenden T-Shirt-Fettbäuche –

»Ich bin so weit«, verkündete Alfred, der eben in der Lounge aufgetaucht war. Er nahm Enids Hand, und gemeinsam fuhren sie mit dem Fahrstuhl zum Søren-Kierkegaard-Speisesaal hinauf. Seine Hand haltend, fühlte sie sich verheiratet und, weil das so war, im Universum verankert und mit dem Alter versöhnt, doch sie konnte nicht umhin zu denken, wie viel es ihr all die Jahrzehnte, in denen er stets ein oder zwei Schritte vor ihr hergelaufen war, bedeutet hätte, seine Hand zu halten. Jetzt war seine Hand bedürftig und zahm. Selbst ein Zittern, das heftig aussah, fühlte sich in der ihren federleicht an. Allerdings konnte sie spüren, dass die Hand, sobald sie sie losgelassen hätte, wieder paddeln würde.

Kreuzfahrer ohne Gruppenanschluss bekamen Plätze an speziellen »Flottierer«-Tischen zugewiesen. Zur großen Freude von Enid, die kosmopolitische Gesellschaft genoss, solange sie nicht zu versnobt war, stammten zwei der »Flottierer« an ihrem Tisch aus Norwegen und zwei aus Schweden. Enid hatte europäische Länder gern klein. Man konnte einen interessanten schwedischen Brauch oder norwegischen Sachverhalt kennenlernen, ohne gleich darauf gestoßen zu werden, dass man nichts von deutscher Musik, französischer Literatur oder italienischer Kunst verstand. Die Verwendung des Wörtchens »skol« war ein gutes Beispiel. Ebenso die Tatsache, dass Norwegen Europas größter Rohölexporteur war, wie Mr. und Mrs. Nygren aus Oslo der Runde gerade erklärten, als sich die Lamberts auf den beiden letzten noch freien Plätzen niederließen.

Enid sprach als Erstes ihren Nachbarn zur Linken an, Mr. Söderblad, einen älteren Schweden mit beruhigend breitem Plastron und blauem Blazer. »Welchen Eindruck haben Sie bisher von dem Schiff?«, fragte sie ihn. »Ist es wirklich *absolut* authentisch?«

»Nun, es scheint immerhin zu schwimmen«, sagte Mr. Söderblad mit einem Lächeln, »trotz schwerer See.«

Enid hob die Stimme, um seiner Auffassungsgabe auf die Sprünge zu helfen. »Ich meine, ist es ECHT SKANDINAVISCH?«

»Aber ja, gewiss«, sagte Mr. Söderblad. »Auch wenn gleichzeitig alles auf der Welt zunehmend amerikanisch wird, finden Sie nicht?«

»Aber finden Sie«, sagte Enid, »dass dieses Boot WIRKLICH ABSOLUT AUTHENTISCH die Atmosphäre eines ECHTEN SKANDINAVISCHEN SCHIFFES einfängt?«

»Eigentlich ist es sogar besser als die meisten Schiffe in Skandinavien. Meine Frau und ich sind bisher sehr zufrieden.«

Enid gab ihre Befragung auf, keineswegs überzeugt, dass Mr. Söderblad deren Tragweite erfasst hatte. Ihr lag daran, dass Europa europäisch war. Sie hatte diesen Kontinent fünfmal im Urlaub und zweimal auf Geschäftsreisen mit Alfred besucht, insgesamt also ungefähr ein Dutzend Mal, und Freunden, die Reisen nach Spanien oder Frankreich planten, erklärte sie inzwischen gern und mit einem Seufzer, dass sie für ihren Teil genug davon habe. Es machte sie allerdings wahnsinnig, wenn ihre Freundin Bea Meisner ebenso unbeeindruckt tat und »Ich bin es leid, zu den Geburtstagen meiner Enkel nach Kitzbühel zu fliegen« und Ähnliches sagte. Beas dümmliche und unverhältnismäßig hübsche Tochter Cindy hatte einen österreichischen Sportarzt geheiratet, irgendeinen von Sowieso, der im Riesenslalom olympische Bronze gewonnen hatte. Dass Bea überhaupt noch mit Enid verkehrte, war ein Triumph der Loyalität über unterschiedliche Vermögenslagen. Doch Enid vergaß nie, dass sich die Finanzierung des Meisner'schen Anwesens in Paradise Valley zu einem erheblichen Anteil Chucks Großinvestition in

Erie-Belt-Aktien kurz vor dem Aufkauf der Midpac verdankte. Chuck war Vorstandsvorsitzender seiner Bank geworden, während Alfred bei der Midpac in der zweiten Reihe steckengeblieben war und seine Ersparnisse in inflationsanfälligen Rentenpapieren angelegt hatte, sodass die Lamberts sich auch jetzt noch keine Nordic-Pleasurelines-Qualität hätten leisten können, wenn Enid nicht an eigenes Kapital gegangen wäre, wozu sie sich entschlossen hatte, um nicht vor Neid verrückt zu werden.

»Meine beste Freundin in St. Jude verbringt ihren Urlaub häufig in Kitzbühel«, rief sie, im Grunde ohne jeden Bezug, Mr. Söderblads hübscher Frau zu. »Ihr österreichischer Schwiegersohn ist ungeheuer erfolgreich und besitzt dort ein Chalet!«

Mrs. Söderblad hatte etwas von einem edelmetallenen Accessoire, das durch Mr. Söderblads Benutzung leicht abgestoßen und angelaufen war. Lippenstift, Haarfarbe, Lidschatten und Nagellack variierten ein Platinthema; ihr Abendkleid war aus Siblerlamé und gestattete einen guten Ausblick auf sonnengeröstete Schultern und Silikonhügel. »Kitzbühel ist sehr schön«, sagte sie. »Ich bin oft in Kitzbühel aufgetreten.«

»SIE SIND KÜNSTLERIN?«, rief Enid.

»Signe war so eine Art Unterhaltungskünstlerin«, sagte Mr. Söderblad schnell.

»Manche dieser Urlaubsorte in den Alpen sind entsetzlich überteuert«, bemerkte die Norwegerin, Mrs. Nygren, mit einem Schaudern. Ihre riesigen runden Brillengläser und die strahlenförmige Anordnung ihrer Gesichtsfalten ließen an eine Gottesanbeterin denken. Äußerlich waren sie und der blank polierte Söderblad eine wechselseitige Beleidigung. »Andererseits«, fuhr sie fort, »ist es für uns Norweger leicht, wählerisch zu sein. Selbst in einigen unserer Stadtparks kann man hervorragend Ski fahren. Eigentlich gibt es nirgends etwas Vergleichbares.«

»Allerdings«, sagte Mr. Nygren, der sehr groß war und Ohren wie rohe Kalbsschnitzel hatte, »muss man zwischen dem Abfahrtslauf und den Varianten Langlauf und nordische Kombination unterscheiden. Norwegen hat zwar manchen ausgezeichneten Abfahrtsläufer hervorgebracht – ich nenne nur den Namen Kjetil Andre Aamodt, der hier sicher alles andere als ein ›unbeschriebenes Blatt‹ ist –, aber man muss zugeben, dass wir in dieser Disziplin nicht immer ganz oben mitgemischt haben. Beim Langlauf oder bei der nordischen Kombination ist das etwas vollkommen anderes. Da bringen wir, wie ich wohl ohne Übertreibung sagen darf, nach wie vor mehr als genug Medaillen nach Hause.«

»Norweger sind sagenhaft langweilig«, flüsterte Mr. Söderblad Enid heiser ins Ohr.

Die beiden anderen »Flottierer« am Tisch, ein gepflegtes älteres Ehepaar namens Roth aus Chadds Ford, Pennsylvania, hatten Enid instinktiv den Gefallen getan, Alfred in ein Gespräch zu ziehen. Von der heißen Suppe, dem Theater mit seinem Löffel und vielleicht auch von der Anstrengung, nicht einen einzigen Blick auf das betörende Söderblad'sche Dekolleté zu werfen, war Alfreds Gesicht gerötet, während er den Roths die Stabilisierungstechnik eines Ozeandampfers erklärte. Mr. Roth, ein gescheit dreinschauender Mann mit Fliege und einer Hornbrille, die seine Augen hervorquellen ließ, löcherte ihn mit anspruchsvollen Fragen und

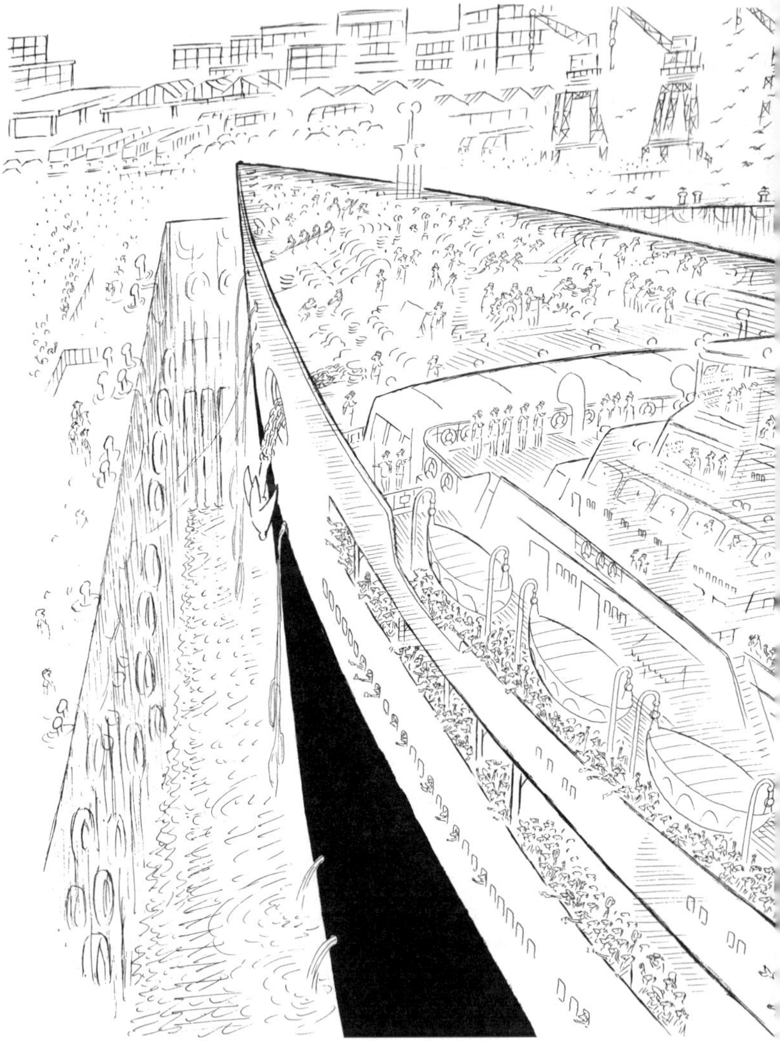

Auf einem Schiff mache ich mich immer extra klein, damit ich beim Manövrieren niemandem in die Quere komme.

lauschte den Antworten mit derart gespannter Aufmerksamkeit, dass er beinahe erschüttert wirkte.

Mrs. Roth achtete weniger auf Alfred als auf Enid. Sie war eine kleine Frau, ein niedliches Kind von Mitte sechzig. Mit den Ellbogen erreichte sie kaum die Tischplatte. Sie hatte einen weiß gefleckten schwarzen Pagenkopf, rosige Wangen und große blaue Augen, mit denen sie Enid unverhohlen anstarrte, wie jemand, der sehr klug oder sehr dumm ist. Solches Schwärmen ließ auf Sehnsüchte schließen. Enid spürte auf der Stelle, dass Mrs. Roth auf dieser Kreuzfahrt entweder ihre beste Freundin oder ihre schlimmste Rivalin werden würde, und so vermied sie es nicht ohne Koketterie, sie anzusprechen oder ihre Anwesenheit auf andere Weise zur Kenntnis zu nehmen. Während Steaks aufgetischt und verwüstete Hummer abgetragen wurden, platzierte Enid ein ums andere Mal und Mr. Söderblad parierte ein ums andere Mal Fragen nach seinem Beruf, der etwas mit Waffenhandel zu tun zu haben schien. Mrs. Roths blauäugigen Blick saugte sie ebenso begierig auf wie den Neid, den die ›Flottierer‹ an anderen Tischen hervorrufen mussten. Sie vermutete, dass sich die ›Flottierer‹ in den Augen des T-Shirt-Plebs ausgesprochen kontinental ausnahmen. Ein Hauch von Adel. Schönheit, Krawatten, ein Plastron. Ein gewisses Prestige.

»Manchmal freue ich mich so auf meinen Morgenkaffee«, sagte Mr. Söderblad, »dass ich abends gar nicht einschlafen kann.«

Enids Hoffnung, dass Alfred mit ihr im Pippi-Langstrumpf-Ballsaal tanzen werde, zerschellte, als er aufstand und verkündete, er gehe jetzt ins Bett. Es war noch nicht einmal sieben. Wer hatte je von einem Erwachsenen gehört, der um sieben Uhr abends zu Bett ging?

»Setz dich wieder hin und warte auf den Nachtisch«, sagte sie. »Die Nachtische sollen *göttlich* sein.«

Alfreds unansehnlich gewordene Serviette rutschte von seinen Schenkeln auf den Boden. Er schien überhaupt nicht zu ahnen, wie sehr er sie in Verlegenheit brachte und enttäuschte. »Bleib du ruhig hier«, sagte er. »Ich habe genug.«

Und schon schlurfte er über den Søren-Kierkegaard-Teppich davon, mit den Schieflagen der Horizontale kämpfend, die stärker geworden waren, seit das Schiff den New Yorker Hafen verlassen hatte. Wohl bekannte Wellen des Grams dämpften Enids Stimmung, als sie an all das Vergnügen dachte, das ihr mit einem solchen Ehemann entging, bis ihr klar wurde, dass sie nun einen langen Abend für sich hatte und kein Alfred ihr das Vergnügen verderben konnte.

Ihre Laune hellte sich auf, und hellte sich weiter auf, als Mr. Roth sich verabschiedete, um in den Knut-Hamsun-Lesesaal zu gehen, und seine Frau am Tisch zurückließ. Mrs. Roth rückte näher an Enid heran.

»Wir Norweger sind große Leser«, bemerkte Mrs. Nygren, die Gelegenheit beim Schopfe packend.

»Und große Quasselstrippen«, murmelte Mr. Söderblad.

»Öffentliche Büchereien und Buchläden in Oslo haben enormen Zulauf«, teilte Mrs. Nygren der Runde mit. »Ich glaube, das ist *nicht* überall so. Das Lesen ist weltweit im Niedergang begriffen. Aber nicht in Norwegen, hm. Mein Per liest in diesem Herbst das Gesamtwerk von John Galsworthy zum zweiten Mal. Auf Englisch.«

»Neiiin, Inga, neiiin«, wieherte Per Nygren. »Zum dritten Mal!«

»Großer Gott«, sagte Mr. Söderblad.

»Wirklich.« Mrs. Nygren schaute Enid und Mrs. Roth an, als erwarte sie Ehrfurcht. Per liest jedes Jahr von allen bisherigen Literaturnobelpreisträgern ein Buch und außerdem das Gesamtwerk des Preisträgers, den er im Vorjahr am besten fand. Und sehen Sie, die Aufgabe wird von Jahr zu Jahr ein bisschen schwieriger, weil ja immer ein weiterer Preisträger hinzukommt, nicht wahr.«

»Es ist ein wenig wie beim Hochsprung – die Latte wird immer höher gelegt«, erklärte Per. »Jedes Jahr eine etwas größere Herausforderung.«

Mr. Söderblad, der nach Enids Zählung seine achte Tasse Kaffee trank, lehnte sich dicht zu ihr herüber und sagte: »Mein Gott, sind die langweilig!«

»Ich kann ohne Übertreibung sagen, dass ich weit mehr von Henrik Pontoppidan gelesen habe als die meisten anderen«, sagte Per Nygren.

Mrs. Söderblad legte den Kopf schief und lächelte verträumt. »Wissen Sie«, sagte sie, vielleicht zu Enid oder zu Mrs. Roth, »dass Norwegen bis vor einhundert Jahren eine schwedische Kolonie war?«

Die Norweger gingen hoch wie ein aufgescheuchtes Bienenvolk.

»Kolonie!? Kolonie??«

»Oh, oh«, zischte Inga Nygren, »ich *glaube*, da gibt es eine Geschichte, die wir unseren amerikanischen Freunden nicht vorenthalten wol–«

»Eine Geschichte strategischer Bündnisse!«, erklärte Per.

»Wenn Sie ›Kolonie‹ sagen, welches schwedische Wort haben Sie da genau im Sinn, Mrs. Söderblad? Da mein Englisch offenkundig um einiges besser ist als das Ihre, kann ich unseren amerikanischen Freunden vielleicht eine treffendere Übersetzung liefern, zum Beispiel ›gleichberechtigte Partner in einem vereinigten Halbinsel-Königreich‹?«

»Signe«, sagte Mr. Söderblad boshaft zu seiner Frau, »ich glaube, da hast du einen Nerv getroffen.« Er hob eine Hand. »Ober, nachschenken.«

»Wenn man das späte neunte Jahrhundert als Ausgangspunkt nimmt«, sagte Per Nygren, »und ich denke, sogar unsere schwedischen Freunde werden mir zustimmen, dass die Thronbesteigung von Harald Schönhaar eine ganz brauchbare ›Startrampe‹ für unsere Untersuchung der wechselhaften Beziehungen zweier konkurrierender Großmächte ist, oder sollte ich vielleicht sagen, *dreier* Großmächte, denn auch Dänemark spielt in unserer Geschichte eine recht faszinierende Rolle –«

»Wir würden das sehr gern hören, aber vielleicht ein andermal«, unterbrach ihn Mrs. Roth und beugte sich vor, um Enids Hand zu berühren. »Wir hatten doch sieben Uhr gesagt, erinnern Sie sich?«

Enid stutzte nur kurz. Dann entschuldigte sie sich und folgte Mrs. Roth in die Haupthalle, wo sie es mit einem Gewühl von Senioren und einer Wolke gastrischer sowie keimtötender Aromen zu tun bekamen.

»Enid, ich heiße Sylvia«, sagte Mrs. Roth. »Was halten Sie von Spielautomaten? Mich juckt's schon den ganzen Tag.«

»Oh mich auch!«, sagte Enid. »Ich glaube, die sind im Springberg-Saal.«

»Strindberg, ja.«

Enid bewunderte geistige Beweglichkeit, schrieb sich aber selten selbst welche zu. »Danke für die – na Sie wissen schon«, sagte sie, als sie Sylvia Roth durch das Gewühl folgte.

»Rettung. Keine Ursache.«

Der Strindberg-Saal war rappelvoll mit Kiebitzen, kleinen Blackjackspielern und Freunden des einarmigen Banditen. Enid konnte sich nicht erinnern, wann ihr zuletzt etwas so viel Vergnügen gemacht hatte. Der fünfte Vierteldollar, den sie einwarf, bescherte ihr drei Pflaumen; als bringe so viel Obst die Verdauung der Maschine durcheinander, kam unten Hartgeld herausgeschossen. Enid schaufelte den Gewinn in einen Plastikeimer. Elf Vierteldollarmünzen später passierte es erneut; drei Kirschen, silberner Durchfall. Weißhaarige Spieler, die an benachbarten Spielautomaten unentwegt verloren, schauten böse zu ihr herüber. Ich schäme mich, sagte sie sich, dabei stimmte das gar nicht.

Jahrzehnte unzureichender Einkünfte hatten sie gelehrt, mit Bedacht zu investieren. Von ihrer Ausbeute zweigte sie den Betrag ihres ursprünglichen Einsatzes ab. Die Hälfte von jedem weiteren Gewinn legte sie ebenfalls auf die hohe Kante. Ihre Geldvorräte zeigten jedoch keinerlei Anzeichen von Erschöpfung.

»So, mir reicht's jetzt«, sagte Sylvia Roth nach fast einer Stunde und tippte Enid auf die Schulter. »Wollen wir uns das Streichquartett anhören?«

»Ja! Ja! Es ist im Krieg-Saal.«

»Grieg«, sagte Sylvia und lachte.

»Ach, das ist ja lustig. Grieg. Ich bin so töricht heute Abend.«

»Wie viel haben Sie gewonnen? Sah ganz so aus, als hätten Sie Glück gehabt.«

»Keine Ahnung, ich hab nicht mitgezählt.«

Sylvia lächelte und schaute sie aufmerksam an. »Von wegen. Ich glaube, Sie haben ganz genau mitgezählt.«

»Na ja, stimmt schon«, sagte Enid und errötete, weil Sylvia ihr so sympathisch war. »Es waren einhundertdreißig Dollar.«

Ein Porträt Edvard Griegs hing in einem über und über mit Gold geschmückten Raum, der die Pracht des schwedischen Königshofs im achtzehnten Jahrhundert heraufbeschwor. Die große Zahl leerer Stühle bestätigte Enids Verdacht, dass viele der Kreuzfahrtteilnehmer einfache Leute waren. Sie hatte schon Kreuzfahrten erlebt, auf denen es bei klassischen Konzerten nur Stehplätze gab.

Sylvia schien nicht gerade überwältigt von den Musikern, doch Enid fand sie wunderbar. Sie spielten beliebte klassische Melodien wie ›Schwedische Rhapsodie‹ und Auszüge aus *Finlandia* und *Peer Gynt* – alles auswendig. Mitten in *Peer Gynt* wurde der zweite Geiger ganz grün im Gesicht und verließ für eine Minute den Raum (das Meer war wirklich ein bisschen stürmisch, aber Enid hatte einen robusten Magen und Sylvia ein Pflaster), und dann kehrte er an seinen Platz zurück und schaffte es sofort, als hätte er nicht einen Takt versäumt, an der richtigen Stelle wieder einzusetzen. »Bravo!«, riefen die zwanzig Zuhörer.

Bei dem eleganten Empfang im Anschluss gab Enid 7,7 Prozent ihres Spielgewinns für eine Kassette aus, die das Quartett hatte aufnehmen lassen. Sie probierte ein Gratisglas Spögg, einen schwedischen Likör, dem gerade eine 15 Millionen Dollar teure Werbekampagne zuteil wurde. Spögg schmeckte wie Wodka, Zucker und Meerrettich, und das waren auch tatsächlich seine Ingredienzien. Während die anderen Gäste den Spögg eher überrascht und missvergnügt beäugten, begannen Enid und Sylvia sofort zu kichern.

»Kleine Aufmerksamkeit des Hauses«, sagte Sylvia. »Kostenloser Spögg. Probieren Sie!«

»Hmm!«, sagte Enid prustend, halb tot vor Lachen. »Spögg!«

Weiter ging es zur Ibsen-Promenade, wo für zweiundzwanzig Uhr geselliges Eisessen angesagt war. Im Fahrstuhl hatte Enid das Gefühl, dass das Schiff nicht nur an einem ständigen Auf und Nieder, sondern auch an einer Schräglage litt, als wäre sein Bug das Gesicht eines Menschen, der Widerwillen empfand. Kaum hatte sie den Fahrstuhl verlassen, stolperte sie beinahe über einen Mann auf Händen und Knien, der aussah wie die Hälfte eines Zwei-Mann-Sketches, bei dem einer den anderen umschubst. Hinten auf seinem T-Shirt stand: SIE VERLIEREN NUR IHR ZIEL AUS DEN AUGEN.

Enid nahm dankend ein Eiscremesoda, das eine Serviererin mit Toque ihr anbot. Dann fing sie an, mit Sylvia Familiendaten auszutauschen, was schon bald mehr ein Austausch von Fragen denn von Antworten war. Sobald Enid merkte, dass jemand auf das Thema Familie nicht mit Begeisterung ansprach, pflegte sie unerbittlich in der Wunde herumzustochern. Eher wäre sie gestorben, als zuzugeben, dass ihre eigenen Kinder sie enttäuschten, doch von den enttäuschenden Kindern anderer zu hören – ihren schmutzigen Scheidungen, ihrem Rauschgiftmissbrauch, ihren törichten Investitionen –, das tat ihr gut.

Vordergründig gab es nichts, wofür Sylvia Roth sich hätte schämen müssen. Ihre beiden Söhne lebten in Kalifornien, einer hatte mit Medizin, der andere mit Computern zu tun, und beide waren verheiratet. Dennoch schienen sie glühend heißer Gesprächssand zu sein, den es entweder zu meiden oder im Spurt zu überqueren galt. »Ihre Tochter war in Swarthmore?«, sagte sie.

»Ja, kurz«, sagte Enid. »Aha, und *fünf* Enkelsöhne. Alle Achtung. Wie alt ist der jüngste?«

»Ist letzten Monat zwei geworden. Und wie steht's bei Ihnen?«, sagte Sylvia. »Haben Sie Enkelkinder?«

»Unser ältester Sohn Gary hat drei Jungs, also, das ist ja interessant, fünf Jahre Abstand zwischen dem jüngsten und dem zweitjüngsten?«

»Fast sechs sogar, aber von Ihrem Sohn in New York, von dem möchte ich auch etwas hören. Haben Sie ihn heute besucht?«

»Ja, er hat ein so nettes Mittagessen für uns zubereitet, aber sein Büro beim *Wall Street Journal,* wo er neuerdings arbeitet, haben wir uns nicht angeschaut, weil das Wetter so schlecht war, na ja, also, und fliegen Sie oft rüber nach Kalifornien? Um Ihre Enkelsöhne zu sehen?«

Irgendein Lebensgeist, die Bereitschaft, das Spiel weiter mitzuspielen, verließ Sylvia. Sie saß da und starrte in ihr leeres Sodaglas. »Enid, würden Sie mir einen Gefallen tun?«, sagte sie schließlich. »Begleiten Sie mich auf einen Schlummertrunk nach oben.«

Enids Tag hatte um fünf Uhr morgens in St. Jude begonnen, doch eine attraktive Einladung schlug sie niemals aus.

Andrea Camilleri

Das Gespenst in der Kabine

Nach nicht ganz einer Woche auf See konnte Cecè Collura den freien Journalisten Davide Birolli nicht mehr ausstehen. Dieser hatte sich nämlich – wer weiß warum – schlimmer als ein Blutegel an ihn geklettet, sodass Collura zu einem bestimmten Augenblick sogar versucht war, alles stehen- und liegenzulassen und am nächsten Anlegepunkt abzuheuern.

Dieser Birolli, um die dreißig, mit wirrem Blick hinter kleinen Brillengläsern und Haaren, die ständig unter 350-Volt-Spannung standen, war von der Reederei des Kreuzfahrtschiffs beauftragt worden (bei freiem Aufenthalt und Verpflegung und einem ansehnlichen Scheck am Ende), eine ganze Artikelserie zugunsten des Gedankens zu verfassen, dass Verlustierungsreisen auf dem Meer das Höchste für das Wohlbefinden darstellten, was man sich gönnen könnte. Nur hatte die Reederei sich nicht eingehender darüber informiert, wie dieser Journalist selbst die Sache sah, der, kaum an Bord gegangen, überall herumposaunte, ein Mann und Denker der absolut unbestechlichen, unbekehrbaren Linken zu sein. Ausgesprochen kritisch eingestellt gegenüber dem Konzept von Kreuzfahrten, die er als »bewegungsloses Reisen« bezeichnete, manchmal sogar als »parasitäre Reise von Parasiten«, kam er ins Büro von

Cecè Collura und blieb den ganzen lieben langen Tag bei ihm.

»Finden Sie nicht auch, Commissario, dass diese Kreuzfahrten abstoßend reaktionär sind?«

»Inwieweit?«

»Insoweit, als man doch bei jeder Kreuzfahrt schon lange vorher weiß, was passiert, das ist doch ein alter Hut, und alles passt zu allem. Die Vorstellungskraft, die Phantasie wird durch eine Art kollektive Infantilisierung ausgeschaltet. Ist doch immer der gleiche Papp.«

»Papp, den du nur durch Schmarotzen eilig hinunterschlingst«, dachte Cecè Collura, »ohne ihn dir verdient zu haben, denn noch hast du keine einzige Zeile geschrieben.«

»Das Harmlose, das Gefühl der Sicherheit sind reaktionär, weil sie keinen Zweifel hervorbringen.«

»Sie kennen doch die Titanic?«, fragte ihn Collura, dem das alles nun wirklich über die Hutschnur ging.

»Ja. Und weiter?«

»Ist das Ihrer Meinung nach eine progressive Kreuzfahrt gewesen?«

Der andere wusste einen Augenblick lang nicht recht, wohin und woher, und Commissario Collura nahm dies zum Anlass, ein Gespräch mit seinem Stellvertreter anzuknüpfen.

Eines Nachts weckte ihn das schrille Klingeln des Telefons auf.

Er machte Licht und sah auf die Uhr: vier Uhr morgens. Es war sein Vize.

»Commissario, können Sie ins Büro kommen? Wir haben einen Notfall.«

Sein Vize war kein Mann, der Geschwätz von sich gab, und das hieß, die Sache war ernst.

Im Büro war eine alte Dame in einem Morgenmantel von hervorragendem Geschmack. Sie war äußerst erregt.

»Erlauben Sie, Commissario?«, sagte der Triestiner.

Sie gingen ins Hinterzimmer des Büros, zu dem die Passagiere keinen Zutritt hatten. Es war mit Satellitentelefonen, mit verschiedenen Computern und mit Internet ausgestattet.

»Die Dame behauptet, ein Gespenst gesehen zu haben.«

»Wo?«

»In ihrer Kabine. Sie schlief, dann ist sie aufgewacht und hat es gesehen. Es ist von ihrem Bett gehuscht.«

»Hatte sie getrunken?«

»Sieht nicht so aus. Sie sagt, sie trinke nicht.«

»Nimmt sie Drogen?«

»In ihrem Alter?!«

»Bester Freund, haben Sie noch nicht gemerkt, dass alte Menschen heutzutage alles tun, um ja nicht alt auszusehen? Aber kurz und gut, was will sie?«

»Sie will eine andere Kabine.«

»Na gut, dann quartieren wir sie eben woanders ein, und die Sache ist erledigt.«

»So einfach ist das nicht, Commissario. Die Dame war in Panik. Als sie weggelaufen ist, hat sie geschrien, sie ist den Flur auf und ab gelaufen, bis sie schließlich von einem Zimmermädchen festgehalten wurde. Andere Passagiere sind aufgewacht und auf den Flur gegangen … Auch der Journalist war dort, leider Gottes. Ich hatte wirklich Mühe, die Ruhe wieder herzustellen. Wir sollten uns etwas einfallen lassen, um die Leute wieder zu besänftigen. Anderenfalls werden morgen alle, die ihre Kabinen auf dem Flur 22c haben, ein anderes Logis verlangen.«

»Reden wir also mit dieser verrückten Alten. Aber vorher zeigen Sie mir noch einmal ihre Personalkarte.«

Es stellte sich heraus, dass Signora, genauer gesagt Signorina Candida Meneghetti, eine siebenundsiebzigjährige Rentnerin war und in Bologna wohnte. Sie reiste allein.

»Signorina Meneghetti«, begann Commissario Collura und wusste weder, wie er dieses Gespräch anfangen, noch wie er es zu Ende bringen sollte, »fühlen Sie sich in Ordnung?«

»Ich habe mich ausgezeichnet gefühlt, bevor ich meinen Fuß auf dieses verflixte Schiff gesetzt habe. Der Schreck war so groß, dass ich fast gestorben wäre.«

»Könnten Sie mir das Dings beschreiben … das Gespenst? Wie sah es aus?«

»Normal. Klassisch.«

»Könnten Sie das genauer erklären?«

»Na ja, stellen Sie sich ein Bettlaken vor, das von alleine aufrecht steht. In Höhe der Augen hatte es so etwas wie zwei phosphoreszierende Kügelchen. Oh, mein Gott, mir wird allein schon beim Gedanken daran schlecht!«

»Wo haben Sie es gesehen?«

»Es befand sich am Fußende. Es schwebte.«

»Hat es etwas gesagt?«

»Und ob! Es hat mir mit hohler Stimme gesagt: Candida, verlasse dieses Schiff, solange noch Zeit ist!«

»Kannten Sie es?«, schaltete sich der Stellvertreter ein.

»Wieso sollte ich es gekannt haben?«, fragte Signorina Meneghetti auffahrend.

»Na ja … ich weiß nicht … immerhin hat es Sie geduzt …«

»Was ist das denn für ein Gedanke! Alle Gespenster duzen einen!«

»Ah!«, sagte Commissario Collura. »Sie haben also Erfahrung im Umgang mit Gespenstern. Haben Sie vorher schon einmal welche gesehen?«

»Noch nie. Allerdings habe ich das eine oder andere Buch zu diesem Thema gelesen. Aber wo Sie mich jetzt daran erinnern, Hamlets Vater …«

Cecè Collura beeilte sich, sie zu unterbrechen, jetzt fehlte nur noch Hamlet in dieser Weltengeschichte.

»Kommen Sie mit uns! Schauen wir uns mal Ihre Kabine an.«

»Nicht einmal im Traum! Ich habe Angst. Gehen Sie ruhig alleine, ich bleibe hier.«

»Haben Sie den Schlüssel?«

»Wie sollte ich denn in einem solchen Augenblick an den Schlüssel denken! Er ist unten.«

Als sie zum Flur 22c kamen, fanden sie Davide Birolli vor, der vor einer Gruppe leicht bekleideter Passagiere eine Rede schwang.

»Denkt darüber nach, was das Gespenst gesagt hat! Seine Worte kündigen Unheil an! Wir gehen Tagen und Nächten des Zweifels, der Ungewissheit, selbst der Angst entgegen. Ist das alles nicht wunderbar? Diese Reise, die mit beruhigender Vorausschaubarkeit, mit einem ruhigen Austausch von Empfindungen und Gedanken begonnen hat, wird in einer Atmosphäre gesunder, progressiver Erschütterung fortgesetzt. Wie wird wohl das Ende aussehen?«

»Sorgen Sie dafür, dass er verschwindet«, forderte Cecè seinen Vize auf.

Die Kabine von Signorina Candida war tadellos in Ordnung, abgesehen vom Bett. Das Gegenschlaglaken war zusammengeknüllt und befand sich am Fußende: Es war deutlich, dass Signorina Candida das Bettlaken instinktiv auf das Gespenst geschleudert hatte, was seinerseits ebenfalls ein Bettlaken war. Cecè musste lachen. Die Geschichte war zu komisch, ihre Kehrseite war die Auswirkung, die sie auf die Gesellschaft an Bord hätte haben können. Wie ließen sich die Wogen glätten?

Während er darüber nachdachte, fiel ihm zweierlei auf. Das Erste war, dass er das Licht eingeschaltet vorgefunden hatte. Also hatte Signorina Meneghetti im selben Augenblick, in dem sie das Gespenst gesehen hatte, den Lichtschalter betätigt. Und hatte sich das Gespenst da aufgelöst, oder war es noch sichtbar? Das Zweite war, dass alles, was sich im Besitz von Signorina Meneghetti befand, brandneu war. Auf dem Boden zwei Paar kaum getragene Schuhe, auf einem Stuhl eine sündhaft teure Handtasche, die noch nach Lederfabrik roch. Er öffnete den Schrank: Von sechs Kleidern, die dort hingen, hatten vier ein Etikett. Fast die gesamte Unterwäsche war noch in ihrer Originalverpackung. Dort befanden sich auch zwei Vuitton-Koffer, und es war offenkundig, dass sie zum ersten Mal vollgepackt worden waren. Signorina Meneghetti musste reich sein und sich diese kostbare Ausstattung eigens für die Kreuzfahrt zugelegt haben.

Er kehrte ins Büro zurück. Es war dicht gedrängt voller Passagiere, die alle eine neue Kabine haben wollten. Sein Vize, schweißgebadet und hochrot, hatte inzwischen sogar Mühe zu sprechen.

»Ich finde es unglaublich«, sagte jemand, »dass auf einem Schiff wie diesem, das mit allem ausgestattet ist, es ausgerechnet keinen Ghostbuster gibt oder doch wenigstens einen Exorzisten!«

Cecè rief seinen Triestiner Vize zur Seite. Er erfuhr, dass Signorina Candida sich im Hinterzimmer aufhielt, und was den freiberuflichen Journalisten betraf, so hatte er ihn durch den Kommandanten einbestellen lassen.

»Was haben Sie herausgefunden?«, fragte Signorina Meneghetti ängstlich besorgt bei seinem Anblick.

»Was soll ich schon herausgefunden haben? Wer weiß, wo Ihr Gespenst sich zu dieser Uhrzeit hin verzogen hat. Gestatten Sie mir aber ein paar Fragen. Als Sie das Licht angemacht haben, blieb die Erscheinung da bei Ihnen?«

Candida Meneghetti wirkte einen Moment lang verwirrt.

»Habe ich das Licht eingeschaltet? Ich erinnere mich gar nicht. Wissen Sie, in diesem Augenblick ... Wieso fragen Sie mich das?«

»Legen Sie sich normalerweise mit Ihrem Morgenmantel ins Bett?«

»Nein. Wieso? Mit dem Nachthemd.«

Allerdings war sie rot geworden. Und auf der Stelle war sich Cecè Collura sicher, dass diese Röte nicht auf jüngferliche Scheu zurückzuführen war. Er rief einen Steward herbei und ließ Signorina Meneghetti in eine Kabine bringen, damit sie sich ein bisschen ausruhen konnte. Zwei Stunden lang blieb er im Hinterzimmer des Büros, telefonierte und erhielt Telefonanrufe. Am Ende räkelte er sich zufrieden. Er ging zu Signorina Candida, die auf dem Bett eingeschlummert war, und weckte sie sanft auf.

»Jetzt habe ich alles herausgefunden, Signorina. Sie leben von einer monatlichen Rente von einer Million dreihunderttausend Lire, Sie sind Schauspielerin gewesen und wohnen in einem Seniorenheim.«

»Ich weiß, worauf Sie hinauswollen. Lassen Sie mich Ihnen das erklären: Ich habe eine Erbschaft gemacht und beschlossen, sie zu genießen.«

»Diese Antwort habe ich erwartet. Aber sehen Sie, Ihr Verhalten, als das Gespenst auftauchte, war so völlig unlogisch. Sie haben das Licht angemacht – na gut. Aber Sie haben den Morgenmantel übergezogen, und das macht nun überhaupt keinen Sinn. Vor einem Gespenst verblasst alle Scham, Sie hätten im Nachthemd auf den Flur stürzen sollen. Aber Sie haben einen Fehler gemacht. Wer hat Sie bezahlt, um dieses Theater zu veranstalten? Wenn Sie gestehen, werde ich versuchen, dass kein Strafverfahren gegen Sie eingeleitet wird. Allerdings müssen Sie allen sagen, es wäre Ihnen nun klargeworden, dass Sie einen Alptraum hatten und absolut bereit seien, wieder Ihre Kabine zu beziehen.«

Signorina Candida Meneghetti gestand, dass sie sehr reichlich dafür bezahlt worden sei, dem Ruf der Reederei Schaden zuzufügen. Am nächsten Anlegepunkt musste sie von Bord gehen. Mit ihr ging auch der freiberufliche Journalist Davide Birolli.

Ingrid Noll

Kreuzfahrt-Romanze

Die Vorbereitungen für die Kreuzfahrt ließen sich gut an. Alles schien zu klappen, sowohl Ellen als auch Amalia konnten sich für vierzehn Tage freinehmen – gegen das Versprechen, im nächsten Jahr etwas früher zu planen. Täglich beredeten sie die nötige Garderobe, aber sowohl Mutter als auch Tochter konnten sich keine neuen Sachen leisten. Amalia besaß zwar eine Fülle an billigen Sommerfähnchen und modischen Eintagsfliegen, doch alles passte eher in die Disko als auf eine Reise mit gesetzten Wohlstandsbürgern. Deswegen kam sie auf die geniale Idee, ihre Freundinnen um Leihgaben anzuschnorren. Die meisten konnten diesbezüglich nicht viel bieten, einzig Katja hatte wohlhabende Eltern.

»Meine Alten sind genau in dieser Zeit mit *Studiosus* unterwegs. Natürlich nimmt meine Mutter dafür keine stinkfeinen Sachen mit, sie wird es also gar nicht merken, wenn ihre Roben wieder gebügelt im Schrank hängen. Außerdem hat sie Größe 38, müsste dir passen.«

Ellen hatte ebenfalls Glück; ihre Schwägerin Brigitte konnte mit einer großen Auswahl an guten Stücken dienen und half gern aus.

Ein weiteres Problem bestand darin, dass es Großmutter Hildegard nicht mehr gewohnt war, längere Zeit allein zu bleiben. Auf jeden Fall wollte Ellen dafür sorgen, dass sowohl die

Tiefkühltruhe als auch der Vorratsschrank gut gefüllt waren. Am liebsten wäre es ihr zwar gewesen, wenn ihre Mutter in der bewussten Zeitspanne bei ihrem Lieblingssohn Quartier bezogen hätte, aber Hildegard weigerte sich standhaft. In ihrem Alter sollten die Kinder gefälligst ihre Mutter besuchen und nicht umgekehrt. Zum Glück versprach Matthias, täglich bei der Mama anzurufen und sie im Notfall sofort abzuholen.

Am Wochenende wollte Ellen eigentlich allerhand erledigen – einiges musste nachgeholt, anderes im Voraus getan werden. Sie saß jedoch tatenlos im Garten, betrachtete die unterschiedliche Färbung der sommerlichen Vegetation und fühlte sich beinahe jung und ein bisschen glücklich. Fast immer war sie rastlos tätig gewesen, ihrer Mutter nicht unähnlich, auch im Urlaub war sie seit Jahren damit beschäftigt, liegengebliebene Aufgaben aufzuarbeiten. Auf einmal winkten zwei entspannte Ferienwochen, und sie begann schon jetzt, sich zu freuen. Wie lange hatte sie ihr latentes Fernweh verdrängen müssen, vor allem, wenn ihre Geschwister von interessanten Reisen berichteten. Noch nicht einmal für den eigenen Garten in seinem sommerlichen Liebreiz hatte sie Zeit und Muße gefunden. Wie prächtig leuchteten die gelben und orangefarbenen Blüten der Kapuzinerkresse, wie edel geformt waren ihre achteckigen Blätter, die je nach Sonneneinfall bläulich oder hellgrün schimmerten! Hellrosa Hortensien, samtrote Rosen, dunkelblauer Eisenhut blühten neben Tomatenpflanzen und Salat. Hildegard war im Grunde eine verkannte Künstlerin, die allerdings in diesem Moment Ellens meditative Stimmung durch ein markerschütterndes Stöhnen unterbrach.

»Mutter, was ist los? Tut dir etwas weh?«

»Wieso? Weil ich mal einen Laut von mir gebe? Leider werde ich es nicht mehr erleben, dass du als alte Frau im Gebüsch herumkriechst und die Brennnesseln ausrottest. Von oben werde ich aber hören, wie kläglich du dann herumjaulst!«

Ein Hilferuf? Ein Vorwurf? Ellen erhob sich träge.

»Setz dich mal in den Schatten, Mama. Und keine Angst, ich kann Kornblumen von Giersch, Quecken und Disteln unterscheiden, wenn ich dich jetzt mal ablöse.«

Mutter und Tochter tauschten die Plätze, und Ellen ertappte sich, dass ihr ebenfalls ein mitleiderregendes *Autsch* entfuhr, als sie versehentlich den Zweig einer wildwuchernden Heckenrose in die Finger bekam.

»Keine Rose ohne Dornen«, murmelte ihre liebe Mutter mit sichtlicher Schadenfreude und bettete die dünnen Beine auf einen zweiten Stuhl. »Das tut ja so gut, sich mal einen Moment auszuruhen. Könntest du so nett sein und mir einen Eiskaffee bringen?«

Jetzt war es Ellen, die – allerdings nur leise – seufzte.

Obwohl er tief verletzt war, ließ es sich Uwe nicht nehmen, Amalia und Ellen zum Frankfurter Flughafen zu fahren. Nicht nur, dass seine Freundin ohne ihn verreisen wollte, die ganze Idee mit der geschenkten Kreuzfahrt war ihm ein Dorn im Auge. Unterwegs versuchte Ellen aus Höflichkeit, sich ein wenig mit ihm zu unterhalten, aber vergeblich – er ließ demonstrativ eine uralte CD auf voller Lautstärke laufen. Es war ein Lied, das Amalia nicht ausstehen konnte: *Die Dinosaurier werden immer trauriger*. Schade, dachte Ellen, dass er so gekränkt ist und meine Mutter ihn nicht mag; es wäre doch praktisch gewesen, wenn Uwe hin und wieder nach Hildegard geschaut hätte, für ihn ist das nur ein Katzensprung, und er hat sowieso nicht viel zu tun. Gern hätte sie dem schweigsamen Fahrer wenigstens das Benzingeld erstattet, aber sie wollte seinen Stolz nicht noch mehr verletzen. Wir sollten unterwegs nach einem schönen Mitbringsel Ausschau halten, beschloss sie. Ihre Mutter hatte ihr netterweise schnell noch 200 Euro zugesteckt, die sie weiß Gott für welchen Zweck zusammengespart hatte. »Für Nebenkosten, damit du dich nicht aushalten lassen musst.«

Am Terminal angekommen, suchte Uwe zwar noch nach einer Parklücke, half auch beim Abladen der Koffer, verließ aber die beiden Frauen, ohne sie in die Halle zu begleiten. Amalia hatte ein schlechtes Gewissen, wollte ihren Freund wenigstens noch einmal umarmen, aber er stieg sofort wieder in seinen zerbeulten Wagen, gab Gas und nur ein kurzes Tschüs von sich.

Kurz danach stand Ellen vor der großen Abflugtafel und studierte etwas hilflos die Anzeigen mit zahlreichen Verspätungen. Das letzte Mal war sie vor zwanzig Jahren mit Mann und Töchtern nach Spanien geflogen, sie hatte wenig Erfahrung und war froh, als Gerd und Ortrud vor ihr auftauchten. Man begrüßte sich, Gerd stellte Amalia seiner Frau vor und sagte: »Beinahe wäre sie unsere Nichte, schade, nicht wahr?«

Mit einem Blick auf den vollen Gepäckwagen meinte Ortrud: »Offenbar habt ihr noch keine Boarding Card. Wenn ihr fertig seid, können wir ja noch einen Prosecco zusammen trinken. Sollen wir uns bei Harrods treffen?«

Sie bestimmt anscheinend, wo's langgeht, dachte Ellen enttäuscht. Eigentlich hatte sie gehofft, dass man ihr mit dem elektronischen Ticket und beim Check-in ein wenig helfen würde.

»Seht mal die dort!«, sagte Gerd. »Ist das nicht wie ein Woody-Allen-Film?« Er wies mit einer kurzen Kopfbewegung auf eine Gruppe orthodoxer Juden, die alle die Kippa auf dem Kopf und ein noch aufgeblasenes lila Nackenhörnchen um den Hals hatten und in großer Eile von Halle A nach B strebten. Ellen gaffte mit offenem Mund und kam sich wie ein Landei vor. Verlegen wandte sie sich wieder Gerd und seiner Frau zu. Ortrud trug für die Reise eine leichte Leinenjacke, bequeme helle Hosen und lederne Sneakers. Bis auf den schwarz gemusterten Schal alles in Rentnerbeige. Da kommen wir durchaus noch mit, dachte Ellen erleichtert und reihte sich nun endlich in die Warteschlange ein. Als sie ihren Reisepass herauskramte, überfiel sie doch noch ein Gefühl grenzenloser Unterlegenheit, denn an eine schicke Handtasche hatte sie nicht gedacht. Das schwarze Leder ihrer Tasche war völlig abgegriffen, der Reißverschluss klemmte. Amalia trug Katjas knallroten Rucksack, den sie lässig über eine Schulter gehängt hatte.

Im Flugzeug mussten Ellen und Amalia an Gerd und Ortrud vorbeiziehen, denn sie hatten ihre Plätze im hintersten Bereich. Natürlich schielte Ellen auf die jeweilige Lektüre des Paares – er las die *Süddeutsche,* sie eine Hochglanzillustrierte, in der es offenbar um Haus und Garten ging. Na klar, die ist schließlich Innenarchitektin, dachte Ellen, ich muss das Amalia stecken. Vielleicht gibt es für sie noch eine Chance, in einen halbwegs künstlerischen Beruf umzusteigen. Dabei fiel ihr ein, wie Amalia bereits als Kind ihr Zimmer mit originellen Ideen verschönert hatte. Im Winter hatte sie ein hohes Fenster mit blauer Deckfarbe angestrichen und mit zerzupften Wattebällchen beklebt, so dass sich der graue Tag in einen Sommermorgen verwandelte.

Ellen hatte Amalia den Fensterplatz abgetreten, wobei sich diese Großzügigkeit nicht auszahlte, denn ihre undankbare Tochter schlief bald ein. Lustlos las Ellen die Überschriften der BILD-Zeitung, die ihr Nachbar gerade aufblätterte, und ließ den Blick auch sonst überallhin schweifen. Vor ihr saßen zwei junge Frauen, die sich pausenlos unterhielten; die eine war gut im Profil zu sehen, ihre riesige Nase zierte ein Piercing. Wie kann man einen solchen Zinken auch noch dekorieren!, dachte Ellen, doch die andere war auch nicht besser, denn aus ihrem tiefen Rückenausschnitt wuchs ein tätowierter Kaktus. Gut, dass Amalia diese Mode nicht mitmachte.

Schließlich nickte auch sie ein und wurde erst kurz vor der Landung wieder wach. Mit dem Bus ging es nun vom Flugplatz zum Hafen. Netterweise überließen Gerd und Ortrud ihren Gästen die Fensterplätze, sie seien schon oft in der portugiesischen Hauptstadt gewesen, diese Fahrt sei nichts Neues für sie.

»Du darfst es mir nicht krummnehmen«, flüsterte Gerd Ellen zu, »dass wir im Gegensatz zu euch eine Suite mit Balkon auf dem obersten Deck haben. Da Ortrud das Rauchen nicht lassen will, kann sie so noch im Nachthemd draußen qualmen.«

Als sie endlich ihr Ziel erreicht hatten, lauerte ein Fotograf vor der Gangway, und besonders die weiblichen Gäste verfluchten den Wind wegen ihrer Frisur. Kaum waren alle

Passagiere zu ihren Kabinen geleitet worden, ertönte aus dem Lautsprecher der Alarm für die obligaten Sicherheitsübungen. Noch bevor sie ihre Koffer ausgepackt hatten, mussten Ellen und Amalia die orangeroten Schwimmwesten anlegen und sich bei den Rettungsbooten versammeln. Danach fanden sie auf dem Schreibtisch ein Programm für den nächsten Tag und eine Kleiderempfehlung für den heutigen Abend. Zum Glück brauchte man am Beginn der Reise nicht gleich in Abendroben zu erscheinen.

Beim Essen saß man an einem Vierertisch zusammen, Gerd bestellte zwar eine Flasche Wein, trank aber selbst fast nur Mineralwasser. Erst als es dunkel wurde, legte das Schiff ab. Zu viert standen sie erwartungsvoll an der Reling, als nach dreimaligem, mächtigem Tuten die Leinen gelöst wurden, eine Blaskapelle spielte, und die Fahrt begann. Sanft glitt das Schiff unter der Riesenbrücke hindurch über den breiten Tejo, vorbei am Belem-Turm und dem Kolumbus-Denkmal, bis es das offene Meer erreichte. Amalia war hingerissen, Ellen so überwältigt von Schönheit, Kitsch, Klischee und Glück, dass sie Gerd mit Tränen in den Augen um den Hals fiel.

»Danke, danke, danke!«, flüsterte sie. »Das ist ja schöner als im Fernsehen!«

Der nächste Tag bot reichlich Gelegenheit, das Schiff zu erkunden, denn es wurde kein Hafen angelaufen. Bereits beim Frühstück versuchte Amalia, möglichst viele Passagiere unter die Lupe zu nehmen, ob nicht vielleicht doch jemand ihres Alters dabei war. Jungen Menschen begegnete sie zwar auf Schritt und Tritt, aber sie gehörten stets zum Personal. Schließlich entdeckte sie doch noch eine Viererbande, die ganz anders wirkte – jung, schön, lustig und sehr locker. Es dauerte nicht lange, bis sie herausgefunden hatte, dass es sich um spanische Tänzer handelte, die noch am selben Abend einen Auftritt haben würden.

Auch Ellen hielt Ausschau. Sie hatte mit Gerd und Ortrud vereinbart, nicht unbedingt gemeinsam zu frühstücken, damit alle nach Belieben ausschlafen konnten. Doch Ellen hatte zu große Angst, etwas zu verpassen. Sie hatte gerade ihre letzte Tasse Kaffee möglichst langsam ausgetrunken, als die Reisekameraden erschienen. Ortrud im maritimen Outfit, Gerd in Jeans und olivgrünem Pullover.

Offenbar hatte sich das Ehepaar gestritten. Ellen bemerkte sofort, dass sie sich weder ansahen noch miteinander sprachen. Schon nach wenigen Minuten stand Ortrud wieder auf und ging nach draußen an die frische Luft. Offenbar wollte sie nicht zu deren Verbesserung beitragen.

»Als erste Tat am frühen Morgen muss sie leider rauchen«, sagte Gerd entschuldigend. Ellen fragte ihn nach früheren Kreuzfahrten, und er erzählte gern, in welchen Ländern sie schon gewesen waren.

»Von mir aus müsste es kein Schiff sein«, meinte er, »aber Ortrud setzt sich meistens durch. Sie liebt die noble Atmosphäre, sie lernt auch jedes Mal Leute kennen, mit denen sie sich ausgezeichnet versteht. Vielleicht erhofft sie sich sogar neue Kunden.«

»Und du?«, fragte Ellen.

»Ich? Eher nicht, ich will meist nur meine Ruhe. Sieh mal, da hinten steht unser Kapitän!«

»Woran erkennst du ihn?«, fragte Ellen.

»Ich habe schon auf früheren Reisen mit ihm getafelt, außerdem hat er vier goldene Streifen am Ärmel. Ein netter Typ, Ortrud himmelt ihn an. Da kommt sie ja schon.«

Doch Gerds Frau trank nur ihren Tee aus und erklärte, sie habe schlecht geschlafen und müsse sich noch ein wenig hinlegen; von Amalia fehlte jede Spur. Also schlug Gerd vor, mit Ellen einen Rundgang zu machen und den Fremdenführer zu spielen. Er zeigte den großen Saal, in dem die Aufführungen stattfanden und getanzt wurde, die Bibliothek, Bars, Clubräume und den Pool. Ellen erfuhr von einem geübten Kreuzfahrer eine ganze Menge über Schiffe und die Seefahrt.

»Früher glaubte man, Katzen an Bord brächten Glück, Frauen dagegen Unglück. Keine Ahnung, wieso, denn die Galionsfiguren waren ja oft weiblich und die meisten Schiffe tragen Frauennamen wie unsere MS RENA. Das Heck heißt in der Seemannssprache *Achtersteven*, wie man im Plattdeutschen ein rundliches Hinterteil nennt. Die Sehnsucht nach einer Frau war natürlich immer groß, und man hat sie durch abergläubische Vorstellungen zu unterdrücken gewusst. Übrigens – eh ich es vergesse –, ihr müsst die Bordkarte immer bei euch tragen, wenn ihr das Schiff verlasst«, belehrte er sie zum Abschluss.

Schließlich lagen beide auf Deckchairs und schauten aufs graugrüne Wasser hinaus. Es war etwas kühl und windig, und das war wohl der Grund, warum die Liegestühle neben ihnen unbesetzt blieben. Hin und wieder ging ein Filipino auf leisen Sohlen mit einem Putzeimer vorbei.

»Wenn wir Gibraltar hinter uns gelassen haben, soll es wärmer werden«, meinte Gerd.

»Schön wäre es, wenn jetzt ein paar Delphine auftauchten«, sagte Ellen träumerisch. Sie hatte auf einmal das Bedürfnis, Gerd wie zufällig zu berühren, wagte aber keine derart plumpe Annäherung. Wir sind zwar keine Geschwister, dachte sie, aber irgendwie doch so nah und vertraut, als würden wir uns schon lange kennen.

Als hätte er ihre Gedanken gelesen, sagte Gerd: »Immer wieder muss ich darüber nachdenken, wie seltsam uns das Schicksal mitgespielt hat. Ich habe dir sozusagen deinen bisherigen Vater weggenommen und ihn für mich reklamiert. Wir sind beide mit einem Papa aufgewachsen, der nicht unser leiblicher Vater war, haben es aber zu dessen Lebzeiten nie in Frage gestellt. Ist das nicht höchst merkwürdig, fast wie eine griechische Tragödie?«

»Und ob«, sagte Ellen. Plötzlich konnte sie sich nicht mehr zurückhalten, ergriff Gerds herunterhängende Hand und erzählte die Geschichte ihrer Mutter: Dass Gerds Vater, der lange auch als der ihre galt – Rudolf Tunkel –, einen gewissen Herrn Dornfeld mit viel Geld bestochen habe, seine schwangere Freundin zu heiraten. Beide Männer hatten sich dabei kein Ruhmesblatt erworben, und Gerd hörte sich den Deal fassungslos an.

»Jetzt verstehe ich erst, woher meine Eltern die Mittel hatten, sich ein Haus im Frankfurter Westend zu kaufen«, sagte er.

»Die Villa Tunkel werde ich erben«, sagte Ellen. »Meine Mutter will demnächst beim Notar die Schenkung amtlich machen. Ausgerechnet ich, die ich keine *echte Tunkel* bin! Verrückt, nicht wahr?«

Beide schwiegen eine Weile und hingen ihren Gedanken

nach. Plötzlich hörten sie es trapsen, und Amalia in Begleitung von vier drahtigen Joggern rannte an ihnen vorbei. Ellen musste lachen, weil ihre Tochter beim Vorüberhuschen noch Zeit fand, ihr eine lange Nase zu drehen.

»Das ist die Flamenco-Truppe«, sagte Gerd, der schon über alles und jeden Bescheid wusste. »Soviel mir der Bordpianist verraten hat, sprechen sie kein Deutsch und kaum Englisch, doch Amalia wird sich auch nonverbal mit ihnen verständigen.«

»Geht es deiner Frau nicht gut?«, fragte Ellen.

»Sie sollte auf jeden Fall etwas weniger trinken«, sagte Gerd und stand auf, seine gute Laune schien plötzlich verflogen. »Hast du vielleicht Interesse an einem Vortrag über die Blütezeit der arabischen Kultur in Andalusien?«

Ellen wollte gerade sagen: *Wo du hingehst, da gehe ich auch hin*. Aber diese Worte kamen ihr wie ein biblisches Eheversprechen vor, und sie sagte einfach nur: »Nein!«

Gerd grinste. »Eine ehrliche Antwort. Früher habe ich mir alles angehört, was die Lektoren auf ihr Programm setzten, aber inzwischen könnte ich selbst ein Referat über die Alhambra halten.«

Das Mittagessen fiel vergleichsweise frugal aus. Ellen bediente sich am Grill, ihre Tochter am Salatbuffet, danach schwirrte Amalia davon. Die ungewohnte Seeluft und die Strapazen der gestrigen Reise hatten Ellen müde gemacht. Zufrieden legte sie sich ins Bett, sie hatte Urlaub und konnte sich den Luxus einer Siesta leisten. Heute Abend wollte sie sich schick machen und den schwingenden schwarzen Stufenrock ihrer Schwägerin tragen, dazu eine altrosa Seidenjacke, die aufwendig mit einem Paillettenband besetzt war. Gerd sollte sie voller Bewunderung betrachten, und zwar nicht als Beinahe-Halbschwester und Reisekumpel, sondern als schöne Frau. Mit seiner eigenen stand er offenbar auf Kriegsfuß, aber man wusste bei Paaren ja nie, ob das ein Dauerzustand oder nur eine Gewitterwolke war.

Amalia soll mir nachher die Haare machen, war ihr letzter Gedanke, bevor sie fest einschlief.

Als Ellen aufwachte, war es bereits vier Uhr nachmittags. Einen Moment lang wusste sie nicht, wo sie sich befand, dann sprang sie mit einem Satz aus dem Bett, zog sich Jeans und einen rot-weiß geringelten Baumwollpullover an und ging auf die Suche nach den Dornfelds und Amalia.

Nahe am Pool saßen ihre Tochter und Ortrud an einem Bistrotischchen, wo sie die wenigen Schwimmer gut im Blick hatten.

»Hallo, Mama!«, rief Amalia, »Das musst du dir unbedingt auch bestellen!«

Vor ihr stand ein appetitliches Stillleben: eine dicke, frisch gebackene Waffel, eingemachte Kirschen, Vanilleeis, Schlagsahne sowie ein Becher Kakao. Ortrud trank Campari Orange. Ellen setzte sich zu ihnen, ließ sich einen Café crème bringen und naschte ein wenig von den Köstlichkeiten ihrer Tochter.

»Und wo ist Gerd?«, fragte sie.

Ortrud wusste es nicht genau, wahrscheinlich in der Bibliothek, meinte sie. Ellen hatte große Lust, sich mit ihrer Tasse in der Hand dorthin zu begeben, aber es erschien ihr doch zu aufdringlich. Immer noch hatte sie das Gebot ihrer Mutter im Ohr: *Man läuft keinem Mann hinterher*.

»Deine Tochter scheint sich sehr für meinen Beruf zu interessieren«, sagte Ortrud. »Ich könnte ihr stundenlang erzählen, wie man für andere Leute Möbel aussucht.«

»Ich höre dir auch gern zu«, sagte Ellen etwas gedehnt, Amalia schien dagegen Feuer und Flamme zu sein.

»Die meisten machen sich falsche Vorstellungen von unserer Arbeit. Der Traum eines jeden Innenarchitekten ist es natürlich, einem stinkreichen Kunden die Wohnung einzurichten, der nur die große Linie vorgibt – avantgardistisch, repräsentativ, kreativ oder verrückt –, ansonsten hat man freie Hand. In Amerika soll es angeblich noch neureiche Fabrikanten und ordinäre Filmstars geben, die unseren Traum Wirklichkeit werden lassen. Falls es solche Kundschaft in Mitteleuropa gibt, dann ist es unwahrscheinlich, dass gerade ich einen solchen Auftrag an Land ziehe. Ganz abgesehen davon – meine Kragenweite sind sie natürlich nicht, diese Menschen ohne eigenen Geschmack. Und mir gefallen individuelle und sogar leicht kitschige Einrichtungen erheblich besser als ein nachgeäffter modischer Trend.«

Amalia schienen ihre Worte zu imponieren, sie blickte fast andächtig zu Ortrud auf. Ihre Mutter hörte nur mit halbem Ohr hin, musterte aber mit kritischem Blick die rasierten Beine ihres Gegenübers. Zu knochig und zu käsig, stellte sie fest, Ortrud sollte lieber keine Bermudas tragen.

»Eigentlich brauche ich noch einen Drink«, sagte Ortrud, »aber in diesem Punkt ist mein lieber Gerd ein bisschen spießig, er darf mich nicht erwischen. – Wo war ich?«

»Wie hast du dir das nötige Know-how erworben?«, fragte Amalia. »Welche Ausbildung ist vorgeschrieben?«

»Als junge Frau arbeitete ich in einem Kölner Möbelhaus als Einkäuferin, außerdem habe ich die Schaufensterdekorationen entworfen, wurde gelegentlich auch bei schwierigen Kunden als Beraterin hinzugezogen. In dieser Eigenschaft hatte ich mitunter Gelegenheit, einem betuchten, aber blöden Käufer etwas aufzuschwatzen, was er weder brauchte noch mochte: asketisches Design oder prächtigen Landhausstil, unbequeme Stühle oder eine überflüssige Antiquität. Im Grunde sind wir Deutschen sowohl konservativ als auch latent unzufrieden – Möbel sollen zwar gemütlich und dauerhaft sein, aber auch etwas hermachen und sich durch einen höheren Preis von der Ausstattung unserer Bekannten abheben. In jungen Jahren war ich ein wenig durchtrieben. Heute würde ich niemals einem unsicheren Kandidaten meine Vorstellungen aufnötigen.«

Ortrud zündete sich eine Zigarette an und fuhr fort: »Nach der Heirat habe ich meinen Beruf leider aufgegeben. Doch als die Kinder selbständig wurden, habe ich einem von Gerds Bauherren ein wenig geholfen, sein neues Haus optimal einzurichten, was mir zu seiner vollen Zufriedenheit gelang. Er empfahl mich weiter, und bald hatte ich eine Handvoll Kunden.«

»Und jetzt?«, fragte Ellen.

»Nun, wir sind älter geworden. Gerd arbeitet nicht mehr rund um die Uhr und ich natürlich auch nicht. Doch wir haben immer noch zu tun, von faulem Rentnerdasein kann noch lange nicht die Rede sein.«

»Mein Traumberuf!«, sagte Amalia. »Leider habe ich das nicht rechtzeitig begriffen.«

»Aber Mädchen, in deinem Alter ist es doch nicht zu spät,

noch einmal etwas Neues zu beginnen! Möchtest du vielleicht ein Praktikum bei mir machen?«

»Sehr gern, doch ich habe eine volle Stelle als Arzthelferin. Ich kann mich nicht für längere Zeit beurlauben lassen.«

Gott sei Dank, sie ist vernünftiger, als ich zu hoffen wagte, dachte Ellen.

So hatte sie ihre Tochter noch nie gesehen: Amalia steckte in einem kurzärmeligen Kostüm von Katjas Mutter, in dem sie sehr erwachsen, ja gediegen wirkte. Türkis stand ihr gut, die edle Dupionseide changierte ein wenig. Ellen staunte über ihr Kind. Beide traten vor den Spiegel und fanden sich wunderschön und äußerst fremdartig.

»Fast wie Aliens! Verkleiden macht wahnsinnigen Spaß«, sagte Amalia. Ellen nickte: Das war sicherlich das Schauspielerblut, das sich bemerkbar machte.

Auch Ortrud hatte sich herausgeputzt. Sie steckte in einem silbergrauen Hosenanzug, das Top tief dekolletiert, am Hals funkelte eine Kette aus ovalen Amethysten.

»Donnerwetter«, sagte Gerd, der sich in einem dunklen Anzug dazugesellte. »Was habe ich doch für ein Glück, von drei Grazien umrahmt zu werden!«

»Verschwende deinen Charme nicht zu früh«, sagte Ortrud. »Der Galaabend hat noch nicht begonnen. Außerdem solltest du doch das Dinnerjacket anziehen, wo bleibt die Fliege?«

»Ich wollte dich nicht mit einem Smoking an das Raucherzimmer erinnern.«

»Wenn du das witzig findest! Ich finde es zum Mond-Anheulen.«

Amalia und Ellen waren peinlich berührt, dass Ortrud den Esstisch abrupt verließ. Erst als die anderen ihre Vorspeise bereits aufgegessen hatten, kam sie wieder herein.

»Wir sollten nicht zu sehr trödeln«, mahnte Amalia. »Um zehn fängt der Flamenco an.«

Man beeilte sich also und war schon um halb zehn im großen Saal, wo Tanzmusik zu hören war. Einige Paare drehten sich nach allen Regeln der Kunst. Amalia staunte. Sie wusste zwar, dass es hier anders zuging als in einer Disko, aber sie hatte bisher nur im Film gesehen, wie man sich schwungvoll im Wiener Walzer wiegte.

Ortrud suchte die Plätze aus, ein Kellner nahm Bestellungen auf. Ellen entging nicht, dass Gerd seine Frau mahnend fixierte, als sie einen Bourbon Sour orderte. Punkt zehn begann das Programm, die einzelnen Künstler wurden vorgestellt, der Kapitän hielt eine Rede, der Pianist spielte Albéniz und de Falla, um auf den morgigen Tag in Málaga einzustimmen. Schließlich traten die Spanier auf, zwei Männer und eine Frau tanzten Flamenco, eine andere sang. Amalia geriet fast in Ekstase, rief *olé, olé,* und klatschte, bis ihr die Hände weh taten. Um zwölf war das Programm zu Ende.

Trotz ihrer ausgiebigen Siesta fühlte sich Ellen todmüde und wollte so schnell wie möglich zu Bett.

»Jetzt brauche ich dringend einen Absacker«, meinte Ortrud. »Wer kommt mit in die Bar?«

Gerd schüttelte sofort den Kopf, auch Ellen verneinte. Anscheinend dachte Amalia, dass es ihre Pflicht sei, die bewunderte Innenarchitektin zu begleiten. Die beiden stiegen in den Lift, während Gerd und Ellen den Kabinen zustrebten.

»Ich bringe dich noch vor die Haustür«, sagte Gerd. »Wie alt ist deine Tochter eigentlich? Sie wirkt so herrlich jung …«

»Amalia ist 24, aber manchmal noch wie ein Kind.«

»Ich hoffe, es ist dir recht, dass Ortrud dieses Kind abgeschleppt hat.«

»Nun ja«, sagte Ellen gedehnt. »Amalia interessiert sich sehr für ihren Beruf. Deine Frau hat ihr freundlicherweise ein Praktikum angeboten.«

Sie waren fast am Ziel. Gerd schüttelte verwundert den Kopf. »Wie soll das gehen? Ortrud hat seit fünf Jahren keinen Auftrag mehr erhalten. So, da sind wir. Ich wünsche eine gute Nacht.«

Er hielt ihr die Hand hin; nach sekundenlangem Zögern umarmte ihn Ellen, aber diese Geste der Zuneigung wurde nicht ganz so herzlich erwidert, wie sie es sich gewünscht hätte.

Amalia erkannte bald, warum Ortrud die Bar aufgesucht hatte, denn hier war eine der wenigen Örtlichkeiten, wo man qualmen durfte. Draußen war es kühl geworden, drinnen war es warm und verräuchert. Eigentlich war Amalia mit Leib und Seele eine Anhängerin von frischer Luft, aber man musste ja alles einmal kennenlernen. Ortrud bestellte für beide einen exotischen Drink, dessen Namen sich Amalia nicht merken konnte.

Nach einem tiefen Zug und großen Schluck begann Ortrud: »Also, wo waren wir stehengeblieben?«

»Weiß ich nicht«, sagte Amalia.

»Sicher denkst du, dass bei uns zu Hause alles perfekt ein-

Mann über Bord! Mein Mann über Bord!

gerichtet ist. Aber ich hänge zum Beispiel an meinem ersten selbstverdienten Schreibtisch, obwohl er unpraktisch ist und wackelt. Die Vitrine meiner Oma hielt ich lange Zeit für echtes Biedermeier, bis mir ein Fachmann sagte, dass es eine italienische Fälschung aus den fünfziger Jahren ist; sie bleibt aber trotzdem im Schlafzimmer stehen. Bei Gerd waren die Geschmacksverirrungen allerdings schlimmer, ich habe die Entgleisungen seiner Studentenzeit nach und nach entsorgt.«

»Mein Onkel Matthias war ganz begeistert von eurer Wohnung«, sagte Amalia.

»Vor vielen Jahren«, fuhr Ortrud fort, »beriet ich eine Zahnarztgattin, die ihr neues Haus einrichten wollte. Geld war da, auch die Einsicht, dass Plüschsofas und Palisanderschrankwände nicht mehr schick waren. Die kleine dicke Frau lebte im Konsumrausch der Wechseljahre; ihr Mann ging in Beruf und Hobbys auf, die Kinder waren ausgezogen. Sie entschädigte sich auf materieller Basis, wer könnte das besser verstehen als ich.

Mir tat diese nette Frau ein wenig leid, ich wollte ihr nichts andrehen, woran sie zwei Jahre später keine Freude mehr hatte. Ich wollte auch nicht ganz gegen ihre romantische Mädchenseele ankämpfen, die nach getrockneten Rosen und Beethovenbüsten dürstete. Wir gaben uns beide viel Mühe, ein behagliches und teures Heim zu gestalten, ohne dass es provinziell oder protzig geriet. Der Ehemann interessierte sich nicht für dieses Projekt. Er verdiente hauptsächlich Geld, saß in einigen Ausschüssen, spielte Golf und hatte eine Geliebte. Ich konnte es kaum glauben, aber er sprach seine Frau tatsächlich mit *Mutti* an.«

Ortrud zündete sich die nächste Zigarette an und bestellte

ein weiteres Getränk. Sie verträgt eine Menge, dachte Amalia, das ist kein gutes Zeichen.

»Hast du eigentlich einen Freund?«

»Natürlich«, antwortete Amalia.

»Klar, du bist ja auch eine kesse Biene. – Wo war ich stehengeblieben?«, fragte Ortrud.

»Bei den reichen Zahnärzten«, antwortete Amalia, schon etwas weniger fasziniert. Und beim Stichwort *reich* stellte sie fest: »Du hast eine tolle Kette an!«

»Gefällt dir mein Collier? Es stammt von Gerds Mutter, aber ich mag es nicht. Weißt du was, ich schenke es dir, das wird ihn ärgern.«

Amalia erschrak. Sie wollte nichts geschenkt bekommen – die Luxusreise war schon mehr als genug. Auch wollte sie Gerd nicht ärgern, und außerdem passte solcher Schmuck überhaupt nicht zu ihrem Stil. Oder war es nur funkelndes Glas?

»Nett gemeint«, sagte sie steif, »aber ich kann das beim besten Willen nicht annehmen. Erzähl doch weiter …«

»Ich lege dir mein Collier jetzt um, du musst dich mal im Spiegel betrachten, dann änderst du sofort deine Meinung. Übrigens sah ich dir sehr ähnlich in meiner Jugend, wirklich – du könntest meine Tochter sein.«

Was soll das nun wieder?, fragte sich Amalia und hätte am liebsten die Flucht ergriffen.

Aber Ortrud hatte den Schmuck bereits wieder vergessen und sagte: »Ich wollte doch die Geschichte vom Zahnarzt zu Ende erzählen. Zu der Housewarming-Party wurde ich natürlich eingeladen, Gerd hatte keine Zeit. Die Gäste waren fast alle etwas älter als ich und hatten es im Leben zu etwas gebracht. Der Hausherr legte den Arm um meine Schulter – was er nur tat, weil ich jünger und schlanker war als seine Frau, nicht etwa aus Sympathie – und stellte mich verschiedenen Leuten vor. Mit leichter Ironie gab er bekannt, dass er mir die ganze Pracht der neuen Einrichtung zu verdanken habe. Irgendwie distanzierte er sich vom Geschmack seiner Frau, ohne allerdings eigene Vorstellungen zu haben. Wir beide sollten uns jetzt ein bisschen über die Preise unterhalten, meinte er und zog mich ins Schlafzimmer. Was ich mir bei diesen harten Futonbetten gedacht hätte, fragte er, stieß mich unsanft auf die Matratze und wollte mir an die Wäsche. Im Nebenzimmer dreißig Gäste und seine Ehefrau! Amalia, davon weiß Gerd zum Glück nichts, ich vertraue dir das nur zur Warnung an, damit du die Schattenseiten meines Berufs kennenlernst.«

»Schon gut«, sagte Amalia, »nun bin ich im Bilde. Ich bleibe also Arzthelferin und lege mich jetzt aufs Ohr!«

»Das ist recht, mein Schatz. Ich werde auch bald aufbrechen. Vorher werde ich mir aber noch ein klitzekleines Betthupferl genehmigen.«

Ohne noch eine Sekunde zu zögern, stand Amalia auf und überließ die Zechschwester ihrem Schicksal.

Ellen schlief wie ein satter Säugling in der Wiege, das leise Schaukeln und das monotone Motorengeräusch hatten sie eingelullt. Früh am Morgen hatte dieser gemütliche Zustand ein Ende. Leise, um Amalia nicht zu wecken, schlüpfte sie aus dem Doppelbett und schlich ans Fenster. Anscheinend lag die MS RENA bereits vor Anker, denn sie schaute auf den

Hafen und ein riesiges Containerschiff, das gerade beladen wurde, auf blaue und rote Kräne, Laufkatzen, die sich ständig bewegten, und den leuchtend klaren Himmel des Südens. Málaga – wie schön war bereits dieses Wort, es erinnerte an Dessertwein, an Rosinen, an Eis.

Ihre Tochter schlief noch fest; Ellen ging ins Bad, duschte und zog sich an. Dieser heitere Morgen war zu schade, um ihn im Bett zu verbringen. Aber sollte sie ganz allein frühstücken? Bei ihrem Inspektionsgang entdeckte sie Gerd, der an der Reling stand und das Treiben am Hafen beobachtete. Ein Hauch von würzigem Aftershave stieg ihr in die Nase.

»Guten Morgen, unsere beiden Damen schlafen wohl noch«, sagte er. »Hast du schon Kaffeedurst, oder sollen wir warten?«

Ellen bestellte sich ein Käseomelett, Gerd ein weichgekochtes Ei, beide tranken frisch gepressten Orangensaft und waren sich einig, dass Lachs am frühen Morgen nicht nach ihrem Gusto war. Im Hause Tunkel wurden gekochte Eier stets geköpft, nun beobachtete Ellen fasziniert, wie Gerd die Schale behutsam aufklopfte und die einzelnen Mosaikstückchen sorgfältig abzupfte.

»Wie habt ihr den Tag heute geplant?«, fragte Ellen. »Amalia will mit dem Flamenco-Ensemble an Land gehen. Die Sängerin scheint als Einzige etwas Englisch zu sprechen, na ja – junge Leute verständigen sich schon irgendwie.«

»Ortrud hat sich eigentlich für den Ausflug nach Marbella angemeldet, aber dafür ist es schon fast zu spät – der Bus geht in zehn Minuten, und sie liegt noch in den Federn. Aber ich werde den Teufel tun und sie aufwecken…«

»Und was hast du vor?«, fragte Ellen.

»Ich wollte ein wenig durch Málaga streifen, ohne Führung und ohne festen Plan«, sagte Gerd. »Wenn du möchtest, können wir gemeinsam auf Entdeckungsreise gehen.«

Ellen beeilte sich mit dem Frühstück. Da Ortrud den Bus verpasst hatte, würde sie sich bestimmt an ihren Mann klammern und mit ihm an Land wollen. Also machte sich Ellen lieber schleunigst startbereit.

»Mittags wird es sicherlich sehr heiß«, sagte sie. »Wir sollten den nächsten Shuttle in die Stadt nehmen.«

Zuerst besichtigten sie wie brave Touristen die mächtige Kathedrale, wo Gerd das schöne Chorgestühl bewunderte, während Ellen die subtropische Vegetation vor der Kirche bestaunte. Sie saßen auf einer niedrigen Mauer, der kleine Platz wurde von hohen Orangenbäumen beschattet. Gerd notierte auf einem kleinen Block, dass die Bauphase 254 Jahre gedauert hatte. Als er hochsah, fiel sein Blick auf einen Bettler.

»Findest du nicht auch, dass der arme Kerl aussieht wie von Picasso gezeichnet?«

Ellen gab dem bärtigen Mann, der auf Krücken herumhinkte, einen Euro, den sie immer für den Einkaufswagen in der Tasche hatte. Kurz darauf erspähte sie eine lebende Statue. Der ganz in Schwarz gekleidete Engel verneigte sich huldvoll, als sie eine weitere Münze herauskramte.

»Living dolls«, sagte Gerd. »Wir werden noch viele davon antreffen – silberne Nixen, blaue Gnome, steinerne Ritter und Marsmenschen –, da kannst du schnell arm werden.«

Sie ließen sich treiben und kamen an einem kleinen Markt vorbei.

»Was ist deine Lieblingsblume?«, fragte Gerd.

»Rittersporn. Die blaue Blume der Sehnsucht«, sagte Ellen.

Er sah sich suchend um, nichts Blaues weit und breit. Ganz spontan griff er in einen Eimer mit scharlachfarbenen Rosen, denn der Blumenstand hatte sonst nur eingefärbte Chrysanthemen zu bieten. Er wollte eine einzelne, voll erblühte Rose und die Brieftasche herausziehen, aber Ellen hinderte ihn daran.

»Ist doch Quatsch«, sagte sie und wurde ein bisschen verlegen. »Bis wir wieder an Bord sind, ist sie hinüber. Essen wir lieber ein Málaga-Eis, das muss jetzt sein!«

Noch nie hatte sie ein besseres Eis gegessen, aber vielleicht lag es auch an Gerds Gesellschaft.

Er konnte ihr viel erzählen, zum Beispiel, dass Málaga die sechstgrößte Stadt Spaniens und der Hafen einer der ältesten am Mittelmeer war.

Plötzlich wechselte er das Thema und fragte: »Wann ist Amalia eigentlich aus der Bar zurückgekommen?«

Ellen wusste es nicht, sie war ja bereits eingeschlafen. Gerd mochte es ebenso ergangen sein, doch im Gegensatz zu ihr schien er sich Sorgen zu machen.

»Gibt es da ein ernsthaftes Problem?«, fragte sie vorsichtig und erfuhr, dass Ortrud zwar schon immer gern tief ins Glas geschaut habe, seit dem Tod ihrer Zwillingsschwester vor drei Jahren aber eine hemmungslose Trinkerin geworden sei.

»Ich hatte die Hoffnung, dass ihr ein Tapetenwechsel guttun würde, schließlich fühlte sie sich an Bord immer besonders wohl. Sie hatte auch fest versprochen, sich zurückzuhalten. Nicht bedacht habe ich, dass sie hier zu jeder Tages- und Nachtzeit Zugang zu Alkoholika hat und das leider auch auskostet. Und mir persönlich geht es gegen den Strich, ständig den Aufpasser zu spielen und ihr – womöglich noch vor Publikum – das Glas wegzunehmen.«

Ellen sah ihn mitleidig an und kam zu dem Schluss, dass ihn seine Frau zwar nervte, Gerd aber trotzdem zu ihr stand und sich verantwortlich fühlte.

»Beruflich läuft bei ihr schon lange nichts mehr«, klagte er. »Egal, wie erfolgreich oder auch anstrengend der jeweilige Auftrag war, sie hat sich während der Arbeit stets zusammengenommen und keinen Tropfen angerührt. Dieses Regulativ fehlt jetzt.«

»Amalia glaubt, Innenarchitektin sei der schönste Beruf der Welt«, sagte Ellen. »Aber ich kann mir denken, dass man viele Kompromisse eingehen muss.«

»Wenn es nur darum ginge – es ist heutzutage verdammt schwer, in einem kreativen Beruf ausreichend zu verdienen. Es gibt so viele junge Leute mit gutem Abitur, Studium und zahlreichen Praktika, die noch lange vom Geldbeutel ihrer Eltern abhängig sind. Ein Realschulabschluss und eine Lehre sind heutzutage keine schlechte Voraussetzung für eine gesicherte Anstellung. Amalia sollte sich das gut überlegen.«

»Manchmal bin ich ja selbst ganz froh, dass ich keine arbeitslose Schauspielerin bin«, sagte Ellen. »Aber deine Frau hat es doch geschafft, sie hat sicherlich tolle Ideen!«

»In ihrer Glanzzeit hatte Ortrud großartige Visionen. Einmal sollte sie für einen berühmten Regisseur ein charmantes, aber in die Jahre gekommenes Landhaus einrichten.

Sie stellte sich das so vor: alte Fliesen aus Neapel, bleiverglaste Scheiben aus Zürich, antike Möbel aus England, weiß lackierte Wandvertäfelungen aus einem toskanischen Haus – du würdest es kaum glauben, wie originell und edel ihre Skizzen aussahen. Aber im letzten Augenblick wurde das Projekt abgeblasen, weil der gute Mann sein ganzes Geld in den Sand gesetzt hatte.«

»Wie schade«, sagte Ellen.

»Mein Gott, Arbeit besteht nicht nur aus Sternstunden«, sagte Gerd. »Leider hält es Ortrud nicht für nötig, sich mit den tollen Möglichkeiten von Computerprogrammen auseinanderzusetzen. Auch ich habe die schönsten Pläne für Niedrigenergiehäuser in der Schublade – Biotop auf dem Dach, hauseigener Strom, recyceltes Regenwasser –, und letztlich baue ich meistens Betonklötze.«

Am frühen und ungewohnt heißen Nachmittag überfiel Ellen eine bleierne Müdigkeit. Sie hatte eigentlich vor, sich jetzt täglich eine ausgiebige Siesta zu gönnen. Gerd sah es ihr an, geleitete sie zum Terminal des Shuttles und verabschiedete sich. Er wollte trotz der Hitze zu den Gartenanlagen der maurischen Festung Alcazaba hinaufsteigen. Wahrscheinlich hatte er keine große Lust, an Bord auf seine verkaterte Frau zu treffen.

Als Ellen am Nachmittag den Pool aufsuchte, lag Amalia bereits in der Sonne, allerdings ohne ihre Eskorte.

»Na, wie geht's dir nach der langen Nacht? Wie war es mit den Spaniern? Als Einzige hattest du vier *natives* als Fremdenführer, beneidenswert!«

Amalia meinte, es sei nicht besonders toll gewesen. Man

sei zwar erst gemeinsam losgezogen, aber dann hätten die Spanier frühere Kollegen besucht und ihr bedeutet, dass man dort kein Englisch spreche. Mit anderen Worten, man habe sie abgehängt.

»Das jüngere Paar ist total verliebt, die haben nur Augen füreinander. Die Sängerin, sie heißt übrigens Ana mit einem n, hat zu Hause einen Mann und einen kleinen Sohn. Der andere Typ ist schwul, wie Ana mir sagte. Außerdem verlassen sie in Barcelona das Schiff, aber bis dahin haben sie noch ein paar Auftritte.«

Das war also nichts, dachte Ellen. Und wie verlief der gestrige Abend mit Ortrud? Amalia wurde jetzt gesprächiger und berichtete ausführlich über die peinliche Situation mit der Kette. Sie sei schon um ein Uhr in ihrer Koje gewesen, aber ihre Mutter hätte bereits geschnarcht.

»Mama, du magst sie nicht, das war mir von Anfang an klar. Dafür hast du Gerd umso tiefer ins Herz geschlossen.«

»Unsinn«, sagte Ellen heftig.

Amalia lachte. »Außerdem habe ich den Verdacht, dass Gerds Einladung gar nicht so großzügig ist, wie wir annehmen. Zwei Wochen lang nur mit Ortrud, das wäre kaum auszuhalten.«

Ihre Mutter griff schleunigst ein anderes Thema auf. »Ich habe schon mehrmals versucht, Oma zu erreichen, aber sie hört das Telefon nicht, wenn sie im Garten ist. Ich werde es am Abend wieder versuchen.«

»Ach, Mama, wir sind keine zwei Tage unterwegs, warum willst du dich unbedingt jetzt schon aufregen! Oma ist auch sonst immer allein, wenn wir arbeiten.«

Sie lagen nebeneinander und unterhielten sich leise. Fleißige junge Männer in Siebenachtel-Hosen, sommerlichen Hemden und Sandalen rückten Liegestühle zurecht, servierten Eistee, breiteten Handtücher aus und spannten Schirme auf. Plötzlich stand Gerd mit einem brandneuen Borsalino-Panamahut vor ihnen und erkundigte sich, ob sie Ortrud gesehen hätten; beide bedauerten heuchlerisch. Er wandte sich Richtung Ausgang, um anhand der Bordkartenregistrierung zu erfahren, ob seine Frau das Schiff verlassen habe. Nach einiger Zeit kam er zurück und berichtete aufgebracht, Ortrud sei angeblich mit einem Taxi nach Granada gefahren.

»Das sind mindestens hundert Kilometer!«, wetterte er. »Ganz abgesehen vom Geld, das das kostet, ist es doch wieder mal eine typische Schnapsidee! Um achtzehn Uhr legt das Schiff ab, was soll ich machen, wenn sie nicht zurück ist! Und was will sie dort überhaupt, die Alhambra haben wir bereits zweimal besichtigt!«

Er lief wieder davon, und Amalia grinste.

»Das käme dir doch sehr gelegen, wenn wir ohne Ortrud weiterschippern …«

»Halt den Mund«, sagte Ellen. »Der arme Gerd hat wirklich nichts zu lachen!«

Kurz vor sechs standen die Passagiere erwartungsvoll an der Reling, um das immer wieder spannende Ritual *Leinen los!* zu verfolgen. Der rote Teppich war bereits wieder eingerollt, und die Lorbeerbäumchen, die man vor der Gangway aufgestellt hatte, waren schon längst wieder an Bord gebracht worden, die Hafenarbeiter lungerten gelangweilt neben den

Pollern herum und warteten auf einen endgültigen Befehl. Ellen war nervös und schaute dauernd auf die Uhr, von Gerd oder Ortrud keine Spur. Zur Verwunderung der Passagiere ertönte plötzlich eine Durchsage, dass noch nicht alle Gäste an Bord seien und die Abfahrt sich etwas verzögere. Amalia und Ellen liefen jetzt zur Heckseite, von wo man die Uferstraße besser im Blick hatte. Erst nach zwanzig Minuten stoppte ein Taxi direkt vor dem Anlegeplatz, Ortrud zahlte und stieg aus, winkte den Gaffern majestätisch zu und kletterte in gemessenem Tempo die Hängetreppe hinauf. Kaum war sie oben angelangt, als die Filipinos schleunigst die Gangway hochzogen.

Man konnte leider nicht sehen, wie Gerd seine Frau in Empfang nahm, obwohl es sich Ellen genüsslich ausmalte. Auch Amalia murmelte schadenfroh: »Das wird wohl Zoff geben!«

Beim Abendessen blieben Gerd und seine Frau weitgehend stumm. Ortrud trank nur ein halbes Glas Wein und eine Tasse Bouillon. Auf Ellens leicht maliziöse Frage, wie der Ausflug gewesen sei, kam nur eine einsilbige Antwort. Nach fünf Minuten bequemte sie sich jedoch zu einer trotzigen Auskunft: »Ich musste unbedingt nach Granada, weil wir dort vor Jahren einmal glücklich waren.«

Amalia blickte Ellen vielsagend an, was Ortrud jedoch nicht entging. Sie stand auf, behauptete, stundenlang gewandert und müde zu sein, und verschwand.

Nach dem Essen gab es ein A-cappella-Konzert im großen Saal. Gerd trottete hinter Ellen und Amalia her, weil er offenbar nicht wusste, was er sonst machen sollte. Das Vokalensemble bestand aus fünf Männern in schneeweißen Anzügen und Schirmmützen, die alte Schlager und Evergreens vortrugen. Zum Auftakt sangen sie passend zum heutigen Landgang in Málaga:

Schöne Isabella von Kastilien,
pack deine ganzen Utensilien,
und komm zurück zu mir nach Spanien!

»Das kenne ich«, stellte Amalia erfreut fest. »Oma hat mir dieses Lied vorgesungen, außerdem noch andere Songs der Comedian Harmonists, zum Beispiel *Mein kleiner grüner Kaktus.*«

Ellen überlegte, dass ihre Mutter eigentlich eine angenehme Erinnerung an jene verhängnisvolle Nacht haben musste, wenn sie genau dieses Lied ihrer Enkelin vorsang.

»Im Grunde verdanke ich dem grünen Kaktus meine Existenz«, flüsterte sie, doch weder Amalia noch Gerd verstanden die Anspielung. In der Pause erzählte sie ihnen, dass ihre Mutter und der unbekannte Erzeuger sich beim übermütigen Singen nähergekommen waren. Amalia gefiel diese Vorstellung so gut, dass sie sich sofort hinter die Bühne schlich und die Sänger darum bat, als Nächstes das bewusste Lied zu singen. Und kurz darauf hörte man:

Was brauch' ich rote Rosen, was brauch' ich roten Mohn…
Nachdem die heitere Melodie verklungen war, sagte Gerd so leise, dass es nur Ellen hören konnte: »Das nächste Mal versuche ich es nicht durch die Blume, sondern mit einem kleinen grünen Kaktus! Hollari, hollari, hollaro!«

Ellen errötete wie eine Vierzehnjährige, bei diesem zweiten Anlauf. Aber was sollte aus so einer Ferienromanze werden? Sie bekam Herzklopfen und wagte nicht, diesem wunderbaren Mann in die Augen zu sehen.

Wie schon am Tag zuvor wurde Ellen früh wach und schaute lange aus dem Fenster aufs Meer hinaus. Um acht Uhr sollte Cartagena erreicht werden, bis dahin war noch etwas Zeit, doch das Lotsenboot näherte sich bereits dem Schiff. Kurz vor dem Ziel passierten sie einen Marinestützpunkt, wo Schiffe von hässlich grauer Tarnfarbe vor Anker lagen.

Die Durchsage des Kapitäns holte alle, die den Lautsprecher in ihrer Kabine nicht abgestellt hatten, aus den Federn. Er versprach schönes Wetter für den ganzen Tag, der Hafen werde pünktlich erreicht. Ellen war gutgelaunt, sie trug heute eine ihrer schönsten Leihgaben: eine luftige Tunika mit einem floralen Muster in Lila, Türkis und Weiß. Gerade als sie zur Tür hinausschlüpfen wollte – Amalia hatte die schläfrigen Augen nach der Ansage wieder zugeklappt –, klingelte das Telefon.

Gerd wünschte noch nicht einmal *Guten Morgen*, sondern kam gleich zur Sache. Ob sie oder Amalia wüssten, wo seine Frau sein könnte. Verblüfft erfuhr Ellen, dass Ortrud zwar gestern Abend brav in der Kiste lag, aber wohl irgendwann im Morgengrauen ihr Bett verlassen haben müsse. Gerade sei ein Anruf von der Rezeption gekommen, ein Passagier habe auf einer Treppe ihren Bordausweis gefunden.

Ellen lief sofort hinaus und half Gerd bei der Suche, wobei sie jeden – egal ob Fahrgast oder Mitglied der Crew – nach Ortruds Verbleib befragten. Gerd fluchte vor sich hin, schien sich aber eher zu ärgern, als Angst zu haben. »Wenn sie sich in irgendeinem Rettungsboot versteckt hat, um mich an der Nase herumzuführen und zu demütigen, dann werde ich sie eigenhändig erwürgen oder kurzerhand ins Wasser schmeißen. Im Übrigen hätte ich das schon längst machen sollen!«, schimpfte Gerd.

Anscheinend nahm man die Angelegenheit in gewisser Weise ernst, denn die Geschwindigkeit wurde spürbar gedrosselt, ein Krisenstab der leitenden Crew trat zusammen, während das abkömmliche Personal in allen Tenderbooten, Boutiquen, Teaktruhen, unter Esstischen, hinter gestapelten Liegestühlen, in Fitnessräumen, Auditorien, in der Bar und sogar im Maschinenraum suchte. Es dauerte eine halbe Stunde, bis man Ortrud fand.

Da die Kreuzfahrt nicht in den Schulferien stattfand, waren keine Kinder an Bord. Es gab jedoch ein Spielzimmer, das man versehentlich nicht abgeschlossen hatte. Für jedes Alter standen dort Bücher zur Verfügung, natürlich auch Ritterburgen, Wikinger- oder Seeräuberschiffe, Puzzles, Legosteine, Puppen nebst Zubehör und ein weiches Matratzenlager mit kleinen und großen Kuscheltieren. Genau dort, unter einem riesigen Teddybären, lag Ortrud und schlief, neben ihr – in einer Pfanne aus der Puppenküche – ein Berg Kippen und eine leere Flasche Gin; Gerd schämte sich in Grund und Boden. Seine Frau war nach einigen mehr oder weniger groben Klapsen durchaus ansprechbar, wurde jedoch vorsichtshalber zum Schiffsarzt ins Hospital gebracht.

»Am liebsten würde ich auf der Stelle nach Hause fliegen«, sagte Gerd. Als er aber Ellens unglückliches Gesicht sah, schlug er vor, erst einmal zu frühstücken. Ortrud solle ihren Rausch ausschlafen, er habe keine Lust, sich jetzt um sie zu kümmern.

»Wie hat sie denn ihre Eskapade erklärt?«, fragte Ellen.

»Angeblich hatte sie nachts Wadenkrämpfe, wollte mich nicht wecken und sich an Deck die Beine vertreten. Dabei habe sie ihre Bordkarte verloren, und ich hätte nach ihrer Rückkehr das Klopfen an der Tür nicht gehört. Ich bin also schuld, dass sie nicht wieder in die Kabine konnte! Aber ich bitte dich, um sich die Beine zu vertreten, braucht man doch keine Schnapsflasche mitzunehmen! Außerdem muss sie sich den Gin vorsätzlich in Granada besorgt haben.«

Insgeheim war Ellen sehr froh, dass Ortrud auch heute kampfunfähig war. Inzwischen war auch die ahnungslose Amalia am Frühstückstisch erschienen und erzählte, dass sie mit drei der A-cappella-Sänger nach Murcia fahren wolle: »Sie haben im Taxi noch einen freien Platz, weil die anderen zwei proben müssen. Sind zwar nicht gerade in meinem Alter, aber immer noch weit unterm Durchschnitt. Und ein Sprachproblem gibt's diesmal auch nicht.«

Die Sänger mochten so um die vierzig sein, für Amalia wahrscheinlich Greise, dachte Ellen. Aber sie freute sich für ihr Kind und natürlich im eigenen Interesse, weil sie, genau wie gestern, mit Gerd allein herumstreifen konnte.

Und genau wie gestern hatte sich Gerd akribisch vorbereitet und konnte ausgiebig über die Geschichte Cartagenas referieren – von der Gründung durch die Punier bis zum heutigen Tag. Ellen hörte aufmerksam zu, obwohl es ihr im Grunde völlig egal war, dass Sir Francis Drake die Stadt

1588 plündern ließ. Sie musste sogar ein wenig lächeln, weil Gerd ganz im Gegensatz zu ihr ein Zahlenmensch war.

Nur wenig später brachen sie auf. Am Hafen war eines der ersten U-Boote ausgestellt, dessen Erfinder aus Cartagena stammte, kurz darauf erreichten sie die breite Calle Mayor, die mit edlen Steinen gepflastert war. Ellen wäre am liebsten Hand in Hand mit ihrem Begleiter herumgeschlendert, aber er schien begreiflicherweise nicht in Stimmung zu sein. Viele Touristen und Einheimische waren jetzt am Morgen unterwegs, Schüler mit Rucksäcken, Mütter mit Kinderwagen. Sowohl schöne, alte Häuser mit verglasten Balkonen als auch hässliche Neubauten wurden von Gerd fachmännisch begutachtet, aber alles in allem hielt er die Stadt für nicht besonders attraktiv und wollte bald wieder aufs Schiff zurück. Auch Ellen war es recht, denn es drohte brütend heiß zu werden.

»Deine Sommersprossen haben Junge bekommen! Wo hast du deinen neuen Strohhut gelassen?«, fragte sie.

»Sie hat ihn zum Kotzen benutzt«, sagte Gerd.

Den Nachmittag verbrachte Gerd in der Bibliothek, Ortrud im Ausnüchterungsarrest, Amalia unterwegs. Nach einem wohltuenden Schläfchen hatte Ellen ihre Mutter erreicht und war beruhigt. Hildegard schien es gutzugehen, wenn sie auch aus Gewohnheit ein paar Seufzer ausstieß. Nach dieser erfreulichen Nachricht war Ellen wild entschlossen, die Reise in vollen Zügen zu genießen. Beim Kaffeetrinken am Pool lernte sie ein exzentrisches Paar kennen, das ihr schon mehrmals aufgefallen war. Er hatte straff nach hinten gegelte, fast grünliche Haare und neben seinem Liegestuhl einen Pilotenkoffer, den er oft wie zufällig berührte. Mit leicht übertriebener Höflichkeit stellte er sich als Ansgar Braun, seine Frau als Valerie Braun-Schweiger vor und bot Ellen fast im gleichen Atemzug das Du an, da der Familienname *Braun* doch gar zu langweilig sei. Die Frau mit dem imposanten Namen trug ein Bikini-Oberteil, einen Pareo um die Hüften und rosa Schleifchen in den Locken. Ohne gefragt zu werden, erzählte sie von ihren russischen Vorfahren, die Wolgatreidler waren. Auch über ihren gemeinsamen Beruf wusste sie Merkwürdiges zu berichten, denn beide behandelten depressive Haustiere, vor allem Hunde. Er hatte Veterinärmedizin studiert, sie war Psychologin. Ihrerseits erkundigten sie sich nach Ortrud, denn die große Suchaktion hatte sich herumgesprochen.

Aus Solidarität mit Gerd verschwieg Ellen, in welchem Zustand man seine Frau entdeckt hatte. Überhaupt waren ihre Gefühle verworren und ambivalent: Zwar wünschte sie Ortrud zur Hölle und rieb sich innerlich die Hände, dass sie sich so unerhört schlecht benahm, doch gleichzeitig litt sie mit Gerd und hatte den Eindruck, dass er leider in Gedanken nur noch bei seiner schrecklichen Frau war und überhaupt keine Freude mehr an der Reise fand. Sie murmelte etwas über Ortruds nächtliche Unpässlichkeit.

»Tut mir leid, dass es Frau Dornfeld nicht gutgeht«, sagte Valerie. »So eine sympathische und gebildete Dame! Sie hat uns und alle anderen neulich aufs Beste unterhalten.«

Ihr Mann fuhr fort: »Eine der wenigen Frauen, die in der Bar intelligente Witze erzählen. Sie hat mich zum Beispiel gefragt, was Chuzpe ist. Na?«

Ellen zuckte mit den Schultern. Sie hasste rhetorische Fragen.

»Chuzpe ist, wenn jemand seine Eltern umbringt und vor Gericht auf mildernde Umstände pocht, weil er Vollwaise sei!«

Valerie und Ansgar lachten laut, Ellen aus Höflichkeit. Doch es war immerhin auffallend, dass etwas Positives über Ortrud gesagt wurde. Sympathisch, intelligent, gebildet! Nun gut, es musste ja einen Grund gegeben haben, dass Gerd sie geheiratet hatte. Andererseits erschienen ihr die neuen Bekannten nicht ganz glaubwürdig, es konnte sein, dass auch sie gerne tief ins Glas guckten. Die zwei schrägen Tierpsychiater fielen sowieso gänzlich aus dem Rahmen – die artenreiche Fauna der Passagiere bestand zumeist aus zurückhaltenden, distinguierten Leuten, edel gekleidet, aber niemals overdressed; reich, aber nicht protzig. Man lernte sich nicht gleich zu Beginn der Reise kennen, sondern beschnupperte sich erst einmal aus gebührendem Abstand.

Weil ihre neuen Bekannten so zutraulich und gesprächig waren, traute sich Ellen, aus purer Neugier nach dem Inhalt des schwarzen Koffers zu fragen. Die Antwort ließ ein wenig auf sich warten, das Ehepaar tauschte Blicke. Dann meinte Ansgar: »Fällt wohl sehr auf, einen Business Trolley mit an den Pool zu nehmen! Jeder denkt gleich an gestohlene Juwelen, Schmiergeld oder Stasi-Akten! Genau genommen handelt es sich aber um ein Grab, denn innen befindet sich eine Urne.«

Schließlich erfuhr Ellen, dass es sich um die Asche eines Hundes handele, den sie jahrelang therapiert hatten. Sein betagter Besitzer hätte sich für die sterblichen Überreste seines Lieblings eine Seebestattung gewünscht und auch die

Koordinaten beziehungsweise den ungefähren Ort der Beisetzung angegeben, nämlich zehn Seemeilen von Cartagena entfernt, also etwa achtzehn Kilometer weiter nördlich. Nur zu diesem Zweck hätten sie die Kreuzfahrt gebucht, die ihnen vom Herrchen des Verblichenen bezahlt werde. Ellen konnte jetzt ihr brachliegendes schauspielerisches Talent einsetzen und tiefes Mitgefühl heucheln, ja sie bat sogar darum, als Trauergast an der Zeremonie teilnehmen zu dürfen.

Amalia kam strahlend und pünktlich von ihrem Ausflug zurück, anscheinend hatte sie mehr Glück mit den Sängern als mit den Tänzern. Ihre Mutter erzählte ihr vom Inhalt des Pilotenkoffers, auch Amalia amüsierte sich und ging sofort auf die Suche nach ein paar Blumen für die Bestattung. In den Foyers gab es prächtige Bouquets in chinesischen Vasen, aus denen sie einige besonders schöne Exemplare für das Seemannsgrab herausfischte.

Als das Schiff ablegte, gesellte sich auch Gerd zu Ellen und Amalia. Er habe in der Bücherei alles, was er über Valencia finden konnte, eingehend studiert. Schließlich wolle er auch morgen nicht uninformiert zur Stadtbesichtigung aufbrechen. Leise, damit es niemand sonst hören konnte, flüsterte er Ellen zu, dass er Ortrud in die Sauna geschickt habe. Sie habe versprochen, am Abendessen wieder in manierlichem Zustand teilzunehmen. Anschließend wurde er seinerseits von der grinsenden Ellen eingeweiht, dass demnächst eine hündische Seebestattung stattfände. Amalia hatte die Blumen vorläufig in ein Handtuch gewickelt, denn man war sich einig, dass der Kreis der Hinterbliebenen klein bleiben sollte. Sie wussten alle nicht genau, ob es sich um eine kriminelle Tat handelte. Nach grob geschätzten zwanzig Kilometern begaben sie sich an die Leeseite, Valerie ließ die Urne ins Meer plumpsen, Amalia warf fünf rosa Nelken hinterher. Ansgar wünschte: »Ruhe sanft, Bonzo«, und meinte, er kenne zwar das *Hundegebet* von Reinhard Mey, könne es aber leider nicht singen.

Später, als er mit Ellen allein war, meinte Gerd: »Das sind doch offensichtlich Betrüger! Therapieren jahrelang den Köter eines reichen Hundebesitzers, nehmen den einsamen alten Mann aus wie eine Weihnachtsgans und lassen sich zu guter Letzt noch eine Kreuzfahrt bezahlen!«

»Nein«, sagte Ellen. »Das sehe ich anders. Das Herrchen hätte natürlich selbst eine Therapie gebraucht, der Hund war nur Stellvertreter und hat seine Sache gut gemacht. Er soll aus einer Kreuzung eines Labrador-Vaters mit einer gelben Ibiza-Mutter stammen und das Meer geliebt haben …«

Zum Essen erschien Madame Doornkaat (wie sie heimlich von Amalia genannt wurde) in einer Wolke aus Organza und tat so, als sei nichts gewesen. Aus reiner Verlegenheit erzählte Ellen auch ihr die Geschichte vom gemütskranken Hund und dessen Seebestattung, und selbst Ortrud war fasziniert. »So wünsche ich mir einmal meine letzte Ruhestätte«, behauptete sie ganz ernsthaft. »Genau so!«

Gerd sah Ellen kurz in die Augen, sie verstanden sich auch ohne Worte.

Der Rest des Abends verlief relativ unspektakulär. Amalia ging mit zwei Sängern tanzen, die anderen hörten sich ein klassisches Klavierkonzert an. Danach zog sich jeder in seine Kabine zurück.

Am nächsten Morgen sah Ellen zum ersten Mal, wie der Lotse vom Schiff aus auf ein Schnellboot sprang, das sofort abdrehte. Heute stand Valencia auf dem Programm, das heißt, sie wusste von den Plänen der anderen bisher noch nichts. Beim Frühstück erfuhr sie immerhin, dass Amalia sich selbständig machen wollte, um in der Kaufhauskette Corte Inglés nach Herzenslust zu stöbern.

»Schau doch mal, ob du noch handrollierte Taschentücher siehst«, sagte Ellen. »In Deutschland gibt es kaum mehr welche, und irgendetwas Nettes sollten wir Oma mitbringen, sie hasst Papiertücher. Außerdem findest du vielleicht etwas für Uwe.«

»Aye, aye, Sir«, sagte Amalia und legte die Handkante an die Stirn. Sie sah nach diesen wenigen Tagen hübscher aus als je zuvor, braungebrannt und bereits bestens erholt. Man nahm gar nicht wahr, dass ihr Jeansjäckchen reichlich abgewetzt und die Schuhe ungeputzt waren, der Charme der Jugend machte alles wett.

Gerd und Ortrud hatten sich für eine Stadtrundfahrt angemeldet, im Bus war kein weiterer Platz frei, und Ellen musste sehen, wo sie blieb. Gerd bemerkte ihre Enttäuschung. Er bot an, seinerseits auf die Besichtigung zu verzichten und ihr seinen Sitz zu überlassen. Doch sie lehnte dankend ab.

Obwohl Ellen in ihrem Leben schon viele Möwen gesehen hatte, war sie immer wieder erstaunt, wie klein diese Vögel von weitem und wie groß sie aus der Nähe aussahen. Manchmal schwammen sie wie harmlose Entchen im Wasser, dann wieder stürzten sie sich adlergleich aus beachtlicher Höhe herunter, um nach Nahrung zu tauchen, oder schwebten schwerelos wie Engel im Aufwind. Da sich die MS RENA nie weit von der Küste entfernte, konnte Ellen täglich die grauweißen Segler beobachten und ihre durchdringenden Schreie hören. Ob Vögel Vermittler zwischen Himmel und Erde waren?

Bruchstückartig kam ihr der absurde Traum der letzten Nacht in den Sinn: Sie hatte sich eine Möwe geschnappt und ihr – wie die Blütenblätter einer Margerite – die Federn ausgerupft: *Er liebt mich, er liebt mich nicht, er liebt mich …* Was für ein Traum! Ellen war zwar entflammt wie ein Teenager, aber längst in einem Alter, wo man die Vernunft nicht völlig beiseiteschiebt. Sie sah nicht mehr in jedem Vogel, jeder Wolke oder Blume ein Liebesorakel, sie wusste genau, dass Gerd ein verheirateter Mann war.

Vom Deck aus schaute sie zu, wie das Ehepaar Dornfeld die Gangway hinunterschritt. Kaum hatte Ortrud festen Boden unter den Füßen, hakte sie sich auch schon für den kurzen Weg zum Bus bei Gerd unter. Diese vertrauliche Geste versetzte Ellen einen schmerzhaften Stich. Dieses Weib demonstrierte versöhnliche Nähe! An Gerds Stelle würde sie Distanz wahren und Ortrud mit Verachtung strafen, dachte Ellen zornig, strich mit dem Zeigefinger über das hölzerne Geländer und leckte gedankenverloren an der hellgrauen Schicht. Es schmeckte wie pures Salz.

»*Buenos días*, junge Frau! Sind wir in Fado-Stimmung?«, fragte es hinter ihr. Dort standen ihre neuen »Freunde« und lächelten amüsiert. Ellen zuckte zusammen, weil man in einigen Regionen Deutschlands erst dann mit *junge Frau* angesprochen wurde, wenn man den Zenit bereits überschritten hatte.

»Der Fado gehört nicht nach Spanien, den haben wir bereits in Lissabon hinter uns gelassen«, bemerkte sie kühl.

»Wo ist denn das schöne Fräulein Tochter abgeblieben?«, fragte Valerie.

»Sie will sich ein bisschen in der Stadt umsehen«, antwortete Ellen. »Vielleicht mache ich das auch, aber wir haben unterschiedliche Interessen.«

»Wir würden uns glücklich preisen, wenn du uns begleitest«, sagte Ansgar. »Ich denke, wir drei sind hundertprozentig kompatibel.«

Obwohl Ellen ihre Zweifel hatte, schloss sie sich dem schrulligen Paar an, auch weil sie ihre Antipathie aus Höflichkeit verbergen wollte und keine einleuchtende Ausrede parat hatte. Zudem sollte Gerd nicht glauben, sie gehe ohne ihn überhaupt nicht vor die Tür. Bald schon landeten sie in einem Straßencafé.

»Tres jugos de naranja natural«, bestellte Valerie, und der Kellner antwortete: »Sehr gern!«

In Ermanglung eines anderen Themas fragte Ellen, wie man sich eine Hunde-Therapiestunde vorzustellen habe.

»Nun, auf der Couch liegen unsere depressiven Patienten zwar besonders gern, aber das sollen sie ja eher nicht! Mit einer Stunde pro Woche wie bei einem menschlichen Klienten ist es natürlich nicht getan, wir nehmen den Hund stationär in unserer Psychiatrischen Tierklinik *Mundus Canis* auf. Dann bieten wir ihm erst einmal alles an, was einem Vierbeiner guttut, und schauen, ob er davon zufriedener wirkt. Wir haben über unsere Forschungsergebnisse auch ein Buch geschrieben und verschiedene Artikel online veröffentlicht. Das ist selbstverständlich etwas ganz anderes, als wenn ein Hundeflüsterer oder -trainer einem Haustier Manieren beibringen soll! Bei einer Langzeitbeobachtung sind Empathie und Erfahrung nötig, aber darüber verfügen wir hundertprozentig.«

Schon wieder hundertprozentig, dachte Ellen misstrauisch und fragte: »Wie erkennt ihr denn überhaupt, ob ein Tier depressiv ist?«

»Bei einem Hund ist das kein Problem: Er wedelt nicht mehr mit dem Schwanz. Selbst dann nicht, wenn er Gassi gehen darf, ein Lieblingsleckerli kriegt oder seine Besitzer von der Arbeit nach Hause kommen«, erklärte Ansgar.

»Vielleicht ist er einfach krank und hat Rheuma oder so ...«, sagte Ellen.

»In manchen Fällen schon, aber dann kann man den Hund ja medikamentös behandeln«, sagte Ansgar. »Bei chronischen Schmerzen würde auch ich hundertprozentig nicht mehr mit dem Schwanz wedeln!«

»Auch ohne Wehwehchen ist dein bestes Stück hundertprozentig lahm geworden!«, bemerkte Valerie mit einer höhnischen Lache.

Zu Ellens Entsetzen sprang Ansgar auf und verpasste seiner Frau eine Ohrfeige. Daraufhin hielt es sie auch nicht mehr auf ihrem Stuhl; beim Hochschnellen fegte sie den Saft vom Tisch und sprudelte einen Schwall unverständlicher Schimpfwörter hervor. Das Einzige, was Ellen halbwegs verstand, war: *Brutalsky.*

Nach wenigen Sekunden hatte sich Ansgar jedoch beruhigt und versuchte, die Szene durch Ironie zu verharmlosen.

»Sie kann kein Wort Russisch, aber wenn sie wütend wird, redet sie in fremden Zungen!«, spöttelte er.

Wie bei einem perfekt geprobten Spiel hatte sich auch Valerie sofort wieder im Griff, wischte den klebrigen Orangensaft mit Papierservietten von ihrem Leopardenkleid und meinte lächelnd, nach diesem bühnenreifen Intermezzo sollte man jetzt endlich bezahlen, aufbrechen und einen riesigen Serrano-Schinken kaufen. Ob Ansgar auch wirklich den Kühlschrank in der Kabine ausgemessen habe?

Ellen überlegte, wie sie dem Horrorpaar geschickt entkommen konnte. Sollte sie auf die Toilette gehen und sich durch den Hinterausgang davonschleichen?

Nicht viel später saßen sie an der langgestreckten Plaza del Ayuntamiento im nächsten Café und tranken Horchata, eine Art Mandelmilch. Ellen entdeckte auch hier einen Blumenmarkt, aber keiner war an ihrer Seite, der nach einer roten Rose griff. Eigentlich wollte sie wenigstens den von Gerd empfohlenen Mercado Central besuchen, denn die berühmte Markthalle sollte reich mit Azulejos geschmückt sein. Dort würde Valerie auch mit Sicherheit den besten Serrano finden. Aber offenkundig saßen die Hundetherapeuten am liebsten unter einem Sonnenschirm und ließen das pralle Leben an sich vorbeiziehen.

»Alles, was im Baedeker steht, vergisst man rasch«, sagte Ansgar. »Vor allem die Zahlen: Wie viele Meter misst das Längsschiff einer Kirche, wie hoch ist der Glockenturm, wie lange hat man daran gebaut. Viel interessanter ist es, die Spanier im Umgang mit ihren Hunden zu beobachten.«

Ellen sah keinen einzigen Vierbeiner auf der Plaza. »Hat euch Ortrud eigentlich etwas Privates erzählt?«, fragte sie unvermittelt, denn das war das Einzige, was sie wirklich interessierte.

Valerie überlegte. »Natürlich, sie war recht unglücklich, dass ihr geliebter Sohn nicht mit auf die Reise kommen konnte. Es lag ihr wohl sehr viel an seiner Gesellschaft.«

Und an mir und Amalia liegt ihr gar nichts, dachte Ellen, aber das ist gegenseitig. Im Übrigen haben die Dornfelds auch eine Tochter, warum haben sie die nicht eingeladen?

Nach einer längeren Pause fragte Ellen ihre Begleiter, ob sie auch Menschen mit krankhafter Angst vor Tieren behandeln könnten.

»Aha«, sagte Ansgar. »Kannst du den Namen der Monster in den Mund nehmen? Lass mich raten: Spinnen? Schlangen?«

»Die auch«, sagte Ellen. »Aber am schlimmsten sind die kleinen grauen Nager ... Der wissenschaftliche Name ist Musophobie.«

Nun war Valerie in ihrem Element: »Am besten hilft eine Verhaltenstherapie. Man konfrontiert den Patienten mit dem Objekt seiner Angst. Wir sollten auf der Stelle eine Tierhandlung aufsuchen! Wahrscheinlich verkaufen sie auch in Spanien die beliebten Mongolischen Rennmäuse, die du anfassen und streicheln solltest. Vielleicht bist du schon nach einem Mal geheilt und musst nie mehr hysterisch schreien und die Flucht ergreifen!«

»Nein, danke!«, sagte Ellen. »Meinen Tag in Valencia möchte ich lieber nicht in Gesellschaft von Mäusen verbringen.« Und in eurer auch nicht, dachte sie, stand auf und verabschiedete sich. Beim Weiterschlendern kaufte sie Postkarten für Clärchen, Hildegard und ihre Geschwister. Als sie an ihren Clan dachte, fiel ihr auch wieder ihr unbekannter Erzeuger ein. Ob sie ihm wohl ihre Furcht vor Mäusen verdankte?

Laut Reiseplan sollte die MS RENA am fünften Tag in Palma de Mallorca anlegen, allerdings erst gegen Mittag. Ellen versuchte bereits am frühen Morgen, ihre Mutter zu erreichen, die ausnahmsweise das Klingeln sofort hörte. Es gehe ihr gut, sagte Hildegard. In Deutschland werde es merklich kühler, wie denn das Wetter in Spanien sei?

»Ganz wunderbar, warm und sonnig. Was höre ich da für einen seltsam schabenden Ton?«, fragte Ellen. »Bist du nicht allein, Mutter?«

»Ich glaube, sie will in die Küche«, sagte Hildegard. »Ich muss ihr mal eben die Tür aufmachen.«

»Wer ist *sie*?«

»Penthesilea!«

»Die Königin der Amazonen? Was für ein affiger Name! Wer um alles in der Welt soll das sein?«

»Penny ist ein kleines Mädchen, das vorübergehend bei mir abgegeben wurde«, sagte Hildegard etwas nebulös. Ellen und die Tierwelt, das war ein heikles Thema.

»Es freut mich, dass du mal Gesellschaft hast«, sagte Ellen, ohne weiter nachzuhaken. Ihr gestriges Gespräch mit Matthias hatte sie beruhigt: Die Mutter komme ganz gut zurecht, sie brauche keine Sorgen oder gar ein schlechtes Gewissen zu haben.

Am heutigen Vormittag auf See wollten sich eine junge und eine nicht mehr jugendliche Dame ganz der Wellness widmen, das heißt, Ortrud hatte Amalia zu einer ausgiebigen Schönheitsbehandlung eingeladen. Römisches Dampfbad, Ayurveda-Anwendungen und zahlreiche kosmetische Sitzungen standen auf dem Programm. Ellen war nicht aufgefordert worden, wahrscheinlich, weil Amalia schon im Vorfeld behauptet hatte, ihre Mutter vertrage keine Sauna.

Ellen steckte erfolglos den Kopf in die Bibliothek sowie in andere Gesellschaftsräume und drückte sich schließlich so lange auf allen Decks herum, bis sie Gerd aufgestöbert hatte. Inzwischen wusste sie, dass er sich lieber im Schatten aufhielt und deswegen meistens abseits der üblichen Sonnenanbeter zu finden war. Sie rückte einen zweiten Liegestuhl direkt neben seinen; Gerd ließ die Zeitung sinken.

»Was werdet ihr in Palma de Mallorca unternehmen?«, fragte sie.

»Wahrscheinlich nichts«, sagte Gerd. »Wir kennen die Stadt wie unsere Westentasche. Außerdem ist Ortrud nach ihrem Beauty-Pensum meistens völlig erschossen und will sich hinlegen. Und ihr?«

»Weiß noch nicht«, sagte Ellen und erzählte ausführlich von ihrem misslungenen Ausflug in Begleitung der Hundepsychiater. Und Amalia wollte offenbar immer noch nicht mit ihrer Mutter in der Stadt angetroffen werden.

Gerd wollte diese Bemerkung etwas ausführlicher kommentiert haben, und Ellen erzählte von einer lang zurückliegenden Begebenheit. Amalia war etwa vierzehn, als sie mit mehreren Schulfreundinnen die Medienabteilung eines Kaufhauses aufsuchte. Kichernd fragte eines der Mädchen, ob das da hinten nicht Amalias Mutter sei. Und wirklich, Ellen hatte Kopfhörer aufgesetzt, sang das Lied einer CD selbstvergessen mit und wackelte dazu rhythmisch mit dem Hintern. Amalias Freundinnen konnten sich nicht halten vor Lachen, und Ellen bekam am Abend zu hören, dass dies der peinlichste Moment im Leben ihrer Tochter gewesen sei.

»Seitdem schämt sich Amalia für mich! Entweder bin ich zu jugendlich oder zu altmodisch, zu prüde oder zu unanständig, zu besserwisserisch oder zu ahnungslos. Inzwischen ist meine Tochter vierundzwanzig, aber sie wird mich wohl erst akzeptieren, wenn sie selbst Kinder hat.«

»Immerhin ist sie mit dir auf diese Reise gekommen«, sagte Gerd. »Dabei hat sie sicherlich einen Freund, den sie durch ihren Alleingang brüskiert, oder?«

»Den hat sie, klar. Was macht eigentlich eure Tochter?«

Langes Schweigen. Schließlich sagte Gerd: »Mit Franziska haben wir keinen Kontakt mehr.«

Zu Ellens Bestürzung nahm er ein Taschentuch heraus und tat so, als würde er die Lesebrille putzen. Hätte sie lieber den Mund halten sollen? Um das Thema zu wechseln, deutete sie fragend auf einen Wasservogel, der offensichtlich keine Möwe war. Gerd hielt ihn für eine Seeschwalbe, war sich aber auch nicht sicher. Plötzlich legte er die gewienerte Brille weg, griff nach Ellens Hand, mimte den Kavalier und berührte ihre Fingerspitzen ganz leicht mit den Lippen.

»Weißt du was?«, sagte er herzlich. »Für den Kunstspaziergang hätte man sich schon vor einigen Tagen anmelden müssen. Wir beide werden uns in einen Touristenbus mit offenem Verdeck setzen und uns quer durch Palma kutschieren lassen. Das ist sicherlich nicht die feinste Art des Sightseeings, aber wir tun einfach mal so, als wären wir noch jung und hätten kein Geld.«

»Letzteres trifft leider immer noch auf mich zu!«, sagte Ellen und hätte vor Glück am liebsten die ganze Welt und noch lieber Gerd umarmt, aber sie beherrschte sich. Ein herrlicher Tag lag vor ihr.

Einige Stunden später saßen Gerd und Ellen unter schattigen Orangenbäumen vor der Kathedrale von Palma und schauten auf einen plätschernden Springbrunnen.

»Die Katalanen nennen ihre Kirche *La Seu*«, referierte Gerd. »Der Grundstein wurde 1230 gelegt. Die Länge beträgt etwa 110 Meter, die Breite 33 Meter.«

Nun musste Ellen doch ein wenig grinsen.

»Du bist mir ja ein echter Zahlenmensch!«, sagte sie bewundernd.

»Das muss man als Architekt auch sein! – Hätte ich doch noch meinen schönen neuen Strohhut!«, klagte er. »Wenn wir gleich im Bus sitzen, knallt uns die Sonne fast senkrecht auf die Köpfe!«

»Dann kaufen wir dir doch einen neuen Sombrero!«, schlug Ellen vor, und sie gingen in den nächsten Hutladen.

Die Tickets für den Sightseeing-Bus kosteten nur ein paar Euro; im Preis eingeschlossen war eine Belehrung in der gewünschten Sprache. Beide verzichteten auf Kopfhörer, um sich besser unterhalten zu können. Gerd flüsterte Ellen ins Ohr, er sei nun ihr ganz persönlicher Guide, und rutschte etwas näher an sie heran.

»Dort im Palacio Almudaina wohnt der spanische König,

wenn er auf der Insel weilt!«, begann er und deutete auf ein stattliches Schloss, ganz ohne die räumlichen Ausmaße aufzulisten. Nach einigen Runden kreuz und quer durch den Ort fuhr der Bus einen bewaldeten Berg zum Castillo de Bellver hinauf, wo es einen weiten Panoramablick auf die Stadt und das Umland geben solle. Als man die bebauten Flächen verlassen hatte, stieg Ellen der Geruch des ersehnten Mittelmeerurlaubs in die Nase: Harz, aromatische Kräuter, Pinien, Salz, der Vanilleduft von blühendem Oleander. Sie war hingerissen, lehnte sich an Gerds Schulter, hob die Nase in den Fahrtwind und schnüffelte wie ein Drogenhund in die warme Mittagsluft hinein. Wahrscheinlich sah sie so glücklich aus, dass der gerührte Gerd endlich zu einem richtigen Kuss ansetzte, wobei ihm aber durch die wild entschlossene Kopfbewegung der neue Hut davonflog und weit hinunter ins Tal segelte.

Sie spürte sofort, wie ihn dieses Missgeschick verstimmte, und bat darum, ihm einen dritten Hut kaufen zu dürfen. »Als winzige Aufmerksamkeit für die wunderschönen Tage, die wir dir verdanken! Und außerdem wissen wir ja bereits, wo der Hutladen ist.«

Gerd stimmte zu, obwohl er es nicht lustig fand, schon zwei Stunden später im gleichen Geschäft wieder einen Strohhut zu kaufen. Zufälligerweise trafen sie dort Amalia im Gefolge der Künstler, die für ihren nächsten Auftritt fünf identische Hüte aussuchten, die sie Kreissägen nannten. Sie schienen bester Laune zu sein. Amalia sagte ihrer Mutter, man solle an Bord nicht mit dem Essen auf sie warten. Da das Schiff erst am späten Abend ablege, wollte sie mit der Künstlergruppe noch so lange wie möglich an Land bleiben.

Allmählich wurden Gerd und Ellen durstig. Sie sahen sich gerade nach einem Café um, als Ellen auf einmal ihren Kavalier am Gürtel packte und in einen Hauseingang zog.

»Ich sehe was, was du nicht siehst!«, tuschelte sie. Es waren Ortrud und die Hundepsychiater, die ganz in der Nähe in einem Straßenbistro saßen.

»Kannst du erkennen, was sie trinkt?«, fragte Gerd.

»Ich glaube Sangria«, log Ellen etwas boshaft. Fragend sah sie Gerd an, wollte er sich jetzt trotzdem zu seiner Frau gesellen? Doch er nahm sie wunschgemäß bei der Hand und führte sie in eine Seitengasse.

Als sie ein hübsches Plätzchen gefunden und ihre Getränke bestellt hatten, mussten sie sich weiterhin leise unterhalten, denn in der Nähe befanden sich andere Passagiere der MS RENA. Amalia hatte an einige besonders auffällige Gäste bereits Spitznamen vergeben: Da gab es Frau Stör und Herrn Karpfen, den Bajuwaren, die Mannschaft vom Katzentisch, den Glitzermann, die Außerirdische, das rote Toupet, die Russenmafia und Dicky, das Kind.

Doch Gerd wollte nicht über die Mitreisenden lästern, sondern möglichst viele Informationen über seinen unbekannten Vater erhalten, und Ellen bemühte sich, ihre Erinnerungen geordnet und präzise zu formulieren.

»Dass er nicht mein leiblicher Papa war, hat er mich niemals spüren lassen, ich glaube, bei dir lief es so ähnlich mit deinem Ziehvater. Rudolf Tunkel war ein guter Unterhalter, konnte eine ganze Tischrunde zum Lachen bringen, vor allem aber uns Kinder. Matthias und du – ihr seht ihm zwar äußerlich recht ähnlich, aber ihr seid ernster, solider, gediegener. Wahrscheinlich habt ihr das von eurem gemeinsamen

Großvater geerbt, der ein seriöser Fabrikant und Geschäftsmann gewesen sein soll.«

»Na, ganz so seriös, wie du denkst, bin ich auch wieder nicht«, sagte Gerd. »Jeder von uns hat ja bekanntlich eine Leiche im Keller.«

Ellen hätte gern Näheres über Gerds Leiche erfahren, aber sie fragte lieber nicht nach, sondern berichtete weiter über seinen Vater, auch über dessen Schattenseiten.

»Dein leiblicher Vater konnte zwar nicht ahnen, dass meine Mutter prompt von diesem Komödianten geschwängert wurde, aber allein die Idee, die eigene Frau so hereinzulegen, ist eigentlich infam. Was meinst du?«

»Mein Papa war also ein Teufel«, sagte Gerd.

»Um Himmels willen, ganz bestimmt nicht! Meine Mutter hat mir erzählt, dass er wohl seinen frühen Tod geahnt habe, weil er in seinen letzten Jahren einen so großen Lebensdurst und eine solche Abenteuerlust verspürte. Sie hat ihm verziehen, also sollten wir das auch tun.«

»Möchtest du nicht auch mehr über deinen Erzeuger wissen? Ich könnte dir meinen Detektiv empfehlen. Sicherlich ist es möglich, Nachkommen oder Geschwister des Schauspielers ausfindig zu machen. Wie hieß er noch gleich?«

»Carl Siegfried Andersen!«, sagte Ellen. »Ich habe nicht die nötigen Mittel für solche Recherchen. Aber wo wir gerade dabei sind, unsere Familiengeheimnisse voreinander auszubreiten – warum habt ihr keinen Kontakt mehr mit eurer Tochter?«

Sie biss sich auf die Lippe, fürchtete, mit dieser Frage zu weit gegangen zu sein. Aber Gerd war nicht beleidigt, sondern gab bereitwillig Auskunft.

»Das Ganze ist bereits einige Jahre her. An Ortruds fünfzigstem Geburtstag kam es zum ersten Mal zu einer schrecklichen Szene, denn sie war – vielleicht aus Weltschmerz über ihr Alter – nicht mehr zurechnungsfähig. Wir hatten eine große Party, Ortrud trank sich am Anfang in eine übermütige, leicht überdrehte Stimmung, aber mit zunehmendem Alkoholkonsum wurde sie ordinär, konnte nur mit Mühe daran gehindert werden, auf dem Tisch zu tanzen und sich die Kleider vom Leib zu reißen. Schließlich kippte ihre Ausgelassenheit völlig um, sie fing an zu heulen und aggressiv zu werden. Unsere Gäste waren peinlich berührt und verabschiedeten sich. Ich wollte Ortrud ins Bett bringen, aber sie schlug um sich wie eine Wilde. Schließlich hatte ich sie doch ins Schlafzimmer geschafft und ließ sie erst einmal allein, um aufzuräumen. Unsere Kinder waren natürlich Zeugen der fatalen Situation. Als unsere Tochter ins Schlafzimmer trat, um ihre laut weinende Mutter zu beruhigen, wurde sie von einem Wurfgeschoss getroffen, einem schweren Kristallglas, das wahrscheinlich mir galt. Franziska trug eine Platzwunde am Kopf davon und musste zum Nähen in die chirurgische Ambulanz gebracht werden.«

»Aber das konnte deine Tochter doch dir nicht ankreiden!«, meinte Ellen.

»In den nächsten Jahren kam es noch zu weiteren Exzessen; als Ortruds Zwillingsschwester starb, wurde es ganz schlimm. Franziska redete ständig auf mich ein, ich solle Ortrud in eine Entziehungsklinik einweisen lassen. Da ich aber gegen Ortruds Willen so etwas nicht machen wollte, hielten meine Kinder mich für einen Waschlappen. Unsere Tochter wollte mich sogar dazu überreden, mich scheiden zu lassen. Ich sei ein Co-Alkoholiker und würde durch mein lasches Verhalten dazu beitragen, dass Ortrud immer weiter säuft. Man müsse hart durchgreifen, damit sie zur Besinnung komme.«

»Und warum trennst du dich nicht von ihr?«, fragte Ellen mit klopfendem Herzen.

»Schließlich habe ich die Verantwortung für meine Frau, die wird man nicht so einfach los«, sagte Gerd. »Ohne mich würde sie völlig vor die Hunde gehen. Und es gibt ja auch immer wieder friedliche und harmonische Phasen, in denen ich die Hoffnung habe, dass sie nicht rückfällig wird. Abgesehen davon sprechen auch finanzielle Gründe gegen eine Trennung.«

Beide tranken Saft – *jugo natural de naranja* – und keinen Alkohol, obwohl Ellen nichts gegen einen kühlen Weißwein gehabt hätte. Sie war nachdenklich geworden und traute sich nicht, weitere neugierige Fragen zu stellen. Finanzielle Gründe? Gerd sah ihr an, dass sie grübelte, und fuhr mit weiteren Erklärungen fort.

»Dein Ziehvater hatte meinem Ziehvater genug Geld gegeben, damit der sich das Haus im Frankfurter Westend kaufen konnte. Aber man darf das nicht mit den heutigen Preisen vergleichen, es war damals ein ziemlich heruntergekommenes Objekt und günstig zu haben. Niemals hätte ich die Mittel gehabt, dieses Haus in einen gepflegten Zustand zu versetzen. Als junger Angestellter verdient ein Architekt nicht allzu viel, und auch heute gehöre ich nicht zu den Stars meiner Zunft. Als ich Ortrud heiratete, war sie ebenfalls arm wie eine Kirchenmaus, aber wir hatten immerhin von Anfang an eine mietfreie Wohnung in meinem Elternhaus.

Und dann geschah das Unerwartete: Ortrud erbte von einem kinderlosen Onkel mehrere Äcker im Frankfurter Stadtteil Oberrad, die inzwischen Bauland geworden waren. Durch den Verkauf haben wir uns eine goldene Nase verdient und konnten auch das eigene Haus ganz nach unseren Wünschen sanieren, renovieren und umbauen lassen.«

So ist das also, dachte Ellen. Ortrud hat das Geld und damit das Sagen. Mitleidig legte sie ihre Hand auf Gerds Unterarm und tröstete mit einer Binsenweisheit: »Das Leben schreibt nicht immer nur schöne Geschichten! Ich habe allerdings auch nicht besonders viel Glück in der Liebe gehabt, mein Mann hatte mit der Tochter von Matthias – also meiner Nichte – eine Affäre. Das tat weh.«

Gerd sah auf die Uhr. »Komm, lass uns jetzt in Richtung Shuttlebus gehen«, sagte er. »Mir brummt allmählich der Schädel! Vor dem Essen möchte ich mich noch etwas frisch machen.«

Wir wären ein ideales Paar, dachte Ellen, während sie neben Gerd zur Haltestelle lief. Eine so innige Verbundenheit und Sympathie bei gleichzeitiger Verliebtheit hatte sie bisher mit keinem Mann erlebt. Allerdings war der Moment zum Austausch inniger Zuneigung noch nicht recht gekommen, denn Gerd fuhr mit den Anklagen gegen seine Frau fort, was Ellen als weiteren Vertrauensbeweis ansah.

»Nicht nur unsere Tochter hat sie vergrault, auch mit unserem Sohn gibt es massive Probleme. Ortrud war immer eifersüchtig auf seine Partnerinnen, wobei sich der Junge diesbezüglich sowieso etwas schwertat. Sie hetzte gegen alle Freundinnen. Ich zweifle nicht daran, dass seine letzte Liebe ihn hauptsächlich wegen Ortrud verlassen hat. Vielleicht ist es ganz gut, dass Ben bei dieser Seereise nicht dabei ist. Er hätte die Aussetzer seiner Mutter nicht ertragen.«

Etwas lieber hätte Ellen jetzt gehört, dass Gerd im Nachhinein sogar froh über die Absage seines Sohnes war, weil sie ja sonst gar nicht mit von der Partie gewesen wäre. Gemeinsam schritten sie langsam die Gangway hinauf, ließen ihren Bordausweis einscannen und näherten sich Ellens Kabine.

»Hast du vielleicht ein Pflaster für meine Füße?«, fragte Gerd. »Ich hatte dummerweise keine Socken an, jetzt habe ich zwei große Blasen!«

»Amalia hat für unsere Reiseapotheke gesorgt, bestimmt hat sie auch an wunde Füße gedacht«, sagte Ellen und öffnete die Kabinentür. Gerd blieb im Eingang stehen und sah zu, wie sie in der Nachttischschublade ihrer Tochter kramte.

»Voilà!«, sagte Ellen triumphierend und überreichte Gerd ein flaches Blechkästchen mit Verbandszeug.

»Danke. Und auch für den neuen Hut«, sagte er und wollte gehen.

»Apropos Hut«, sagte Ellen mutig. »Wolltest du mir nicht eigentlich einen Kuss geben, als dein Sombrero davonflog?«

Sie sahen sich sekundenlang prüfend an, dann schloss er die Tür und Ellen in die Arme. Sein Kuss war anfangs etwas zaghaft, wurde aber zusehends kühner, und plötzlich gab es kein Halten mehr. Ellen war schon halb ausgezogen, als sie die Tür hastig wieder aufriss und außen das Schildchen *Bitte nicht stören* anbrachte. Amalia und Ortrud waren zwar noch an Land, doch eine Stewardess konnte erscheinen, um die Handtücher auszuwechseln.

F. Scott Fitzgerald

Der Riffpirat

Diese unglaubliche Geschichte beginnt auf einem traumhaft blauen, wie blauseidene Damenstrümpfe changierenden Meer und unter einem Himmel, so blau wie die Iris von Kinderaugen. Von der westlichen Himmelshälfte her streute die Sonne goldene Plättchen auf die Wasserfläche; und wer ganz genau hinsah, konnte erkennen, wie sie von Wellenkamm zu Wellenkamm hüpften, um sich zu guter Letzt zusammenzuscharen und jenes breite Halsband von eitel Gold zu formen, aus dem am Ende eine halbe Meile voraus ein strahlend schöner Sonnenuntergang werden sollte. Ungefähr auf halbem Wege zwischen der Küste von Florida und jenem goldenen Halsband schwoite, sehr jung und anmutig, eine weiße Dampfyacht um ihren Anker, und achtern auf dem Deck lag unter einer blau-weißen Markise ein Mädchen mit flachsblondem Haar auf einem Korbsofa und las *Aufruhr der Engel* von Anatole France.

Sie mochte vielleicht neunzehn Jahre alt sein, rank und schlank, mit einem ebenso verwöhnten wie verführerischen Mund und lebhaften grauen, vor Neugier leuchtenden Augen. Ihre unbestrumpften, von blauen, lässig von den Zehen herabwippenden Satinpantoffeln weniger verhüllten als vielmehr gezierten Füße ruhten auf der Armlehne eines zweiten Sofas unmittelbar neben dem ihren. In der Hand hielt sie eine halbe Zitrone, an der sie ab und zu genüsslich leckte, um sich beim Lesen zu erfrischen. Die andere Hälfe der Zitrone lag ausgelutscht auf dem Boden und schaukelte leise im Rhythmus der kaum wahrnehmbaren Strömung hin und her.

Das Fruchtfleisch der zweiten Zitronenhälfte war beinahe aufgezehrt, und das goldene Halsband hatte erstaunlich an Weite gewonnen, als auf einmal schwere Schritte die in schläfriger Stille dahindämmernde Yacht aufstörten und ein mit einem ordentlich gescheitelten Grauschopf versehener und mit einem weißen Flanellanzug bekleideter älterer Herr oben an der Kajütstreppe erschien. Dort verharrte er einen Moment, bis sich seine Augen an die Sonne gewöhnt hatten, dann sah er das Mädchen unter der Markise und gab ein leises, langgezogenes und missfälliges Knurren von sich.

Sollte er damit die Absicht verfolgt haben, irgendeine Art von Aufschreckung zu bewirken, so wurde er enttäuscht. Das Mädchen blätterte seelenruhig zwei Seiten gleichzeitig um, schlug dann eine wieder zurück, hob die Zitrone gedankenverloren auf Zungenhöhe und gähnte – ganz leicht nur, aber doch unmissverständlich.

»Ardita!«, sagte der Grauschopf streng.

Ardita machte einen kurzen Laut, aus dem sich nichts entnehmen ließ.

»Ardita!«, wiederholte er. »Ardita!«

Ardita hob träge die Zitrone zum Mund und ließ sich, kurz bevor sie mit der Zunge drüberfuhr, zu einem knappen Dreiwortsatz herbei:

»Halt die Klappe.«

»Ardita!«

»Was denn?«

BOSC

»Willst du mir jetzt zuhören – oder muss ich erst einen Diener holen, damit er dich festhält, während ich mit dir rede?«

Die Zitrone vollführte eine langsame, sarkastische Abwärtsbewegung.

»Gib's mir doch schriftlich.«

»Würdest du wohl so viel Anstand haben, dieses abscheuliche Buch zu schließen und diese blöde Zitrone für zwei Minuten aus der Hand zu legen?«

»O Mann, kannst du mich denn nicht mal eine Sekunde in Ruhe lassen?«

»Ardita, ich bekam soeben einen Telefonanruf von Land –«

»Telefon?« Zum ersten Mal zeigte sie einen Anflug von Interesse.

»Ja, es war –«

»Soll das heißen«, fiel sie ihm erstaunt ins Wort, »hier draußen gibt's 'ne Leitung?«

»Ja, und soeben –«

»Und da kommt einem kein andres Schiff in die Quere?«

»Nein. Die geht ja auf dem Grund entlang. Vor fünf Mi–«

»Mein lieber Scholli! Hut ab! Ein Wunderwerk der Technik, was?«

»Würdest du mich jetzt bitte einmal ausreden lassen?«

»Schieß los!«

»Also, es ist – also, ich bin hier heraufgekommen, um –« Er unterbrach sich und schluckte ein paarmal vor Verlegenheit. »Ah, ja. Junge Dame, Colonel Moreland hat noch einmal angerufen, er hat mich dringend gebeten, dich zu diesem Dinner mitzubringen. Sein Sohn Toby ist extra aus New York angereist, um dich kennenzulernen, und es sind auch noch eine Menge andere junge Leute eingeladen. Zum letzten Male, wirst du –«

»Nein«, sagte Ardita kurz, »ich denk nicht dran. Du weißt doch, dass ich diese blöde Kreuzfahrt überhaupt nur mitmache, weil sie nach Palm Beach gehen soll, aber irgendeinen blöden alten Colonel oder irgendeinen blöden jungen Toby oder irgendwelche blöden jungen Leute kennenzulernen, das lehne ich rundheraus ab, und ich denke gar nicht daran, auch nur einen Fuß in irgendeine andre blöde alte Stadt in diesem durchgedrehten Bundesstaat hier zu setzen. Entweder du bringst mich nach Palm Beach, oder du hältst die Klappe und schiebst ab.«

»Sehr gut. Damit hast du das Fass zum Überlaufen gebracht. So vernarrt, wie du in diesen Mann bist – diesen Mann, der ein berüchtigter Wüstling ist, diesen Mann, dem dein Vater nicht einmal erlaubt haben würde, auch nur deinen Namen auszusprechen –, so vernarrt wie du in diesen Mann bist, das ist allenfalls der Halbwelt würdig, aber nicht den Kreisen, in denen du ja doch wohl aufgewachsen bist. Von heute an –«

»Ja, ja«, fiel ihm Ardita spöttisch ins Wort, »›von heute an sind wir geschiedene Leute‹. Du wiederholst dich. Aber weißt du was? Nichts, was mir lieber wäre.«

»Von heute an«, erklärte er pathetisch, »habe ich keine Nichte mehr. Ich –«

»A-a-a-ah!« So klang der Schmerzensschrei einer verlorenen Seele, der sich Arditas Brust entrang. »Jetzt hör doch mal auf, mir auf die Nerven zu gehn! Schieb endlich ab! Von mir aus kannst du über Bord springen und ersaufen! Muss ich dir erst das Buch hier an den Kopf schmeißen?«

»Wehe, du wagst es –«

Klatsch! Der *Aufruhr der Engel* flog durch die Luft, verfehlte sein Ziel nur um die Länge eines kurzen Näschens und hüpfte fröhlich die Kajütstreppe hinunter.

Der Grauschädel trat instinktiv einen Schritt zurück und dann vorsichtig zwei Schritte nach vorn. Ardita sprang auf, reckte sich zu ihrer vollen Länge von einem Meter fünfundsechzig empor und starrte ihn mit ihren grauen, vor Empörung flackernden Augen trotzig an.

»Hau ab!«

»Wie kannst du es wagen!«, schrie er.

»Verdammt noch mal, ich mach, was mir gefällt!«

»Du wirst immer unerträglicher! Dein Charakter ...«

»Selber schuld! Wenn ein Kind einen schlechten Charakter hat, dann ist das einzig und allein die Schuld seiner Familie! Schließlich habt ihr mich doch zu dem gemacht, was ich bin.«

Da drehte sich ihr Onkel brabbelnd und brummelnd um und machte sich, laut nach der Barkasse rufend, davon. Doch dann kam er noch einmal zurück. »Ich gehe jetzt an Land«, sagte er in bedächtigem Ton zu Ardita, die inzwischen wieder unter der Markise Platz genommen hatte und mit ihrer Zitrone beschäftigt war. »Heute Abend um neun bin ich wieder an Bord. Und danach fahren wir unverzüglich heim nach New York. Dort werde ich dich deiner Tante übergeben. Bei der kannst du dann bis ans Ende deiner Tage bleiben und dein tristes, oder besser: dein wüstes Leben fristen.«

Doch plötzlich hielt er inne und fasste sie ins Auge, und

beim Anblick ihrer Schönheit, die etwas so unerhört Kindliches hatte, krampfte sich ihm das Herz zusammen, sein Groll erschlaffte wie ein aufgeblasener Reifen, aus dem die Luft entweicht, und er stand da und kam sich hilflos vor, unsicher und vollkommen töricht.

»Ardita«, sagte er nicht unfreundlich, »ich bin nicht von gestern. Ich bin herumgekommen in der Welt. Ich kenne die Männer. Und, Kind, so ein eingefleischter Libertin, der ändert sich nicht einfach, es sei denn, er wird müde – und dann ist er nicht mehr der, der er mal war, dann ist er nur noch eine leere Hülle, ein Schatten seiner selbst.« Er sah sie an, als hoffte er auf ihre Zustimmung, doch als nichts dergleichen zu sehen oder zu hören war, fuhr er fort. »Durchaus möglich, dass der Mann dich liebt, das ist nicht auszuschließen, nur: Er hat schon viele Frauen geliebt, und er wird noch viele lieben. Nicht einmal einen Monat ist es her, Ardita, nicht mal einen Monat, dass er diese allseits bekannte Affäre mit dieser Rothaarigen hatte, dieser Mimi Merril; das Diamantarmband hat er ihr versprochen, das der russische Zar seiner Mutter geschenkt hat. Das weißt du doch – das hast du doch in der Zeitung gelesen.«

»Sensationelle Skandale – erzählt von einem ängstlichen Onkel«, gähnte Ardita. »Lass die Story doch verfilmen. Hintertückischer Lebemann macht jungfräulichem Bubikopf schöne Augen. Verführt schlussendlich jungfräulichen Bubikopf mit Hilfe seiner finsteren Vergangenheit. Bubikopf hat die Absicht, sich in Palm Beach mit ihm zu treffen. Plan wird von ängstlichem Onkel vereitelt.«

»Himmelherrgott, kannst du mir vielleicht mal sagen, warum du ihn heiraten willst?«

»Eher nicht«, entgegnete Ardita kurz. »Vielleicht, weil er von allen Männern, die ich kenne – egal, ob gut, ob schlecht –, der einzige ist, der Phantasie hat und den Mut, eine eigene Meinung zu vertreten. Vielleicht, damit ich diese ganzen jungen Trottel los bin, die nichts Besseres zu tun haben, als mir landauf, landab hinterherzurennen. Aber was das russische Armband angeht, in dem Punkt kannst du ganz beruhigt sein. Das wird er mir nämlich in Palm Beach schenken – wenn du auch nur ein Fitzelchen Verstand beweist.«

»Und was ist mit der – mit der Rothaarigen?«

»Die hat er seit einem halben Jahr nicht mehr gesehen«, sagte sie wütend. »Du glaubst doch wohl nicht etwa, ich hätte nicht den nötigen Stolz, um solche Dinge vorab klarzustellen? Hast du denn immer noch nicht kapiert, dass ich die Kerle allesamt nach Lust und Laune um den Finger wickeln kann?«

Sie reckte das Kinn empor wie die berühmte Frankreich-in-Aufruhr-Büste von Jo Davidson, vermasselte allerdings die Pose ein klein wenig, indem sie die Zitrone hob, um abermals zur Tat zu schreiten.

»Ist es das russische Armband, das dich so fasziniert?«

»Nein, ich versuche lediglich, dir ein Argument zu liefern, das deiner Intelligenz entspricht. Und ich möchte, dass du endlich abschiebst«, sagte sie, nahe daran, von neuem die Geduld zu verlieren. »Du weißt doch, dass ich prinzipiell nie meine Meinung ändere. Seit drei Tagen langweilst du mich jetzt mit dieser Sache und machst mich ganz verrückt. Ich gehe nicht an Land! Niemals! Verstehst du? Nie und nimmer!«

»Na gut«, sagte er, »aber nach Palm Beach gehst du auch

nicht. So was Selbstsüchtiges, Verwöhntes, Unerzogenes und Unerträgliches wie du ist mir wirklich noch nicht –«

Batsch! Die Zitronenhälfte erwischte ihn im Genick. Gleichzeitig kam von unten her ein Ruf.

»Die Barkasse ist bereit, Mr. Farnam.«

Zu voll der Worte und des Zorns, um noch etwas sagen zu können, warf Mr. Farnam seiner Nichte einen zutiefst verächtlichen Blick zu, machte auf dem Absatz kehrt und kletterte hastig die Leiter hinunter.

Die fünfte Stunde wälzte sich von der Sonne herab und plumpste ohne einen Laut ins Meer. Das goldene Halsband weitete sich aus und wurde zu einem glitzernden Eiland, und die sanfte Brise, die eben noch mit den Säumen der Markise gespielt und den einen baumelnden Pantoffel gewiegt hatte, trug mit einem Mal ein Lied heran. Gesungen wurde es von einem Männerchor, der perfekt mit dem Rhythmus der Ruder harmonierte, welche die blauen Wasser teilten und den Gesang begleiteten. Ardita hob den Kopf und horchte.

»Erbsen und Speck,
Bohnen sind weg,
Schweine an Deck,
  Kommt, Geselln – oh!
Tretet den Balg,
Tretet den Balg,
Tretet den Balg!
Wind macht schnell – oh.«

Verwundert kräuselte Ardita ihre Brauen. Ganz still saß sie da und lauschte angestrengt dem Chor, der eine zweite Strophe sang.

»Zwiebeln und Bohn',
Marschall samt Sohn,
Goldberg und Cohn
Und Costello.
Tretet den Balg,
Tretet den Balg,
Tretet den Balg!
Wind macht schnell – oh.«

Mit einem Ausruf des Erstaunens warf sie ihr Buch auf den Boden, wo es bäuchlings liegenblieb, und stürzte an die Reling. Fünfzehn Meter voraus näherte sich ein großes Ruderboot mit sieben Mann Besatzung, von denen sechse singend ruderten und einer aufrecht achtern stand und mit einem Dirigentenstab den Takt schlug.

»Austern à jour,
Sägemehl pur,
Wer baut 'ne Uhr
Um zum Cello? –«

Und dann ruhten die Augen des Anführers plötzlich auf Ardita, die sich, wie gebannt vor Neugier, über die Reling beugte. Er machte eine schnelle Bewegung mit seinem Taktstock, und sogleich verstummte der Gesang. Ardita sah, dass er der einzige Weiße auf dem Boot war – die sechs Ruderer waren allesamt schwarz.

»Ahoi *Narcissus!*«, rief er höflich.

»Was soll denn dieser ganze Krach bedeuten?«, fragte Ardita fröhlich. »Ist das die Schulmannschaft der örtlichen Klapsmühle?«

Unterdessen schrammte das Boot den Rumpf der Yacht, ein baumlanger, kräftig gebauter Neger, der vorn am Bug stand, drehte sich um und griff nach der Leiter. Der Anführer verließ seinen Posten hinten auf dem Heck, kletterte, noch ehe Ardita begriff, was er vorhatte, eilig die Leiter hoch und stand, vollkommen außer Atem, vor ihr an Deck.

»Frauen und Kinder werden verschont!«, erklärte er forsch. »Sämtliche schreienden Babys werden unverzüglich ertränkt und alle Männer doppelt in Ketten gelegt!«

Ardita vergrub die Hände vor Aufregung in den Taschen ihres Kleides und starrte ihn in sprachlosem Erstaunen an.

Er war ein junger Mann mit dunklem Teint und einem feingeschnittenen Gesicht, hatte einen spöttischen Zug um den Mund und die leuchtend blauen Augen eines gesunden Säuglings. Sein Haar war pechschwarz, feucht und gelockt wie das einer sonnengebräunten griechischen Statue. Er war gut gebaut, gut gekleidet und anmutig wie ein behender Quarterback.

»Heiliges Kanonenrohr!«, sagte sie ganz benommen.

Sie fassten einander kühl ins Auge.

»Übergeben Sie das Schiff?«

»Soll das ein Heiterkeitsausbruch sein?«, fragte Ardita. »Sie sind doch wohl nicht ganz bei Troste – oder sind Sie kürzlich irgendeiner Bruderschaft beigetreten?«

»Ich frage Sie, ob Sie das Schiff übergeben.«

»Ich hab gedacht, in diesem Lande herrscht Prohibition«,

sagte Ardita von oben herab. »Sie haben wohl Nagellack getrunken oder was? Sehn Sie bloß zu, dass Sie von dieser Yacht hier runterkommen!«

»Wie bitte?« Im Ton des jungen Mannes drückte sich Verblüffung aus.

»Haben Sie nicht gehört? Sie sollen runter von der Yacht!«

Er sah sie einen Moment an, als ließe er sich ihre Worte durch den Kopf gehen.

»Nein«, kam es dann bedächtig aus seinem spöttischen Mund; »nein, ich geh nicht runter von der Yacht. Gehn Sie doch runter, wenn es Ihnen Spaß macht.«

Dann trat er an die Reling und gab ein kurzes Kommando, und im nächsten Augenblick kletterte die Crew des Ruderbootes die Leiter hoch und stellte sich in einer Reihe vor ihm auf, an einem Ende ein stämmiger, kohlschwarzer Nigger und am anderen ein Mulattenzwerg, der knapp eins fünfzig maß. Sie waren, gleichsam uniform, mit blauen Anzügen bekleidet, die Staub, Schlamm und diverse Risse zierten; jeder hatte über der Schulter einen kleinen weißen, sichtlich schwergewichtigen Beutel hängen, und unterm Arm trugen sie große schwarze Kästen, in denen sich allem Anschein nach ihre Musikinstrumente befanden.

»Aaach-tonk!«, kommandierte der junge Mann und schlug dabei selber zackig die Hacken zusammen. »Reeechs-omm! Augen graade-oss! Vortreten, Babe!«

Der kleinste Schwarze trat rasch einen Schritt nach vorn und salutierte.

»Jassaah!«

»Du übernimmst das Kommando, runtergehn, die Crew gefangennehmen und alle Männer fesseln, bis auf den Maschinisten. Den bringst du rauf zu mir. Ach ja, und eure Beutel, die könnt ihr da drüben an der Reling stapeln.«

»Jassaah!«

Babe salutierte abermals, machte kehrt und gab den fünf anderen ein Zeichen, sich um ihn zu scharen. Flüsternd berieten sie sich einen Augenblick und stiegen dann alle miteinander lautlos und im Gänsemarsch die Kajütstreppe hinunter.

»So«, sagte der junge Mann frohgemut zu Ardita, die der Szene starr und stumm beigewohnt hatte, »wenn Sie mir bei Ihrer Bubikopf-Ehre – die allerdings eh nicht viel wert sein dürfte – schwören, dass Sie Ihr verwöhntes kleines Mäulchen achtundvierzig Stunden lang ganz fest geschlossen halten, dann können Sie von mir aus jetzt in unserm Ruderboot ans Ufer rudern.«

»Und wenn nicht?«

»Wenn nicht, dann fahren Sie mit einem Schiff aufs offene Meer hinaus.«

Mit einem kleinen, einer gut gemeisterten Krise wohl angemessenen Seufzer ließ sich der junge Mann auf das Korbsofa fallen, von dem Ardita kürzlich aufgestanden war, und streckte faul die Arme aus. Er musterte die bunt gestreifte Markise, das blank geputzte Messing und die ganze luxuriöse Ausstattung an Deck, seine Züge entspannten sich, und um die Mundwinkel spielte etwas wie Anerkennung. Sein Blick fiel auf das Buch, dann auf die ausgelutschte Zitrone.

»Hm«, sagte er, »Stonewall Jackson hat behauptet, von Zitronensaft kriegt er einen klaren Kopf. Und Sie? Schön klar im Kopf, ja?«

Ardita würdigte ihn keiner Antwort.

»Weil, in den nächsten fünf Minuten müssen Sie eine klare Entscheidung treffen, ob Sie hier verschwinden oder bei uns bleiben wollen.«

Er hob das Buch vom Boden auf und schaute neugierig hinein.

»*Aufruhr der Engel.* Klingt ja richtig gut. Französisch, was?« Er starrte sie mit wiedererwachtem Interesse an. »Sind Sie Französin?«

»Nein.«

»Wie heißen Sie eigentlich?«

»Farnam.«

»Farnam – wie noch?«

»Ardita Farnam.«

»Na schön, Ardita, also, hier herumzustehn und sich die Backentaschen abzukauen hat keinen Sinn. Gewöhnen Sie sich diese nervösen Marotten lieber ab, solange Sie noch jung sind. Kommen Sie mal her hier, setzen Sie sich mal da hin.«

Ardita holte ein geschnitztes Jadekästchen aus der Tasche, entnahm ihm eine Zigarette und zündete sie mit bewusst gelassener Pose an, obwohl sie durchaus merkte, dass ihr ein bisschen die Hände zitterten; dann ging sie mit geschmeidig-federndem Schritt zu dem anderen Sofa hinüber, nahm darauf Platz und blies eine Rauchwolke zur Markise hinauf.

»Sie werden mich nicht von der Yacht vertreiben«, sagte sie entschlossen. »Und wenn Sie wirklich glauben, Sie kommen damit durch, dann kann's ja mit Ihrem Verstand nicht allzu weit her sein. Mein Onkel wird nämlich spätestens um halb sieben kreuz und quer über den Ozean Funksprüche losgelassen haben.«

»Hm.«

Ein rascher Blick in sein Gesicht genügte ihr, um seine Furcht zu sehen, die sich in einem minimalen Abwärtsgleiten seiner Mundwinkel bemerkbar machte.

»Mir kann's ja egal sein«, sagte sie achselzuckend. »Ist ja nicht meine Yacht. Von mir aus können wir hier ruhig eine kleine Kreuzfahrt machen. Ich pump Ihnen sogar mein Buch, damit Sie nachher auf dem Zollboot, das Sie nach Singsing bringt, was zu lesen haben.«

Er lachte höhnisch.

»Falls das ein guter Rat sein sollte – keine Bange. Das Ganze ist Teil eines Plans, den es schon gab, als ich noch nicht mal wusste, dass diese Yacht überhaupt existiert. Und wenn's nicht diese hier gewesen wär, wär's halt die nächste gewesen, an der wir unterwegs vorbeigekommen wären, es liegen ja genug davon an diesem Küstenstrich vor Anker.«

»Wer sind Sie eigentlich?«, fragte Ardita plötzlich. »Und *was* sind Sie?«

»Sie haben also beschlossen, nicht an Land zu gehen?«

»Ich denk nicht mal im Traum daran.«

»Man kennt uns allgemein, uns alle sieben«, sagte er, »als *Curtis Carlyle und die Six Black Buddies,* zuletzt zu sehn am Broadway in Minskys Winter Garden und im Midnight Frolic an der Forty-second Street.«

»Ihr seid Sänger?«

»Wir waren es – bis heute. Momentan sind wir auf der Flucht vor der Justiz – wegen der weißen Beutel da drüben –, und ich müsste mich schwer irren, wenn die auf unsere Ergreifung ausgesetzte Belohnung nicht mittlerweile schon die 20 000-Dollar-Marke erreicht hat.«

»Und was ist in den Beuteln drin?«, fragte Ardita neugierig.

»Nennen wir's fürs Erste Schlamm«, sagte er. »Florida-Schlamm.«

Zehn Minuten nach der kleinen Unterredung, die Curtis Carlyle mit dem völlig verängstigten Maschinisten der Yacht gehabt hatte, war der Anker gelichtet, und die Narcissus dampfte durch die milde tropische Abenddämmerung gen Süden. Der kleine Mulatte Babe, der offenbar Carlyles bedingungsloses Vertrauen genoss, war ganz Herr der Lage. Mr. Farnams Kammerdiener und der Koch, die Einzigen von der Crew, die außer dem Maschinisten Widerstand geleistet hatten, lagen inzwischen sicher vertäut unten in ihren Kojen und konnten sich die Sache noch mal in aller Ruhe überlegen. Trombone Mose, der größte der sechs Schwarzen, war mit einer Büchse Farbe dabei, den Namen *Narcissus* am Bug zu überpinseln und durch den Namen *Hula Hula* zu ersetzen, und die Übrigen hatten sich achtern versammelt und spielten hingebungsvoll *Craps*.

Carlyle hatte angeordnet, dass das Essen zubereitet und um neunzehn Uhr dreißig an Deck serviert werden sollte, und sich dann wieder zu Ardita gesellt, war auf seinem Sofa in die Polster gesunken und mit halb geschlossenen Augen in einen Zustand abgrundtiefer Geistesabwesenheit verfallen.

Ardita betrachtete ihn mit prüfendem Blick und sortierte ihn sogleich unter der Rubrik »romantische Charaktere« ein. Er wirkte wie jemand, der ein maßloses, allerdings auf äußerst wackligen Füßen stehendes Selbstvertrauen besitzt –

unmittelbar unter der Oberfläche jeder seiner Entscheidungen erkannte sie ein Zögern, das im krassen Gegensatz zu seinen arrogant geschürzten Lippen stand.

›Der ist nicht so wie ich‹, dachte sie. ›Irgendwo ist da ein Unterschied.‹

Als Egozentrikerin erster Güte, die sie war, dachte Ardita häufig über sich selber nach, und da sie nie auf die Idee gekommen war, ihr egozentrisches Verhalten selbstkritisch in Frage zu stellen, geschah dies vollkommen natürlich und ohne ihrem unbestreitbaren Charme in irgendeiner Weise Abbruch zu tun. Sie war neunzehn, wirkte aber wie ein überaus lebhaftes altkluges Kind, und im strahlenden Widerschein ihrer jugendlichen Gegenwart und Schönheit waren alle Leute, die sie traf, egal, ob Männer oder Frauen, einfach nur Treibholz auf den kräuselnden Gewässern ihrer Launen. Sie hatte auch schon andere Egozentriker kennengelernt – ja, sie hatte sogar die Feststellung gemacht, dass selbstsüchtige Menschen sie nicht ganz so arg langweilten wie selbstlose –, doch war sie bislang noch niemandem begegnet, der sich am Ende nicht geschlagen gab und ihr zu Füßen lag.

Zwar hatte sie den Mann da auf dem Sofa nebenan sogleich als Egozentriker erkannt, doch anders als sonst hatte sie diesmal nicht das Gefühl, dass ihr Verstand die Schotten dicht, das Schiff also gefechtsklar machte; vielmehr verriet ihr der Instinkt, dass der Bursche irgendwie vollkommen sturmreif war und völlig wehrlos. Wenn Ardita den gesellschaftlichen Konventionen trotzte, was neuerdings ihr bevorzugter Zeitvertreib war, so tat sie dies aus einem starken Drang heraus, sie selbst zu sein, und sie merkte sehr wohl, dass dieser Mann im Gegensatz zu ihr allein mit seinem eigenen Trotz beschäftigt war.

Ihr Interesse an ihm war viel größer als das an ihrer eigenen Situation, die sie nicht mehr bewegte, als ein zehnjähriges Kind die Aussicht bewegen mag, am Nachmittag ins Theater zu gehen. Sie vertraute blind auf ihre Fähigkeit, in jeder Lebenslage für sich selbst zu sorgen.

Die Nacht wurde tiefer. Mit dunstverhangenen Augen lächelte der fahle neue Mond hinunter auf das Meer, und während die Küste nach und nach im Dämmerlicht verschwand und dunkle Wolken wie Herbstlaub über den fernen Horizont trieben, ergoss sich plötzlich ein großer Schwall von Mondlicht über die dahineilende Yacht und breitete eine breite, glitzernde Bahn aus lauter ganz, ganz feinen, silbrig schimmernden Ketten vor ihr aus. Ab und zu flackerte ein Streichholz auf, und einer der Männer zündete sich eine Zigarette an, doch außer dem leisen Stampfen der Motoren und dem gleichmäßigen Schlagen der Wellen vorn um den Bug war es auf der Yacht so still wie auf einem Traumschiff, das am Firmament entlangzieht auf seiner Reise zu den Sternen. Von allen Seiten her umwehte sie der Geruch der nächtlichen See, der eine endlos große Sehnsucht mit sich trug.

Schließlich brach Carlyle das Schweigen.

»Sie Glückliche«, seufzte er. »Ich wollte immer reich sein – und mir all diese Schönheit kaufen.«

Ardita gähnte.

»Ich würde gerne mit Ihnen tauschen«, sagte sie frei heraus.

»Na klar – so ungefähr für einen Tag. Aber für einen Bubikopf sind Sie ganz schön mutig.«

»Ich mag's nicht, wenn man mich als Bubikopf bezeichnet.«

»Oh, Pardon.«

»Und was den Mut angeht«, fuhr sie bedächtig fort, »der ist ja meine einzige Rettung. Ich fürchte weder Tod noch Teufel.«

»Hm, ich schon.«

»Um sich zu fürchten«, sagte Ardita, »muss man entweder sehr groß und stark sein – oder aber ein Feigling. Ich bin weder das eine noch das andere.« Sie überlegte einen Moment und sprach dann in eiferndem Ton weiter. »Aber ich will mit Ihnen reden. Was um alles in der Welt haben Sie denn bloß angestellt – und wie haben Sie's angestellt?«

»Und warum?«, fragte er zynisch. »Sie wollen wohl ein Drehbuch schreiben über mich?«

»Na los schon«, drängte sie. »Lügen Sie mir nur was vor im Mondenschein. Denken Sie sich irgendeine phantastische Geschichte aus.«

Einer von den Schwarzen erschien, knipste die kleine Lichterkette unter der Markise an und begann den Korbtisch fürs Abendessen zu decken. Und während sie Scheiben von kaltem Huhn, Salat, Artischocken und Stachelbeermarmelade aus der reich gefüllten Vorratskammer im Unterdeck aßen, fing Carlyle an zu erzählen, zunächst noch zögernd, doch dann, als er ihr aufrichtiges Interesse spürte, mit wachsendem Eifer. Ardita rührte ihr Essen kaum an; sie war vollauf damit beschäftigt, sein dunkles junges Gesicht zu betrachten – sein hübsches, spöttisches, etwas unscheinbares Gesicht.

Begonnen habe er sein Leben, sagte er, als armer Leute

Kind in einer Stadt in Tennessee, so arm, dass er und seine Familie die einzigen Weißen in ihrer Straße waren. Er könne sich nicht erinnern, irgendwelche gleichaltrigen Weißen gekannt zu haben – aber dafür gab es ein Dutzend kleine Negerkinder, die ihm unweigerlich auf Schritt und Tritt nachgelaufen kamen, leidenschaftliche Bewunderer, die er mit seiner lebhaften Phantasie bei der Stange hielt und damit, dass sie alle naselang seinetwegen in der Patsche saßen und er sie jedes Mal wieder herausholte. Und anscheinend hatte diese Verbindung ein ziemlich ungewöhnliches musikalisches Talent in recht eigenartige Bahnen gelenkt.

Da sei so eine Farbige namens Belle Pope Calhoun gewesen, die auf den Festen für die weißen Kinder Klavier spielte – die netten weißen Kinder, die für Curtis Carlyle höchstens ein verächtliches Schniefen übrighatten. Doch der zerlumpte kleine »Pfui-bah-bah-Weiße« saß immer stundenlang neben ihr am Piano und versuchte, mit dem Kazoo, auf dem die kleinen Jungs so gerne tröten, eine ordentliche Altbegleitung hinzukriegen. Er war noch keine dreizehn, da tingelte er schon, um sich über Wasser zu halten, durch die kleinen Cafés von Nashville und entlockte seiner ramponierten alten Geige einen richtig juckigen Ragtime. Acht Jahre später hatte das Ragtimefieber das ganze Land erfasst, und er tourte mit sechs Schwarzen durch die berühmten Orpheum-Vaudeville-Theater. Mit fünfen davon war er zusammen aufgewachsen, und der sechste war Babe Divine, jener kleine Mulatte, ein Niggerzwerg aus der New Yorker Ecke und früher mal, vor langer Zeit, Arbeiter auf einer Plantage in Bermuda, bis er seinem Herrn ein Stilett mit einer Zwanzig-Zentimeter-Klinge von hinten zwischen die Rippen gejagt hatte. Carlyle hatte noch gar nicht richtig kapiert, was für ein Glückspilz er war, da trat er schon am Broadway auf, bekam von allen Seiten Angebote und Engagements und viel mehr Geld, als er sich jemals hätte träumen lassen.

Ungefähr um diese Zeit fing es an, dass eine grundlegende Veränderung mit ihm vor sich ging, eine ziemlich eigenartige Veränderung, die keineswegs eine Veränderung zum Besseren war. Damals sei ihm klargeworden, dass er seine besten Jahre damit verplemperte, mit ein paar schwarzen Tagedieben auf irgendwelchen Bühnen herumzualbern. Die Nummer selber war an sich ganz gut – drei Posaunen, drei Saxophone und dazu Carlyle mit seinem Kazoo –, wobei natürlich das Entscheidende sein ganz spezielles Gefühl für den Rhythmus war; nur wurde er sonderbarerweise immer empfindlicher, und mit der Zeit grauste es ihm regelrecht, wenn er bloß daran dachte, auf die Bühne zu müssen, und seine Angst vorm Auftreten wurde von Tag zu Tag größer.

Geld machten sie wie Heu – mit jedem Vertrag, den er unterschrieb, erhöhten sich die Beträge –, doch wenn er zu den Managern ging und ihnen erklärte, er wolle sich von seinem Sextett trennen und als normaler Pianist weitermachen, lachten sie ihn aus und erklärten ihn für verrückt – das wäre »künstlerischer Selbstmord«. Er selber musste später lachen über dieses Wort vom »künstlerischen Selbstmord«. Alle waren sie ihm damit gekommen.

Ein halbes Dutzend Mal spielten sie auf privaten Tanzpartys – für dreitausend Dollar am Abend, und irgendwie hatte er das Gefühl, als sei es ihm erst da so richtig klargeworden, wie satt er diese Art des Broterwerbs inzwischen hatte. Stattgefunden hatten diese Partys in Clubs und Häusern, zu denen ihm bei Tageslicht der Zutritt verwehrt worden wäre. Er spielte schließlich nur den Part des ewigen Affen, ein männliches Revuegirl sozusagen, nur eben etwas besser. Allein schon der Geruch, der im Theater herrschte, widerte ihn an, dieser Gestank nach Rouge und Puder, der Tratsch im Künstlerzimmer und der gönnerhafte Beifall aus den Logen. Es war ihm nicht mehr möglich, mit Leib und Seele bei der Sache zu sein. Der Gedanke, dass er sich langsam, aber sicher dem Luxus des Müßiggangs näherte, machte ihn rasend. Natürlich ging er auf diesen Zustand zu, aber eher so wie ein Kind, das Eis isst und zu langsam leckt, um den Geschmack richtig genießen zu können.

Er habe sich danach gesehnt, einen Haufen Geld und Zeit zu haben, nach Lust und Laune lesen und spielen zu können und mit Männern und auch Frauen von der Sorte zu verkehren, die er niemals kriegen würde – der Sorte, die ihn wohl für unter ihrer Würde hielt, sofern sie überhaupt einen Gedanken an ihn verschwendete; kurzum, er wollte all das haben, was er mittlerweile begonnen hatte, unter dem Sammelbegriff Aristokratie zusammenzufassen, einer Aristokratie, die, wie es schien, mit jedem Geld zu kaufen war, nur nicht mit einem Geld, das auf die Art verdient wurde, auf die er seins verdiente. Da war er fünfundzwanzig, hatte weder Familie noch eine Ausbildung, noch irgendeine Aussicht, als Geschäftsmann Karriere zu machen. Er fing an, wie wild drauflloszuspekulieren, und hatte binnen drei Wochen seine gesamten Ersparnisse verloren, bis auf den letzten Cent.

Dann kam der Krieg. Er ging nach Plattsburg, und selbst

dort verfolgte sein Beruf ihn noch. Ein Brigadegeneral befahl ihn ins Stabsquartier und erklärte ihm, als Kapellmeister könne er seinem Lande besser dienen – und so verbrachte er den Krieg damit, hinter den Linien mit seinem Stabsmusikkorps für die Unterhaltung der hohen Tiere zu sorgen. Das war gar nicht mal so übel – er wäre halt hinterher nur lieber einer von den vielen Infanteristen gewesen, die hinkend aus den Schützengräben heimkehrten. Es kam ihm so vor, als wären der Schweiß und der Schlamm, den sie an sich hatten, nur eines jener nicht in Worte zu fassenden, für ihn auf ewig unerreichbaren Symbole der Aristokratie.

»Den Ausschlag gaben schließlich die privaten Tanzpartys. Nachdem ich aus dem Krieg zurück war, ging die alte Leier wieder los. Wir hatten ein Angebot von einer Hotelkette in Florida. Alles andere war dann bloß noch eine Frage der Zeit.« Er verstummte; Ardita sah ihn erwartungsvoll an, doch er schüttelte nur den Kopf.

»Nein«, sagte er, »das behalt ich lieber für mich. Darüber freue ich mich nämlich ganz unbändig, und ich hab Angst, wenn ich die Freude mit jemand anders teile, könnt mir vielleicht ein Stück davon verlorengehn. Ich will mich daran festhalten, an diesen paar atemlosen, heroischen Augenblicken, wenn ich da draußen stand, vor all den Leuten, und ihnen zeigen konnte, dass ich mehr bin als bloß ein herumzappelnder, kreischender Clown.«

Vom Vordersteven her war plötzlich leises Singen zu vernehmen. Die Schwarzen hatten sich an Deck versammelt, und ihre Stimmen verschmolzen zu einer eindringlichen, in herzzerreißenden Akkorden mondwärts brandenden Melodie. Ardita lauschte ganz verzückt.

»Oh down –
Oh down,
Mammy wanna take me down a milky way,
Oh down –
Oh down,
Pappy say to-morra-a-a-ah!
But mammy say to-day,
Yes – mammy say to-day!«

Carlyle seufzte und schwieg einen Moment; er schaute hinauf zum warmen Himmel, wo in dichtgedrängter Schar die Sterne funkelten wie lauter kleine Soffitten. Der Gesang der Neger war in ein wehmütiges Summen übergegangen, und es kam ihm vor, als nähmen die Helle und die große Stille von Minute zu Minute zu, bis er fast schon meinte, die Meerjungfrauen bei ihrer mitternächtlichen Toilette zu belauschen und zuzuhören, wie sie sich die Silbertropfen aus den Locken kämmten und einander dabei aufgekratzt von ihren schönen Wracks erzählten, in denen sie hausten, da unten auf dem Meeresgrund, in den grün schillernden Alleen.

»Sehen Sie«, sagte Carlyle leise, »das ist die Schönheit, die ich will. Schönheit muss erstaunlich sein, verblüffend – sie muss dich packen wie ein Traum, wie die wundervollen Augen eines Mädchens.«

Er drehte sich zu ihr herum, doch sie war still.

»Nicht wahr, Sie können das verstehen, Anita – ich meine, Ardita?«

Auch diesmal gab sie keine Antwort. Sie hatte eine Weile tief und fest geschlafen.

In der prallen, gleißenden Mittagssonne des folgenden Tages erwies ein rätselhaftes Etwas vor ihnen auf dem Meer sich wie von ungefähr als kleine, grünlich graue Insel, die an ihrem nördlichen Ende aus einem großen granitenen Riff zu bestehen schien, welches nach Süden hin, quer durch einen etwa eine Meile breiten Streifen von sattgrün leuchtenden Sträuchern und Gräsern, abfiel, hin zu einem Sandstrand, der sachte in die Brandung überging. Ardita, die lesend auf ihrem Lieblingssofa saß, hatte soeben die letzte Seite von *Aufruhr der Engel* hinter sich gebracht; sie schlug das Buch zu und blickte auf und sah das Inselchen, und da stieß sie einen Freudenschrei aus und rief nach Carlyle, der trübsinnig an der Reling stand.

»Ist es das da? Ist das der Ort, wo Sie hinwollten?«

Carlyle zuckte gleichgültig die Achseln.

»Sie haben mich ertappt.« Er hob die Stimme und rief nach dem Burschen, der den Skipper spielte: »Ach, sag mal, Babe, ist das da deine Insel?«

Der Mulatte steckte seinen winzigen Kopf hinterm Ruderhaus hervor.

»Jassah! Die da issis, oh jah!«

Carlyle setzte sich zu Ardita aufs Sofa.

»Sieht doch ganz anständig aus, nicht wahr?«

»Ja, das schon«, stimmte sie ihm zu, »als Versteck find ich sie allerdings ein bisschen klein.«

»Sie hoffen wohl immer noch auf die Funksprüche, die Ihr Onkel kreuz und quer über den Ozean loslassen wollte?«

»Nein«, erwiderte Ardita freiheraus. »Ich bin ganz auf Ihrer Seite. Ich tät mich wirklich freuen, wenn Sie's schaffen und davonkommen.«

Er lachte.

»Sie sind unsere Glücksfee. Ich schätze, wir müssen Sie bei uns behalten, als Maskottchen – jedenfalls fürs Erste.«

»Sie können mich ja nicht gut bitten zurückzuschwimmen«, sagte sie kühl. »Und wenn Sie's dennoch tun, dann fang ich an, basierend auf Ihrer nicht enden wollenden Lebensgeschichte, die Sie mir gestern erzählt haben, Groschenromane zu schreiben.«

Er wurde rot und zuckte leicht zusammen.

»Tut mir wirklich leid, dass ich Sie gelangweilt habe.«

»Aber nicht doch, Sie haben mich nicht gelangweilt – höchstens ganz zum Schluss, wo's darum ging, dass Sie wütend waren, weil Sie nicht mit den feinen Damen tanzen durften, für die Sie Ihre Musik gespielt haben.«

Ärgerlich stand er auf.

»Sie sind ein widerliches kleines Schandmaul.«

»Oh, Verzeihung«, sagte sie und ließ die Worte in ein Lachen überfließen, »ich bin es nicht gewohnt, mich von Männern mit Geschichten über ihre Lebensziele ergötzen zu lassen, zumal, wenn dieses Leben so todplatonisch ist.«

»Ach ja? Und womit ergötzen die Männer Sie sonst so?«

»Ach, na ja, die reden halt von mir«, sagte sie gähnend. »Die sagen mir, ich sei der Inbegriff der Jugend und der Schönheit.«

»Und was sagen Sie dann?«

»Nun ja, ich stimme ihnen wortlos zu.«

»Sagt Ihnen denn tatsächlich jeder Mann, dem Sie begegnen, dass er Sie liebt?«

Ardita nickte.

»Warum denn nicht? Das ganze Leben ist doch weiter

nichts als ein Hinstreben zu und ein Wiederabstandnehmen von dem einen Satz ›Ich liebe dich.‹«

Carlyle setzte sich lachend hin. »Stimmt! In der Tat! Das ist – das ist nicht schlecht. Haben Sie sich das selber ausgedacht?«

»Ja, genauer gesagt, ich hab's herausgefunden. Das hat aber nichts weiter zu bedeuten. Es ist einfach bloß geistreich.«

»Es ist eine Bemerkung, die typisch ist für Ihre Kreise«, sagte er ernst.

»Ach nein«, fiel sie ihm unwirsch ins Wort, »jetzt fangen Sie bloß nicht schon wieder damit an, mir Vorträge über die Aristokratie zu halten! Leuten, die sich so früh am Morgen schon ereifern können, trau ich nicht übern Weg. Das ist so eine milde Form von Wahnsinn – eine Art Frühstücksrausch. Am Morgen soll man schlafen, schwimmen und sich keine Sorgen machen.«

Zehn Minuten später waren sie in einem weiten Bogen herumgeschwenkt, als wollten sie die Insel von Norden her ansteuern.

»Irgendwo ist da ein Trick dabei«, kommentierte Ardita nachdenklich das Manöver. »Er kann doch nicht im Ernst an diesem Riff dort ankern wollen.«

Inzwischen nahmen sie geradewegs Kurs auf den massiven Felsen, der mit Sicherheit einiges über dreihundert Meter hoch war, und erst als sie nur noch fünfzehn Meter davon entfernt waren, begriff Ardita, was sie vorhatten. Da klatschte sie vor Freude in die Hände. In dem Riff gab es einen Spalt, der aber völlig unsichtbar war, weil ihn ein sonderbar geformter Felsvorsprung verdeckte; durch diesen Spalt gelangte die Yacht hinein und durchquerte ein schmales, von hohen grauen

Wänden gesäumtes Seegatt, das kristallklares Wasser führte. Schließlich gingen sie in einer eigenen kleinen Welt in Grün und Gold vor Anker, einer spiegelglatten, golden glänzenden, ringsherum von winzig kleinen Palmen eingerahmten Bucht; das Ganze sah aus wie jene Landschaften, die Kinder mit Spiegeln als Seen und aus Zweigen gebastelten Bäumchen im Sandkasten errichten.

»Gar nicht mal so übel!«, rief Carlyle aufgeregt. »Ich würde sagen, unser kleiner Nigger hier kennt sich verdammt gut aus in dieser Ecke vom Atlantik.«

Sein Überschwang schien ansteckend zu sein, denn auch Ardita war ganz aus dem Häuschen.

»Das ist ein absolut todsicheres Versteck!«

»Ach je, gewiss doch! Ganz genauso wie die Inseln in den Büchern, die Sie immer lesen.«

Das Beiboot wurde in den goldenen See gelassen, sie ruderten an Land.

»Los, kommen Sie«, sagte Carlyle, als sie im schlammigen Sand auf Grund gelaufen waren, »wir erforschen das Gelände.«

Der Rahmen, den die Palmen bildeten, war seinerseits umrahmt von einem ungefähr eine Meile breiten Streifen Sand. Dem folgten sie nach Süden, durchstreiften einen weiteren Ring von tropischem Bewuchs und kamen schließlich an einem unberührten perlmuttergrauen Strand heraus, wo Ardita ihre braunen Golfschuhe von sich schleuderte – die Angewohnheit, Strümpfe zu tragen, hatte sie anscheinend ein für alle Mal aufgegeben – und ins Wasser watete. Dann schlenderten sie zur Yacht zurück, wo der unermüdliche Babe ihnen schon einen kleinen Imbiss vorbereitet hatte. Oben an der Nordseite des hohen Riffs hatte er einen Späher postiert, der das Meer nach beiden Seiten beobachtete – nur zur Sicherheit, denn eigentlich ging er davon aus, dass dieses Seegatt praktisch unbekannt war; immerhin war es auf keiner einzigen Karte verzeichnet gewesen.

»Wie heißt die eigentlich?«, fragte Ardita. »Ich meine, diese Insel hier.«

»Nix haben kein Name nich«, gluckste Babe. »Heißen einfach Insel und nix weita.«

Am späten Nachmittag saßen sie, mit dem Rücken an mächtige Felsbrocken gelehnt, auf dem höchsten Teil des Riffs, und Carlyle skizzierte Ardita in groben Zügen, was er vorhatte. Er war sich sicher, dass sie unterdessen hinter ihm her waren. Den Gesamterlös des Coups, den er gelandet hatte und über den sie näher aufzuklären er sich nach wie vor weigerte, bezifferte er auf knapp unter einer Million Dollar. Er gedenke, für mehrere Wochen hier unterzutauchen und sich dann unter wohlweislicher Meidung der üblichen Reiserouten gen Süden aus dem Staub zu machen, Kap Horn zu umfahren und Kurs zu nehmen auf Callao in Peru. Die Einzelheiten, beispielsweise die Beschaffung von Kohlen und Proviant, wolle er ganz allein Babe überlassen, der offenbar schon in jeder nur denkbaren Stellung auf diesen Gewässern unterwegs gewesen war, vom Schiffsjungen auf einem Kaffeefrachter bis hin zum Ersten Offizier auf einem brasilianischen Piratenschiff, dessen Kapitän man vor kurzem aufgehängt hatte.

»Als Weißer wär er längst schon König von Südamerika«, sagte Carlyle pathetisch. »So ein intelligenter Bursche! Gegen den ist Booker T. Washington geradezu ein Schwachkopf.

Er hat die Arglist sämtlicher Rassen und Völker, deren Blut in seinen Adern fließt, und das sind mindestens ein halbes Dutzend – ungelogen. Mich betet er an, weil ich auf dieser Welt der Einzige bin, der besser Ragtime spielen kann als er. Früher haben wir zusammen unten in New York an den Kais gesessen, er mit seinem Fagott und ich mit meiner Oboe, und haben die tausend Jahre alten afrikanischen Harmonien so lange mit Molltonarten verschnitten, bis die Ratten an den Pfählen hochgekrabbelt kamen und knurrend und quiekend um uns rumsaßen, wie Hunde vor 'nem Grammophon.«

»Man kann nie wissen, vielleicht warn's ja welche«, platzte Ardita lachend heraus.

Carlyle grinste.

»Ich schwör's Ihnen, das ist die reine Wah–«

»Und wenn Sie in Callao sind, wie soll's dann weitergehn?«, fiel sie ihm ins Wort.

»Dann schiff ich mich nach Indien ein. Ich will ein Radscha werden. Im Ernst. Ich lass mich irgendwo in Afghanistan nieder, hab ich mir überlegt, ich kauf mir einen Palast und einen guten Namen, und dann, so nach fünf Jahren ungefähr, tauch ich mit einem fremdländischen Akzent und einer geheimnisvollen Vergangenheit in England wieder auf. Aber erst mal geht's nach Indien. Wissen Sie, man erzählt sich, das ganze Gold, das in der Welt ist, soll angeblich nach und nach wieder zurück nach Indien fließen. Find ich irgendwie faszinierend. Und außerdem will ich Zeit zum Lesen haben – um Unmengen von Büchern zu lesen.«

»Und danach?«

»Danach«, erwiderte er herausfordernd, »kommt die Aristokratie dran. Lachen Sie mich ruhig aus – ich weiß jedenfalls wenigstens, was ich will, das müssen Sie schon zugeben, und damit weiß ich höchstwahrscheinlich mehr als Sie.«

»Ganz im Gegenteil«, widersprach Ardita und holte ihr Zigarettenkästchen aus der Tasche, »zu dem Zeitpunkt, als Sie hier angekommen sind, waren gerade alle meine Freunde und die ganze Verwandtschaft in Aufruhr, weil ich eben sehr wohl wusste, was ich wollte.«

»Nämlich was?«

»Einen Mann.«

Er starrte sie an.

»Sie meinen, Sie waren verlobt?«

»Sozusagen. Eigentlich war ich fest entschlossen, gestern Abend – mir ist, als wär inzwischen eine Ewigkeit vergangen – heimlich an Land zu gehn und mich in Palm Beach mit ihm zu treffen, aber dann kamen Sie an Bord. Er wartet dort auf mich mit einem Armband, das früher der russischen Zarin Katharina gehörte. Jetzt fangen Sie aber nicht gleich wieder an, irgendwas von Aristokratie zu faseln«, warf sie rasch ein. »Ich fand ihn einfach gut, weil er so viel Phantasie gehabt hat und so unheimlich mutig war in seinen Überzeugungen.«

»Aber Ihre Familie war dagegen, ja?«

»Jedenfalls der schäbige Rest von Familie, den ich noch habe, genauer gesagt – mein blöder Onkel und meine noch blödere Tante. Er hat sich anscheinend mit so einer Rothaarigen eingelassen, irgendeiner Mimi Dingsbums – das sei alles schrecklich aufgebauscht worden, sagt er, und mich belügt kein Mann – und außerdem, was früher war, das ist mir eh schnurzpiepegal; für mich zählt einzig und allein die

Zukunft. Und wer mich liebt, der amüsiert sich nicht mit anderen. Da tät ich schon drauf achten. Ich hab zu ihm gesagt, er soll sie fallen lassen wie 'ne heiße Kartoffel, und das hat er getan.«

»Sie machen mich ja richtig eifersüchtig«, sagte Carlyle mit finsterer Miene, doch dann lachte er. »Ich schätze mal, ich muss Sie mitnehmen bis nach Callao. Dort leih ich Ihnen dann das nötige Geld für die Rückreise in die Staaten. Und in der Zwischenzeit haben Sie Gelegenheit, sich die Sache mit diesem Herrn da noch mal gründlich durch den Kopf gehn zu lassen.«

»Wie reden Sie denn mit mir?!«, fauchte Ardita. »Ich lasse mich nicht bevormunden, von niemandem! Verstehen Sie?«

Er lachte, aber plötzlich traf ihn ihre eiskalte Wut, und er kühlte ab und schwieg einigermaßen beschämt.

»Tut mir leid«, probierte er es leicht verlegen.

»Ach was, hören Sie auf, sich zu entschuldigen! Ich hasse es, wenn Männer in diesem männlich-zugeknöpften Ton ›Tut mir leid‹ sagen. Halten Sie doch einfach die Klappe!«

Es entstand eine Pause, die Carlyle ziemlich unbehaglich fand, was Ardita freilich gar nicht zu bemerken schien, denn sie saß ganz zufrieden da, ließ sich ihre Zigarette schmecken und schaute auf das glänzende Meer. Und im nächsten Moment krabbelte sie hinaus auf den Felsen, legte sich auf den Bauch und guckte in die Tiefe. Carlyle, der sie beobachtete, wunderte sich, wie graziös sie war, und das buchstäblich in jeder Lebenslage.

»Oh, gucken Sie doch mal, da unten!«, rief sie. »Diese Felsvorsprünge da, das sind ja richtige Stufen. Ganz breit und alle in verschiedenen Höhen.«

Er legte sich neben sie und sah mit ihr zusammen an der schwindelerregend steilen Wand hinunter.

»Heute Nacht gehn wir schwimmen!«, sagte sie aufgeregt. »Im Mondenschein.«

»Wolln Sie nicht lieber vom Strand aus ins Wasser gehn, drüben auf der andern Seite?«

»Kommt gar nicht in Frage. Hechtsprung ist meine Leidenschaft. Sie können den Badeanzug von meinem Onkel nehmen, allerdings sehn Sie da drin wahrscheinlich aus, als ob Sie 'n Jutesack anhaben, mein Onkel ist nämlich sehr schwabbelig. Ich hab so 'n Einteiler, damit hab ich schon an der gesamten Atlantikküste von Biddeford Pool bis runter nach St. Augustine die Eingeborenen geschockt.«

»Ich schätze mal, Sie sind 'ne echte Sportskanone.«

»Ja, ich bin 'ne ziemlich gute Schwimmerin. Und hübsch bin ich auch. Letzten Sommer hat ein Bildhauer oben in Rye zu mir gesagt, meine Waden sind fünfhundert Dollar wert.«

Darauf schien sich jede Antwort zu erübrigen, weshalb Carlyle es vorzog, zu schweigen, und sich lediglich erlaubte, stillvergnügt in sich hineinzulächeln.

Als sich die Nacht in Schattenblau und Silbergrau herniedersenkte, ruderten sie durch die enge, schimmernde Wasserrinne, banden das Boot an einem Felsvorsprung fest und kletterten zusammen das Riff hinunter. Die erste von den breiten Stufen, die sie von oben gesehen hatten, befand sich in drei Meter Höhe und bildete so etwas wie ein natürliches Sprungbrett. Dort setzten sie sich im hellen Mondlicht nieder und schauten hinab in die schwache, doch noch immer unermüdliche, wenn auch der einsetzenden Ebbe wegen allmählich schwächer werdende Brandung.

»Sind Sie glücklich?«, fragte er unvermittelt.

Sie nickte.

»Am Meer immer. Wissen Sie, was?«, fuhr sie fort. »Ich denke schon den ganzen Tag darüber nach, dass wir uns irgendwie ähnlich sind, Sie und ich. Wir sind beide Rebellen – nur aus unterschiedlichen Gründen. Vor zwei Jahren, ich war gerade achtzehn geworden, und Sie waren …«

»Fünfundzwanzig.«

»… na ja, da waren wir doch im herkömmlichen Sinne beide sehr erfolgreich. Ich als absolut umwerfende Debütantin und Sie als gefragter Musiker, der soeben eine Festanstellung bei der Army bekommen hatte …«

»Gentleman per Kongressbeschluss«, warf er spöttisch ein.

»Also, jedenfalls haben wir uns beide untergeordnet. So richtig abgeschliffen waren unsere Kanten vielleicht noch nicht, aber zumindest hatten wir sie eingezogen. Tief im Innern aber war bei uns beiden irgendwas, das ließ uns nach mehr Glück verlangen. Ich wusste nicht, was es war, das mir fehlte. Ich ging von einem Mann zum andern, rastlos, ungeduldig, fügte mich von Monat zu Monat immer weniger und wurde immer unzufriedener. Manchmal saß ich da und kaute mir auf den Backentaschen rum und dachte, ich werd verrückt – ich hatte das beängstigende Gefühl, dass alles so entsetzlich flüchtig ist. Ich wollte alles jetzt sofort – jetzt – jetzt! Da stand ich nun mit meiner Schönheit – und ich bin doch wirklich schön, oder etwa nicht?«

»Doch«, stimmte Carlyle versöhnlich zu.

Ardita stand unvermittelt auf.

»Moment mal, warten Sie. Ich will dieses herrlich aussehende Meer probieren.«

Sie trat an die äußerste Kante des stufenartigen Felsvorsprungs, und gleich darauf schoss sie hoch über dem Wasserspiegel dahin, rollte sich in der Luft zusammen und überschlug sich, streckte sich dann zu voller Länge aus, tauchte schließlich kerzengerade ins Wasser ein und hatte einen perfekten Hechtsprung hingelegt.

Eine Minute später wehte ihre Stimme zu ihm herauf.

»Verstehen Sie, ich hab bloß noch gelesen, den ganzen Tag und fast die ganze Nacht. Mit der Zeit hab ich schon jegliche Geselligkeit gehasst…«

»Kommen Sie wieder rauf«, unterbrach er sie. »Was, um alles in der Welt, machen Sie denn da unten?«

»Ich lass mich einfach auf dem Rücken treiben. Bin gleich wieder oben. Hören Sie mir doch mal zu. Das Einzige, was mir noch Freude machte, war, andere Leute zu schockieren; wenn ich auf einen Maskenball ging, hab ich irgendetwas angezogen, das vollkommen unmöglich aussah, aber charmant; mit den größten Schürzenjägern von New York bin ich rumgezogen und hab mich mehr als einmal höllisch in was reingeritten und unglaublich in der Tinte gesessen.«

Ihre Worte waren vom Plätschern des Wassers begleitet, und dann hörte er ihren heftigen Atem und sah, wie sie an der Seite hochkletterte und wieder zu ihm heraufkam.

»Na los schon, rein mit Ihnen!«, rief sie.

Gehorsam stand er auf und sprang. Als er pudelnass wieder auftauchte und sich an der Felswand hochzog, sah er, dass Ardita nicht mehr da war, doch dann, nach einer kleinen Schrecksekunde, hörte er drei Meter über sich, wo die nächsthöhere Stufe war, ihr glockenhelles Lachen. Er kletterte zu ihr hinauf, und beide saßen einen Moment lang schweigend da, hatten die Arme um die Knie geschlungen und keuchten noch ein wenig von der Klettertour.

»Meine Familie hat komplett durchgedreht«, sagte sie unvermittelt. »Die wollten mich auf der Stelle unter die Haube bringen. Und als ich schon nahe daran war, zu glauben, dass das Leben weit davon entfernt ist, lebenswert zu sein, da habe ich etwas gefunden« – ihr Blick verklärte sich und ging zum Himmel –, »ja, ich habe etwas gefunden!«

Carlyle wartete ab, bis sie damit herausplatzte.

»Mut – ganz einfach; Mut als Lebensregel, und als etwas, wovon man nie ablassen darf. Und von da an hab ich diesen ungeheuren Glauben an mich selbst entwickelt. Nach und nach erkannte ich, dass meine ganzen Idole von früher immer in irgendeiner Form Mut bewiesen haben und dass genau das mich so an ihnen fasziniert hat. Von da an lernte ich, einen Unterschied zu machen zwischen dem Mut und den anderen Dingen, die es im Leben gibt. Alle möglichen Formen von Mut – der blutüberströmt zu Boden gegangene Preisboxer, der wieder aufsteht, um weiterzumachen – ich ließ mich von Männern zu Boxkämpfen mitnehmen –, die Frau, die bessere Tage gesehn hat und einfach durchrauscht durch ein Katzennest und von oben herab daraufschaut, als ob es Schlamm wär unter ihren Füßen; immer zu dem zu stehen, was einem von jeher lieb und teuer war; absolut nichts auf anderer Leute Meinungen geben – einfach so leben, wie ich immer leben wollte, und auch auf meine eigene Art sterben. – Haben Sie die Zigaretten mit raufgebracht?«

Er reichte ihr eine rüber und hielt ihr schweigend ein Streichholz hin.

»Trotzdem«, fuhr Ardita fort, »standen die Männer weiter Schlange – alte und junge, die mir nicht das Wasser reichen konnten, weder geistig noch körperlich, jedenfalls die meisten, aber alle mit dem dringenden Wunsch, mich zu bekommen – diese doch recht glanzvolle und stolze Tradition, die ich mir um mich herum aufgebaut hatte, in ihren Besitz zu bringen. Verstehen Sie?«

»Im Großen und Ganzen schon. Sie haben nie eine Niederlage erlitten, und Sie haben sich auch nie entschuldigt.«

»Nie!«

Mit einem Satz war sie vorn an der Kante, verharrte einen Augenblick lang, stand wie eine Gekreuzigte vor dem Prospekt des Himmels, beschrieb dann eine dunkle Parabel und tauchte sechs Meter weiter unten zwischen zwei kleinen, silbernen Wellen ins Wasser ein, ohne dass es auch nur einen einzigen Spritzer gab.

Abermals wehte ihre Stimme zu ihm herauf.

»Und Mut, das heißt für mich, dass ich mich durch diesen ganzen trüben grauen Nebel hindurchackere, der sich auf das Leben niedersenkt – dass ich mich nicht nur über Menschen und Umstände hinwegsetze, sondern auch über die Freudlosigkeit des Lebens. Gewissermaßen ein Bestehen auf dem Wert des Lebens und der Kostbarkeit flüchtiger Dinge.«

Sie kam wieder heraufgeklettert, und während sie das letzte Wort sprach, erschien ihr Kopf mit dem feuchten strohblonden, zu beiden Seiten symmetrisch nach hinten anliegenden Haar auf Carlyles Höhe.

»Das ist ja alles schön und gut«, wandte er ein. »Sie können das natürlich gern als Mut bezeichnen, aber das Fundament, auf das Ihr Mut sich gründet, ist doch genau genommen weiter nichts als angeborener Stolz. Sie sind zu dieser aufmüpfigen Haltung erzogen worden. In meinem grauen Leben ist sogar der Mut grau und leblos.«

Ardita saß dicht an der Kante, hielt ihre Knie umschlungen und schaute traumverloren hoch zum weißen Mond; etwas weiter hinten, in eine Felsspalte gequetscht wie ein grotesker Gott, hockte Carlyle.

»Ich will ja hier nicht die Pollyanna spielen«, fing sie an, »aber Sie haben mich immer noch nicht richtig verstanden. Mein Mut ist Glaube – Glaube an die ewige Unverwüstlichkeit meiner selbst – daran, dass die Freude irgendwann zurückkehrt – und die Hoffnung und die Spontaneität. Und bis es so weit ist, das spüre ich, muss ich die Lippen fest geschlossen halten und das Kinn hoch emporrecken und die Augen weit offen halten – albern zu grinsen ist dabei nicht zwingend nötig. Oh, ich bin durch die Hölle gegangen, mehr als einmal, ohne zu jammern – und die weibliche Hölle ist tödlicher als die männliche.«

»Und was, wenn nun der Vorhang für Sie bereits runtergeht – ich meine, endgültig –, bevor die Freude und die Hoffnung und so weiter zurückgekehrt sind?«, wandte Carlyle ein.

Ardita stand auf, ging zur Felswand und kletterte mit einiger Anstrengung auf den nächsten stufenartigen Vorsprung, der noch einmal drei, vier Meter höher lag.

»Na was schon?«, rief sie zurück. »Dann hätte ich gewonnen!«

Er beugte sich so weit nach vorn, dass er sie sehen konnte.

»Von da oben sollten Sie aber lieber nicht springen! Da brechen Sie sich nämlich das Kreuz«, sagte er rasch.

Ardita lachte.

»Ich doch nicht!«

Sie breitete langsam die Arme aus, stand da wie ein Schwan und strahlte in ihrer jugendlichen Vollkommenheit einen Stolz aus, der Carlyle das Herz wärmte.

»Weit die Arme ausgebreitet, durchschreiten wir die schwarzen Lüfte«, rief sie, »strecken nach hinten aus die Beine wie der Delphin die Schwanzflosse und denken uns im Stillen, dass wir dieses Silber dort drunten nie erreichen werden, bis wir auf einmal warm von allen Seiten davon umfangen sind und lauter kleine Wellen küssend uns liebkosen.«

Und damit war sie in der Luft. Carlyle hielt unwillkürlich den Atem an. Ihm war nicht klar gewesen, dass der Sprung weit über zehn Meter in die Tiefe ging. Es kam ihm wie eine Ewigkeit vor, bis er das kurze, satte Klatschen hörte, mit dem sie eintauchte.

Und in dem Moment, als ihr leichtes, nasses Lachen seitlich am Riff heraufgeweht kam und an seine besorgten Ohren drang und er zugleich sein eigenes frohes, erleichtertes Seufzen vernahm, in dem Moment wurde ihm klar, dass er sie liebte.

Die Zeit, die keine Hühnchen rupft und keine Süppchen kocht, sie überschüttete die beiden mit drei Tagen Nachmittag. Wenn die Sonne eine Stunde nach Tagesanbruch das Bullauge ihrer Kabine zum Funkeln brachte, stand Ardita fröhlich auf, zog ihren Badeanzug an und ging hinauf an Deck. Sobald die Schwarzen sie erblickten, ließen sie ihre Arbeit sein, versammelten sich lachend und schwatzend an der Reling und schauten zu, wie sie flink wie eine Elritze auf der klaren Wasserfläche oder auch unter Wasser dahinschoss. Und in der Abendkühle ging sie dann noch einmal schwimmen – und lümmelte, mit Carlyle Zigaretten rauchend, auf dem Riff herum; oder sie lagen am Südstrand im Sand, sprachen wenig und schauten zu, wie der Tag mit üppigem Farbenspiel und tragischer Attitüde hinüberglitt in die unendliche Melancholie einer tropischen Nacht.

Und mit den langen, sonnigen Stunden verflüchtigte sich auch Arditas Vorstellung, das Ganze sei nur eine zufällige, verrückte Episode, ein romantisches Frühlingsmärchen im öden Einerlei der Wirklichkeit. Sie hatte schon Angst vor der Zeit, wenn er sich auf den Weg gen Süden machen würde; sie hatte Angst vor all den Eventualitäten, die auf sie einstürmten; plötzlich waren Gedanken sorgenvoll, Entscheidungen verhasst. Wäre in ihrer von heidnischen Ritualen erfüllten Seele Raum gewesen für Gebete, sie hätte darum gebetet, dass das Leben doch nur einmal eine Zeitlang unbehelligt bleiben möge, träge genug, um sich dem rasch dahineilenden, naiven Strom von Carlyles Ideen zu fügen, seiner lebhaften Knabenphantasie und dieser Ader von Besessenheit, von der sein Naturell durchzogen war und die sein ganzes Handeln färbte.

Aber das hier ist weder eine Geschichte von zwei Leuten auf einer Insel, noch geht es hier in erster Linie um eine Liebe, die aus Abgeschiedenheit geboren wird. Es handelt sich vielmehr um die Beschreibung zweier Charaktere, und die idyllische Kulisse und dass die Palmen des Golfstroms die Umrahmung bilden, all das ist reiner Zufall. Die meisten von uns sind froh, dass sie am Leben sind und sich vermehren, und kämpfen für das Recht auf diese beiden Dinge; die Zwangsvorstellung aber, man könne selbst sein Schicksal lenken, und der von vornherein zum Scheitern verurteilte Versuch, es zu tun, das bleibt einer glücklichen – oder auch unglücklichen – Minderheit vorbehalten. Für mich ist an Ardita das Interessante eben ihr Mut, der seinen Glanz verlieren wird, genau wie die Schönheit und die Jugend.

»Nimm mich mit«, sagte sie einmal, als sie spät am Abend noch träge im Schatten der ausladenden Palmen saßen. Die Schwarzen hatten ihre Musikinstrumente an Land gebracht, und die bizarren Klänge des Ragtime vermischten sich mit dem warmen Atem der Nacht. »Ich würde furchtbar gerne in zehn Jahren als märchenhaft reiche Oberkasteninderin zurückkehren«, fuhr sie fort.

Carlyle warf einen raschen Blick zu ihr hinüber.

»Weißt du was? Das lässt sich machen.«

Sie lachte.

»Ist das ein Heiratsantrag? Extrablatt! Ardita Farnam wird Piratenbraut. Mädchen aus der High Society von Ragtime-Bankräuber entführt.«

»Es war keine Bank.«

»Und was war's dann? Warum erzählst du mir nicht, was es war?«

»Weil ich dir deine Illusionen nicht zerstören will.«

»Ich mach mir doch gar keine Illusionen über dich, mein Lieber.«

»Ich meine ja auch deine Illusionen über dich selber.«

Sie blickte verdutzt auf. »Über mich selber?! Was hab ich denn bitte schön mit irgendwelchen Straftaten zu tun, die du hier oder da begangen hast?«

»Das wird sich weisen.«

Sie langte rüber und klopfte ihm auf die Hand.

»Lieber Mr. Curtis Carlyle«, sagte sie mit sanfter Stimme, »sind Sie in mich verliebt?«

»Als ob das wichtig wäre.«

»Aber natürlich ist es das – weil ich in dich verliebt bin, glaube ich.«

Er sah sie spöttisch an.

»Womit deine Bilanz für den Monat Januar auf insgesamt ein halbes Dutzend angestiegen wäre«, mutmaßte er. »Und wenn ich's nun drauf ankommen lasse und dich wirklich bitte, mich nach Indien zu begleiten?«

»Soll ich?«

Er zuckte die Achseln.

»Wir können in Callao heiraten.«

»Was für ein Leben kannst du mir denn bieten? Sei mir nicht böse, aber mal im Ernst – was sollte denn wohl aus mir werden, wenn dich die Leute, die auf diese zwanzigtausend Dollar Belohnung scharf sind, eines schönen Tages aufstöbern?«

»Ich denke, du hast keine Angst?«

»Hab ich ja auch nicht – aber ich werde nicht, bloß um einem Mann meine Furchtlosigkeit zu beweisen, einfach mein Leben wegwerfen.«

»Ach, wärst du doch bloß arm gewesen! Ein armes, einfaches kleines Mädchen im warmen Land der Kühe, das träumt, es wäre auf der anderen Seite vom Zaun.«

»Wär das nicht schön gewesen?«

»Dann hätt ich meine Freude dran gehabt, dich in Erstaunen zu versetzen – dir dabei zuzuschauen, wie du vor den Dingen stehst und große Augen machst. Ach, wenn es doch bloß Dinge gäbe, die du wirklich haben willst! Verstehst du, was ich meine?«

»Ich weiß schon – wie die Mädchen, die sich an den Schaufensterscheiben der Juweliergeschäfte die Nase platt drücken.«

»Ja – und die die große rechteckige Armbanduhr haben wollen, die aus Platin mit den ganzen Diamanten rund ums Zifferblatt herum. Aber dann würdest du sagen, die ist zu teuer, und würdest dir stattdessen eine aus Weißgold aussuchen, die nur hundert Dollar kostet. Doch ich würde sagen: ›Teuer? Da bin ich aber andrer Ansicht!‹ Und dann würden wir reingehn, und schon würde dieses Platinding an deinem Handgelenk glitzern.«

»Ach, das hört sich so lieb an und so geschmacklos – und lustig, nicht wahr?«, murmelte Ardita.

»Ja, nicht wahr? Kannst du dir nicht vorstellen, wie wir durch die Weltgeschichte reisen und nur so um uns werfen mit dem Geld, und wie wir der Schwarm sämtlicher Kellner und Hotelpagen sind? Oh, selig sind, die einfach reich sind, denn sie werden die Erde besitzen!«

»Ich wünschte ganz ehrlich, wir könnten so sein.«

»Ich liebe dich, Ardita«, sagte er zärtlich.

Da verlor ihr Gesicht auf einmal einen Augenblick lang sein kindliches Aussehen und wurde eigentümlich ernst.

»Ich liebe es, mit dir zusammen zu sein«, sagte sie, »ich kenne keinen Mann, mit dem ich so gerne zusammen bin wie mit dir. Und ich liebe dein Aussehen und dein dunkles altes Haar und die Art, wie du seitwärts über die Reling springst, wenn wir an Land kommen. Ja, wirklich, Curtis Carlyle, ich liebe all die Dinge, die du tust, wenn du vollkommen natürlich bist. Ich glaube, du hast Mut und Kraft, und du weißt ja, wie ich darüber denke. Manchmal spür ich, wenn du da bist, plötzlich die Versuchung, dich zu küssen und dir zu sagen, du bist einfach nur ein idealistischer kleiner Junge mit jeder Menge Kastendenkenquatsch im Kopf. Wenn ich ein klein wenig älter wäre und mich ein kleines bisschen mehr langweilen würde, vielleicht ginge ich dann tatsächlich mit dir mit. So aber mach ich, glaub ich, lieber kehrt und heirate – diesen anderen Mann.«

Drüben, am gegenüberliegenden Ufer des silbernen Sees, bewegten sich die Schwarzen schlängelnd und zuckend im Mondschein, wie Akrobaten, die aus der Übung sind und alle ihre Tricks durchgehen müssen, um ihre überschüssige Energie loszuwerden. Im Gänsemarsch liefen sie herum, in konzentrischen Kreisen, bald den Kopf in den Nacken geworfen, bald über ihre Instrumente gebeugt wie flötende Faune. Und unaufhörlich heulten die Posaune und das Saxophon ihre wimmernde Melodie, mal jubelnd und rebellisch, mal klagend und gespenstisch wie ein Totentanz aus dem Herzen des Kongo.

»Komm, wir tanzen!«, rief Ardita. »Bei diesem wunderbaren Jazz hält es mich einfach nicht auf meinem Platz.«

Er nahm ihre Hand und führte sie zu einem breiten Streifen, der voll im Schein des Mondes lag und wo der Sandboden schön hart und fest war. Wie Motten, die sich treiben lassen, schwebten sie unterm hellen, dunstverhangenen Licht dahin, und während die skurrile Symphonie weinte, frohlockte, bebte und verzweifelt schluchzte, kam Ardita der letzte Rest von Realitätssinn abhanden, sie überließ sich vollends den verträumten Düften des Sommers und der Tropenblumen und den unendlichen bestirnten Weiten über ihr, und ihr war, als würde sie, wenn sie die Augen öffnete, erkennen, dass sie mit einem Geist im Tanz sich wiegte, forttanzte in ein Land, das sie sich selbst mit ihrer Phantasie erschaffen hatte.

»Das nenn ich einen exklusiven Tanzabend im kleinsten Kreis«, flüsterte er.

»Ich komme mir ganz schön verrückt vor – aber wunderbar verrückt!«

»Wir sind verzaubert. Dort oben an der Flanke dieses Riffs, da stehen Generationen und Abergenerationen von Kannibalen und schauen uns zu.«

»Und wetten, dass die Kannibalenfrauen sagen, wir tanzten viel zu eng und ich sei schamlos, weil ich ohne meinen Nasenring gekommen bin.«

Sie lachten leise – doch auf einmal erstarb ihr Lachen, denn dort am anderen Ufer hielten die Posaunen inne, mitten im Takt, und die Saxophone stöhnten erschrocken auf und verstummten.

»Was ist denn los?«, rief Carlyle.

Einen Augenblick war alles still, dann erkannten sie den dunklen Schemen eines Mannes, der im Eilschritt um den See herum auf sie zukam. Als er nah genug heran war, sahen sie, es war Babe, und er war ungewöhnlich erregt. Er blieb vor ihnen stehen, nahm Haltung an und stieß keuchend und ohne zwischendurch auch nur einmal Luft zu holen, seine Nachricht hervor.

»Saah, da draußen zikka halbe Meile voraus is eine Siff.

Mose, unsa Wache, meinen, sieht sie aus, wie wenn vor Anka liegt.«

»Ein Schiff?«, fragte Carlyle besorgt. »Was denn für ein Schiff?« Sein Gesicht drückte Bestürzung aus, und als Ardita sah, wie auf einmal seine ganze Miene regelrecht in sich zusammenfiel, krampfte sich ihr das Herz zusammen.

»Er sagt, nix wissen, Saah.«

»Haben sie ein Boot runtergelassen?«

»Nein, Saah.«

»Wir gehen rauf«, sagte Carlyle.

Wortlos, sich noch immer bei den Händen haltend wie vorhin, als sie aufgehört hatten zu tanzen, erklommen sie die Anhöhe. Von Zeit zu Zeit spürte Ardita ein nervöses Zucken in Carlyles Hand, als sei ihm gar nicht mehr bewusst, dass er sie festhielt, doch obwohl er ihr weh tat, unternahm sie keinen Versuch, ihm die ihre zu entziehen. Und als sie endlich oben angekommen waren und vorsichtig um das sich als Silhouette vor ihnen abhebende Plateau herum bis an den Rand des Riffes krochen, da kam es ihr so vor, als habe dieser Anstieg eine ganze Stunde lang gedauert. Carlyle warf einen raschen Blick in die Tiefe und stieß unwillkürlich einen leisen Schrei aus. Es war ein Zollboot, Bug und Heck bestückt mit sechszölligen Kanonen.

»Die wissen Bescheid!«, sagte er und schnappte nach Luft. »Die wissen Bescheid! Irgendwo sind sie uns auf die Spur gekommen.«

»Bist du sicher, dass sie von dem Seegatt wissen? Vielleicht halten sie sich ja auch bloß klar, um sich die Insel morgen früh mal näher anzugucken. Die Spalte unten im Riff kann man doch von deren Position aus gar nicht sehn.«

»Sie könnten Feldstecher haben«, sagte er beklommen. Er schaute auf seine Armbanduhr. »Kurz vor zwei. Vor Tagesanbruch werden sie jedenfalls nichts mehr unternehmen, so viel ist gewiss. Es besteht natürlich immer noch die Chance, dass sie auf Verstärkung warten müssen oder auf ein Kohlenschiff.«

»Ich finde, wir sollten einfach hierbleiben.«

Die Stunden gingen dahin, die beiden lagen nebeneinander, ganz still, das Kinn in die Hand gestützt, wie zwei verträumte Kinder. Hinter ihnen hockten die Schwarzen, geduldig, resigniert, ergeben in ihr Schicksal, und hin und wieder verriet ein sonores Schnarchen, dass es ihnen selbst im Angesicht der Gefahr nicht glücken wollte, ihr unbezwingliches afrikanisches Schlafbedürfnis zu unterdrücken.

Kurz vor fünf kam Babe zu Carlyle herübergeschlichen. Auf der *Narcissus* gebe es ein halbes Dutzend Flinten, sagte er. Ob es denn etwa schon beschlossene Sache sei, dass man keinen Widerstand leisten werde? Er denke nämlich, sie müssten nur einen Plan haben, dann könnten sie denen einen ganz anständigen Kampf liefern.

Carlyle schüttelte lachend den Kopf.

»Nein, Babe, das da draußen, das sind nicht irgendwelche hispaniolischen Piffpaffsoldaten. Das ist ein Zollschiff. Das wär, als ob du mit Pfeil und Bogen gegen ein Maschinengewehr antrittst. Wenn du unsre Beutel irgendwo vergraben willst, aber so, dass wir sie später wiederfinden, dann geh und mach das. Aber das wird auch nichts nützen – die werden diese Insel von vorne bis hinten umgraben. Wir haben verloren, Babe, und zwar auf ganzer Linie.«

Wortlos senkte Babe den Kopf und machte sich davon,

und Carlyle wandte sich Ardita zu und sprach mit heiserer Stimme: »Der da, das ist der beste Freund, den ich je hatte. Der würde für mich sterben und wär noch stolz darauf, wenn ich ihn ließe.«

»Du willst aufgeben?«

»Was bleibt mir denn weiter übrig? Natürlich gibt es immer einen Ausweg – den sichersten Weg –, aber der kann noch warten. Meinen Prozess will ich um keinen Preis verpassen – das wird ein interessantes Experiment in Sachen traurige Berühmtheit. ›Miss Farnam sagt aus, ihr gegenüber habe der Pirat sich jederzeit wie ein Gentleman verhalten.‹«

»Lass das!«, sagte sie. »Es tut mir schrecklich leid.«

Als die Farbe des Himmels nach und nach von Mattblau in Bleigrau überging, gab es an Deck des fremden Schiffes Bewegung; sie machten eine Gruppe von Offizieren in weißen Segeltuchuniformen aus, die an der Reling beieinanderstanden. Sie hatten Feldstecher in der Hand und suchten aufmerksam die kleine Insel ab.

»Es ist alles aus«, sagte Carlyle düster.

»Verdammt!«, flüsterte Ardita. Sie spürte, wie ihr die Tränen in die Augen stiegen.

»Wir gehn zurück auf die Yacht«, sagte er. »Das ist mir lieber, als mich hier jagen zu lassen wie ein Opossum.«

Sie stiegen den Berg hinunter und ließen sich von den schweigenden Negern mit dem Ruderboot über den See setzen und zur Yacht bringen. Dort angekommen, fielen sie bleich und erschöpft auf die beiden Korbsofas und warteten.

Eine halbe Stunde später steckte das Zollboot im trübgrauen Frühlicht seine Nase in das Seegatt und blieb stehen, wohl aus Angst, die Bucht könnte zu seicht sein. Die Yacht mit dem Mann und dem Mädchen auf den beiden Sofas und den neugierig über die Reling gelehnt stehenden Schwarzen machte einen so friedlichen Eindruck, dass offenbar kein Widerstand erwartet wurde, denn man ließ gemächlich zwei Boote zu Wasser, von denen eines mit einem Offizier und sechs Matrosen bemannt war, während sich auf dem anderen vier Ruderer befanden und im Heck zwei Grauschädel in Yachtclubjacketts. Ardita und Carlyle standen auf und gingen langsam, beinah wie ihm Traum, aufeinander zu. Und plötzlich blieb er stehen, griff rasch in seine Tasche, zog etwas Rundes, Glitzerndes hervor und hielt es ihr entgegen.

»Was ist das?«, fragte sie verwundert.

»Ich bin mir nicht ganz sicher, aber nach der russischen Gravur da innen drin zu schließen, ist es das Armband, das man dir versprochen hatte.«

»Woher um alles in der Welt…«

»Aus einem von den Beuteln da. Verstehst du, Curtis Carlyle und die *Six Black Buddies* haben mitten in der Show im Tearoom des Hotels in Palm Beach plötzlich ihre Instrumente gegen automatische Gewehre eingetauscht und die Leute ausgeraubt. Und dieses Armband hier, das hab ich einer hübschen, etwas zu stark geschminkten Frau mit roten Haaren abgenommen.«

Ardita runzelte zuerst die Stirn, und dann musste sie lächeln. »So, das hast du getan! Na, du bist aber mutig!«

Er machte eine Verbeugung.

»Das ist doch eine Eigenschaft, für die das Bürgertum bekannt ist«, sagte er.

Nun stürzte sich der Morgen mit Wucht aufs Deck und

schleuderte die Schatten seitwärts in die grauen Ecken. Der Tau stieg auf, verwandelte sich in goldenen Nebel, dünn wie ein Traum, und hüllte beide ein, bis sie aussahen wie unendlich flüchtige und schon verblassende Altweibersommerüberbleibsel der späten Nacht. Für einen Augenblick hielten der Himmel und das Meer den Atem an, das Licht des Morgens schlug die rosige Hand dem Leben vor den jungen Mund, und dann kam das mürrische Ächzen eines Ruderboots über den See heran, und sie hörten das Plätschern der Ruder.

Plötzlich, vor dem goldenen Glühen tief im Osten, verschmolzen die zwei anmutigen Schemen zu einem einzigen: Carlyle gab Ardita einen Kuss auf den verwöhnten jungen Mund.

»Auch eine Art von Ruhm«, murmelte er eine Sekunde später.

Sie lächelte zu ihm empor.

»Na, glücklich, ja?«

Arditas Seufzen war ein Segen – eine ekstatische Versicherung, dass sie wirklich und wahrhaftig die Jugend und die Schönheit war und es nie wieder so sehr sein würde wie gerade jetzt. Noch einen Augenblick lang war das Leben Glanz, die Zeit jedoch nur ein Phantom und endlos ihrer beider Kräfte – dann gab es einen dumpfen Knall, ein schabendes Geräusch, das Ruderboot schrammte den Rumpf der Yacht.

Zuerst kamen die beiden Grauschädel die Leiter hochgeklettert, es folgten der Offizier und die zwei Matrosen, die Hand am Revolver. Mr. Farnam verschränkte die Arme vor der Brust und sah seine Nichte an.

»So«, sagte er und nickte bedächtig.

Seufzend löste Ardita sich von Carlyle, und ihr verklärter Blick, der von weit her zu kommen schien, fiel auf die Neuankömmlinge. Ihr Onkel sah, wie sie langsam die Unterlippe vorschob und jenen hochmütigen Schmollmund machte, den er so gut kannte.

»So«, wiederholte er grimmig. »So, das ist also deine Vorstellung von – von Romantik. Durchbrennen wolltest du, mit einem Piraten auf hoher See.«

Ardita sah ihn völlig unbekümmert an.

»Was bist du doch für ein alter Dummkopf!«, sagte sie seelenruhig.

»Ist das alles, was du dazu zu sagen hast?«

»Nein«, erwiderte sie, und dann nach kurzem Überlegen: »Nein, da ist noch etwas. Da ist noch der bekannte Satz, mit dem ich in den letzten Jahren den größten Teil unserer Gespräche beendet habe: ›Halt die Klappe!‹«

Und damit drehte sie sich um, musterte die zwei alten Männer, den Offizier und die beiden Matrosen mit einem raschen, verächtlichen Blick und stieg stolz die Kajütstreppe hinunter.

Wäre sie freilich nur einen Augenblick länger oben an Deck geblieben, so hätte sie erleben können, wie ihr Onkel ein Geräusch von sich gab, das in den Zwiegesprächen, die sie mit ihm hatte, nur äußert selten zu hören war. Er machte sich mit einem herzhaften, vergnügten Lachen Luft, und der andere alte Mann – der lachte ebenfalls.

Dann wandte dieser andere sich forsch an Carlyle, der der Szene mit kryptisch belustigter Miene beigewohnt hatte.

»Na, Toby«, sagte er heiter, »du unverbesserlicher Narr,

du alter Romantiker, du Phantast, hast du dich nun überzeugt, dass sie diejenige ist, die du gesucht hast?«

Carlyle lächelte selbstbewusst.

»Aber natürlich«, sagte er. »In dem Punkt war ich mir von Anfang an ganz sicher, gleich als mir zu Ohren kam, was für ein Wirbelwind sie ist. Drum hab ich ja auch letzte Nacht Babe raufgeholt, damit er die Rakete steigen lässt.«

»Da bin ich aber wirklich froh«, sagte Colonel Moreland ernst. »Wir sind ziemlich dicht an euch drangeblieben, falls dir diese komischen sechs Nigger irgendwie Scherereien machen sollten. Und was haben wir uns Sorgen gemacht, ob wir euch beide dann auch tatsächlich in einer kompromittierenden Situation erwischen«, seufzte er. »Nun ja, mit Speck fängt man Mäuse!«

»Dein Vater und ich, wir sind die ganze Nacht aufgeblieben und haben gehofft, dass alles gut wird. Aber ob es so nun wirklich gut ist? Gott weiß, wie gerne sie dich mag, mein Junge. Schier in den Wahnsinn hat sie mich getrieben. Hast du ihr schon das russische Armband geschenkt, das diese Mimi Dingsbums meinem Detektiv ausgehändigt hat?«

Carlyle nickte.

»Psst!«, sagte er. »Sie kommt an Deck.«

Ardita tauchte oben an der Kajütstreppe auf und warf unwillkürlich einen raschen Blick auf Carlyles Handgelenke. Erstaunt verzog sie das Gesicht. Achtern hatten die Schwarzen wieder angefangen zu singen, und der kühle, taufrische See ließ ihre tiefen Stimmen fröhlich widerhallen.

»Ardita«, sagte Carlyle zögernd.

Sie schwebte einen Schritt auf ihn zu.

»Ardita«, wiederholte er atemlos, »ich muss dir etwas – etwas sagen – muss ich dir – die Wahrheit. Das war nämlich alles ein ausgemachter Schwindel, Ardita. Ich heiße gar nicht Carlyle. In Wirklichkeit heiße ich Moreland, Toby Moreland. Die ganze Geschichte war frei erfunden – aus der Luft gegriffen, aus der dünnen Luft von Florida.«

Sie starrte ihn an, in ihrer Miene wallten abwechselnd Bestürzung, ungläubiges Erstaunen und Wut auf. Die drei Männer hielten den Atem an. Moreland senior ging einen Schritt auf sie zu; Mr. Farnams Unterlippe klappte leicht herunter, während er, starr vor Entsetzen, auf das Donnerwetter wartete.

Doch es blieb aus. Stattdessen begann Ardita plötzlich übers ganze Gesicht zu strahlen, sie lachte leise, und dann trat sie rasch auf den jungen Moreland zu und blickte zu ihm empor, und in ihren grauen Augen war keine Spur von Zorn.

»Kannst du mir schwören«, sagte sie leise, »dass du dir das alles ganz alleine ausgedacht hast?«

»Ich schwöre es«, sagte der junge Moreland beflissen.

Sie zog seinen Kopf zu sich herunter und gab ihm einen zärtlichen Kuss.

»Was für eine Phantasie!«, sagte sie leise und beinahe neidisch. »Ich möchte, dass du mich mein ganzes Leben lang so süß belügst; du weißt schon, was ich meine.«

Schläfrig wehten die Stimmen der Neger herüber und verschmolzen zu einer Weise, die Ardita sie schon einmal hatte singen hören.

»'n Dieb ist die Zeit;
Freude und Leid
Welkt und erbleicht
Und wird gelb – oh.«

»Und was war nun in diesen Beuteln drin«, fragte sie sanft.

»Florida-Schlamm«, erwiderte er. »Das war eins von den beiden Dingen, die nicht gelogen waren.«

»Das andere kann ich ja vielleicht erraten«, sagte sie; und dann stellte sie sich zur Veranschaulichung ihrer Worte auf die Zehenspitzen und gab ihm einen zärtlichen Kuss.

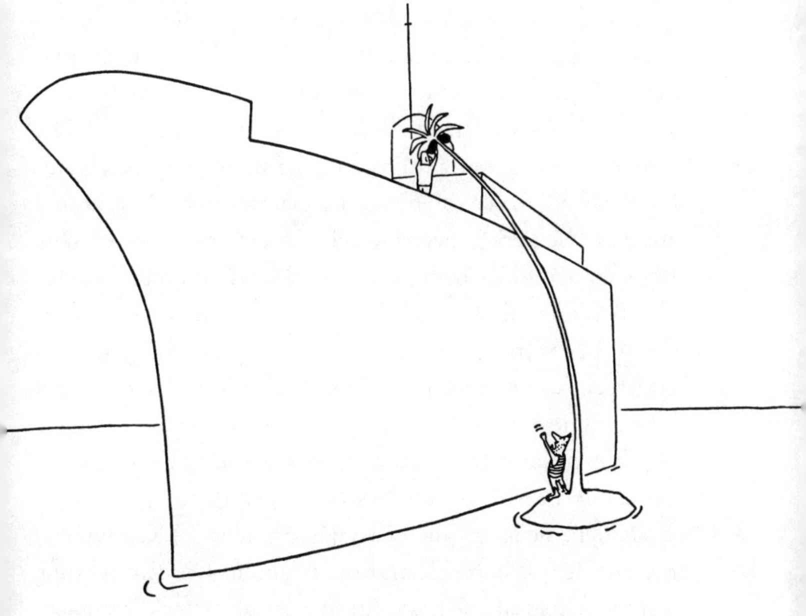

W. Somerset Maugham

Winter-Kreuzfahrt

Kapitän Erdmann kannte Miss Reid nur flüchtig, bis die ›Friedrich Weber‹ Haiti erreichte. Sie war in Plymouth an Bord gekommen, aber da hatte er bereits eine Anzahl von Passagieren aufgenommen, Franzosen, Belgier und Haitianer, von denen viele schon früher mit ihm gereist waren, und sie erhielt einen Platz am Tisch des Ersten Ingenieurs. Die Friedrich Weber war ein Frachter, der regelmäßig von Hamburg nach Cartagena an der kolumbianischen Küste fuhr und auf dem Weg einige westindische Inseln anlief. Sie brachte Phosphate und Zement aus Deutschland und nahm Kaffee und Bauholz mit zurück, aber ihre Eigentümer, die Gebrüder Weber, waren jederzeit bereit, sie einen Umweg machen zu lassen, wenn es sich für eine Ladung irgendwelcher Art lohnte. Die Friedrich Weber war darauf eingestellt, Vieh, Maultiere, Kartoffeln oder sonst etwas aufzunehmen, wenn dabei nur die Möglichkeit bestand, einen Pfennig ehrlich zu verdienen. Sie nahm auch Passagiere auf. Sechs Kajüten waren auf dem Oberdeck und sechs unten. Die Einrichtung war nicht luxuriös, aber das Essen war gut, einfach und reichlich, und das Fahrgeld niedrig. Die Rundreise nahm neun Wochen in Anspruch und kostete Miss Reid nicht mehr als fünfundvierzig Pfund. Sie freute sich nicht nur darauf, viele interessante Gegenden von historischer Bedeutung kennenzulernen, sondern sich auch viel Wissenswertes anzueignen, das ihren Geist bereichern konnte.

Der Agent hatte sie darauf vorbereitet, dass sie bis zur Ankunft in Port-au-Prince in Haiti die Kajüte mit einer anderen Dame teilen müsse. Miss Reid störte das nicht; sie hatte Gesellschaft gern, und als der Steward ihr sagte, dass Madame Bollin ihre Reisegefährtin sei, dachte sie sofort, dies würde eine willkommene Gelegenheit sein, ihr Französisch aufzufrischen. Sie geriet nur ganz leicht aus der Fassung, als sie entdeckte, dass Madame Bollin kohlrabenschwarz war. Sie sagte sich, dass man die Dinge nehmen müsse, wie sie kämen, und dass es nun einmal so ’ne und solche gebe. Miss Reid war seefest, wie es nicht anders erwartet werden konnte, da ihr Großvater Marineoffizier gewesen war, aber nach einigen stürmischen Tagen wurde das Wetter gut, und bald kannte sie ihre sämtlichen Reisegefährten. Sie fand leicht Kontakt mit den Leuten. Das war eine der Ursachen dafür, dass sie in ihrem Geschäft erfolgreich war. Sie besaß eine Teestube in einem berühmten Erholungsort im Westen Englands, und sie hatte für jeden Gast, der hereinkam, ein Lächeln und ein freundliches Wort. Im Winter schloss sie, und die letzten vier Jahre hatte sie immer eine Kreuzfahrt unternommen. Man treffe dabei so interessante Menschen, meinte sie, und man lerne immer etwas. Die Passagiere auf der Friedrich Weber waren zwar nicht von so guter Klasse wie jene, die sie im Jahr zuvor auf ihrer Mittelmeerfahrt getroffen hatte, aber Miss Reid war kein Snob, und obwohl die Tischmanieren von einigen Leuten sie schockierten, war sie doch entschlossen, die gute Seite von allem zu sehen und sich mit ihnen abzufinden. Sie las sehr gern und freute sich, als sie bei der Durchsicht der Schiffsbücherei viele Bücher von Philip Oppenheim, Edgar Wallace und Agatha Christie entdeckte. Aber da es so viele Leute zum Plaudern gab, fand sie gar keine Zeit zum Lesen und beschloss, damit zu warten, bis sich das Schiff in Haiti leeren würde.

»Schließlich«, sagte sie, »ist die menschliche Natur wichtiger als die Literatur.«

Miss Reid hatte immer im Ruf gestanden, gute Konversation zu machen, und während der vielen Tage auf See stellte sie mit Genugtuung fest, dass die Tischgespräche dank ihrer Bemühung kein einziges Mal stockten. Sie verstand die Leute auszufragen, und jedes Mal, wenn ein Thema erschöpft schien, hatte sie eine Bemerkung bereit, um es wieder zu beleben, oder ein neues Thema lag ihr schon auf der Zungenspitze, um die Konversation wieder in Gang zu bringen. Ihre Freundin, Miss Price, Tochter des verstorbenen Vikars von Campden, die sie in Plymouth ans Schiff begleitet hatte – denn sie wohnte dort –, hatte oft zu ihr gesagt:

»Weißt du, Venetia, du hast einen männlichen Geist. Du bist nie in Verlegenheit, was du sagen sollst.«

»Nun, ich glaube, wenn du dich für jedermann interessierst, wird sich auch jedermann für dich interessieren«, erwiderte Miss Reid bescheiden. »Übung macht den Meister, und ich habe die unendliche Fähigkeit, mich zu bemühen, von der Dickens sagte, dass sie Genie bedeute.«

Miss Reid hieß nicht wirklich Venetia; ihr Name war Alice, aber da er ihr nicht gefiel, hatte sie schon als junges Mädchen den poetischen Namen angenommen, der ihrer Meinung nach so viel besser zu ihrer Persönlichkeit passte.

Miss Reid hatte viele interessante Gespräche mit ihren

Mitreisenden, und sie bedauerte es aufrichtig, als das Schiff schließlich Port-au-Prince anlief und die letzten von ihnen an Land gingen. Die Friedrich Weber lag zwei Tage dort, so dass Miss Reid die Stadt und die Umgebung besichtigen konnte. Als sie wieder abfuhren, war sie der einzige Passagier. Das Schiff fuhr an der Küste der Insel entlang und legte in verschiedenen Häfen an, um Ladung zu löschen oder an Bord zu nehmen.

»Hoffentlich geraten Sie allein mit so vielen Männern nicht in Verlegenheit, Miss Reid«, sagte der Kapitän scherzhaft, als sie sich zum Mittagessen niederließen.

Sie hatte ihren Platz zu seiner Rechten, und am Tisch saßen außerdem noch der Erste Maat, der Erste Ingenieur und der Arzt.

»Ich bin eine Frau von Welt, Kapitän. Ich habe immer gefunden, wenn eine Dame wirklich eine Dame ist, dann benehmen sich Herren auch wie Herren.«

»Wir sind nur rauhe Seemänner, Madam, Sie dürfen nicht zu viel erwarten.«

»Gütige Herzen sind mehr als Adelskronen und schlichter Glaube mehr als Normannenblut, Kapitän«, erwiderte Miss Reid.

Er war ein kleiner, untersetzter Mann, mit glattrasiertem Kopf und einem roten, glattrasierten Gesicht. Er trug ein weißes Trikothemd, das aber außer bei den Mahlzeiten aufgeknöpft war und seine behaarte Brust zeigte. Er war ein jovialer Bursche. Er konnte nur polternd reden. Miss Reid hielt ihn für einen Kauz, aber sie hatte einen ausgesprochenen Sinn für Humor und war bereit, ihm dies zugutezuhalten. Sie nahm das Gespräch in die Hand. Sie hatte auf der

Hinreise sehr viel über Haiti erfahren und noch mehr während der zwei Tage, die sie dort verbracht hatte, aber sie wusste, dass Männer lieber sprechen als zuhören, und darum stellte sie ihnen eine Reihe von Fragen, zu denen sie die Antworten schon kannte; seltsamerweise aber kannten sie sie nicht. Zuletzt sah sie sich gezwungen, einen richtigen kleinen Vortrag zu halten, und bevor das Mittagessen zu Ende war, hatte sie ihnen eine Menge interessanter Informationen übermittelt: über die Geschichte und die wirtschaftliche Lage der Republik, die Probleme, denen die Regierung zu begegnen hatte, und ihre Zukunftsaussichten. Sie sprach ziemlich langsam, mit vornehmer Stimme, und ihr Wortschatz war beträchtlich.

Bei Einbruch der Nacht gingen sie in einem kleinen Hafen vor Anker, wo sie dreihundert Säcke Kaffee laden sollten, und der Agent kam an Bord. Der Kapitän forderte ihn auf, zum Abendessen dazubleiben, und bestellte Cocktails. Als der Steward sie gerade brachte, kam Miss Reid in den Salon geschwebt. Ihre Bewegungen waren gelassen, elegant und selbstsicher. Sie behauptete immer, dass man am Gang einer Frau sofort erkennen könne, ob sie eine Dame sei. Der Kapitän stellte ihr den Agenten vor, und sie setzte sich.

»Was trinken denn die Herren?«, fragte sie.

»Einen Cocktail. Wollen Sie einen haben, Miss Reid?«

»Das wäre gar nicht übel.«

Sie trank ihn, und der Kapitän fragte sie etwas zögernd, ob sie noch einen haben wolle.

»Noch einen? Nun, der Kameradschaft wegen – ja.«

Der Agent, der viel weißer war als manche, aber zugleich auch sehr viel dunkler als viele andere, war der Sohn eines früheren Gesandten von Haiti am deutschen Hof, und da er lange Jahre in Berlin gelebt hatte, sprach er gut Deutsch. Er hatte tatsächlich aus diesem Grund den Posten bei einer deutschen Schifffahrtsgesellschaft bekommen. Dies veranlasste Miss Reid, ihnen beim Abendessen die ganze Geschichte einer Rheinreise zu erzählen, die sie einmal gemacht hatte. Nachher saß sie mit dem Agenten, dem Kapitän, dem Arzt und dem Maat um einen Tisch herum, und alle tranken Bier. Miss Reid hielt es für ihre Aufgabe, den Agenten aus der Reserve zu locken. Die Tatsache, dass sie Kaffee luden, erweckte in ihr den Gedanken, es müsse interessant für ihn sein, wie der Tee auf Ceylon angebaut wurde; ja, sie war auf einer Kreuzfahrt in Ceylon gewesen, und die Tatsache, dass sein Vater Diplomat war, machte sein Interesse für die königliche Familie von England zur Gewissheit. Sie verbrachte einen äußerst angenehmen Abend. Als sie sich schließlich zurückzog, denn es wäre ihr nie eingefallen zu sagen, dass sie ins Bett gehen wolle, sagte sie zu sich selber:

›Es besteht kein Zweifel darüber, dass Reisen eine große erzieherische Wirkung hat.‹

Es war wirklich ein Erlebnis, mit all diesen Männern alleine zu sein. Wie sie zu Hause lachen würden, wenn sie nach ihrer Heimkehr alles darüber erzählte! Sie würden sagen, dass so etwas nur Venetia passieren könne. Sie lächelte, als sie den Kapitän auf Deck mit seiner starken, dröhnenden Stimme singen hörte. Die Deutschen waren so musikalisch. Er hatte eine drollige Art, mit seinen kurzen Beinen auf und ab zu stolzieren, während er Wagnersche Melodien zu Worten eigener Erfindung sang. Es war aus *Tannhäuser,* was er jetzt sang (dieses entzückende Lied vom Abendstern);

doch da Miss Reid kein Deutsch verstand, konnte sie sich nur wundern, was für seltsame Worte er dazu fand. Das war auch gut so.

»Oh, welche Pest ist dieses Weib, ich bringe es um, wenn das so bleibt!« Dann ging er zu Siegfrieds Schwertlied über. »Furchtbar, furchtbar, furchtbar ist sie! Ich werfe sie in die See!«

Und das traf natürlich auf Miss Reid zu. Sie war entsetzlich, geradezu erstaunlich und qualvoll langweilig. Sie redete mit steter Eintönigkeit, und es hatte keinen Zweck, sie zu unterbrechen, denn dann fing sie nur wieder von vorn an. Sie hatte einen unstillbaren Drang zu belehren, und keine flüchtige Bemerkung konnte über den Tisch hinüber gemacht werden, ohne dass sie unzählige Fragen daran knüpfte. Sie träumte sehr lebhaft, und sie berichtete über diese Träume mit unerträglicher Langatmigkeit. Es gab keinen Gegenstand, über den sie nicht etwas Banales zu sagen wusste. Sie hatte einen Gemeinplatz für jede Gelegenheit bereit. Sie zielte auf das Abgedroschene, wie ein Hammer den Nagel in die Wand hineintreibt. Sie tauchte im Augenfälligen unter, wie ein Zirkusclown durch den Reifen springt. Schweigen konnte sie nicht aus der Fassung bringen. Diese armen Männer, so weit von ihren Heimen und dem Trippeln kleiner Füße entfernt, und Weihnachten vor der Tür, kein Wunder, dass sie in gedämpfter Stimmung waren! Sie verdoppelte ihre Bemühungen, ihr Interesse zu wecken und sie zu unterhalten. Sie war entschlossen, ein wenig Frohsinn in ihr trübes Dasein zu bringen. Denn das war das Schreckliche an der Sache: Miss Reids Absichten waren gut. Sie unterhielt sich nicht nur selber gut, sie wollte, dass alle sich gut unterhielten. Sie war überzeugt, dass alle sie so gern hatten, wie sie selber sie gern hatte. Sie fühlte, dass sie ihr Teil dazu beitrug, der Gesellschaft zum Erfolg zu verhelfen, und sie war naiv glücklich bei dem Gedanken, dass ihr dies gelang. Sie erzählte ihnen alles von ihrer Freundin Miss Price, und wie oft diese zu ihr gesagt hatte: »Venetia, niemand hat eine langweilige Minute in deiner Gegenwart.« Es war die Pflicht des Kapitäns, einem Passagier gegenüber höflich zu sein, und wenn er ihr auch noch so gern gesagt hätte, sie solle ihren törichten Mund halten – er konnte es nicht. Selbst wenn er seine Meinung frei hätte äußern dürfen, wusste er doch, dass er sie niemals so hätte kränken können. Nichts hemmte ihren Redestrom. Er war so unaufhaltsam wie eine Naturgewalt. Einmal begannen sie, in ihrer Verzweiflung deutsch zu sprechen, aber Miss Reid machte dem sofort ein Ende.

»Nein, das kann ich nicht dulden, dass Sie etwas sagen, das ich nicht verstehe. Sie sollten alle Nutzen daraus ziehen, dass Sie mich alleine für sich haben und sich im Englischen üben können.«

»Wir sprachen von technischen Sachen, die Sie nur langweilen würden, Miss Reid«, sagte der Kapitän.

»Ich langweile mich nie. Und darum, auch wenn Sie mich für ein klein wenig eingebildet halten mögen, bin ich nie langweilig. Sehen Sie, ich weiß gerne Bescheid. Alles interessiert mich, und man kann nie wissen, wann ein bisschen Kenntnis einem von Nutzen sein könnte.«

Der Doktor lächelte trocken.

»Der Kapitän hat das nur gesagt, weil er verlegen war. Er hat nämlich eine Geschichte erzählt, die für die Ohren einer unverheirateten Dame nicht geeignet war.«

»Ich bin zwar eine unverheiratete Dame, aber ich bin auch eine Frau von Welt; ich erwarte nicht, dass Seeleute Heilige sind. Sie brauchen nie ängstlich zu sein, was Sie vor mir sagen, Kapitän, ich werde nicht entsetzt sein. Ich möchte Ihre Geschichte sehr gerne hören.«

Der Doktor war ein Mann von sechzig Jahren, mit dünnem grauem Haar, einem grauen Schnurrbart und kleinen, scharfen blauen Augen. Er war ein schweigsamer, verbitterter Mann, und so sehr sich Miss Reid auch bemühte, ihn ins Gespräch zu ziehen, war es doch fast unmöglich, ein Wort aus ihm herauszubekommen. Aber sie war nicht die Frau, die kampflos aufgab, und eines Morgens auf offener See, als sie ihn mit einem Buch auf Deck sitzen sah, zog sie ihren Stuhl neben den seinen und ließ sich neben ihm nieder.

»Lesen Sie gerne, Doktor?«, fragte sie munter.

»Ja.«

»Ich auch. Und ich vermute, dass Sie wie alle Deutschen musikalisch sind.«

»Ich höre Musik gern.«

»Ich auch. Als ich Sie zum ersten Mal sah, dachte ich sofort, dass Sie klug aussehen.«

Er warf ihr einen kurzen Blick zu, verzog die Lippen und las weiter. Dies schreckte Miss Reid nicht ab.

»Aber lesen kann man natürlich jederzeit. Ich ziehe immer ein gutes Gespräch einem guten Buch vor. Sie nicht?«

»Nein.«

»Das ist sehr interessant. Sagen Sie mir, warum?«

»Ich kann Ihnen keinen Grund nennen.«

»Das ist sehr merkwürdig, nicht? Aber ich finde die menschliche Natur überhaupt sehr merkwürdig. Ich interessiere mich schrecklich für Menschen, wissen Sie. Ärzte habe ich immer gern, sie wissen so viel über die menschliche Natur, aber ich könnte Ihnen einige Dinge erzählen, die sogar Sie erstaunen würden. Man erfährt viel über die Leute, wenn man wie ich eine Teestube leitet, das heißt, wenn man die Augen offenhält.«

Der Doktor erhob sich.

»Ich muss Sie bitten, mich zu entschuldigen, Miss Reid. Ich muss jetzt einen Patienten besuchen.«

›Jedenfalls ist es mir gelungen, das Eis zu brechen‹, dachte sie, während er sich entfernte. ›Ich glaube, er war nur schüchtern.‹

Ein paar Tage später fühlte sich der Doktor gar nicht wohl. Er hatte ein inneres Leiden, das ihn von Zeit zu Zeit plagte, aber er war daran gewöhnt und nicht geneigt, darüber zu reden. Wenn er einen seiner Anfälle hatte, wollte er nur allein gelassen werden. Seine Kajüte war klein und dumpf; darum legte er sich auf Deck in einen Liegestuhl und schloss die Augen. Miss Reid spazierte gerade auf und ab, um sich wie jeden Morgen und Abend eine halbe Stunde Bewegung zu machen. Er dachte, wenn er sich schlafend stellte, würde sie ihn nicht stören. Als sie aber ein halbes Dutzend Mal an ihm vorbeigekommen war, blieb sie vor ihm stehen. Obwohl er die Augen geschlossen hatte, wusste er, dass sie ihn betrachtete.

»Kann ich etwas für Sie tun, Doktor?«, fragte sie.

Er zuckte zusammen.

»Warum, was denn?«

Er schaute sie an und bemerkte ihren tiefbekümmerten Blick.

»Sie sehen schrecklich krank aus«, sagte sie.

»Ich habe große Schmerzen.«

»Ich weiß. Das kann ich sehen. Kann man nichts dagegen tun?«

»Nein, es geht nach einiger Zeit vorbei.«

Sie zögerte einen Augenblick und ging dann fort. Nach einer Weile kam sie zurück.

»Sie sehen so unbehaglich aus, ohne Kissen oder irgendetwas. Ich habe Ihnen mein Reisekissen gebracht, das ich immer mitnehme. Lassen Sie es mich Ihnen doch unter den Kopf schieben.«

Er fühlte sich im Augenblick zu elend, um zu protestieren. Sie hob seinen Kopf sanft auf und schob das weiche Kissen darunter. Es war wirklich bequemer für ihn. Sie strich ihm mit der Hand, die kühl und weich war, über die Stirn.

»Armer Mann«, sagte sie. »Ich weiß, wie Ärzte sind. Ärzte haben keine Ahnung, wie sie sich selber pflegen sollen.«

Sie verließ ihn, kam aber nach wenigen Minuten mit einem Stuhl und einem Beutel zurück. Als der Doktor sie bemerkte, zuckte er gequält zusammen.

»Nun werde ich Ihnen nicht erlauben zu sprechen; ich werde nur neben Ihnen sitzen und stricken. Ich finde, es ist immer tröstlich, wenn man sich nicht wohl fühlt, jemanden in der Nähe zu haben.«

Sie setzte sich, zog einen angefangenen Schal aus ihrem Beutel und begann, emsig mit den Nadeln zu klappern. Sie sprach kein Wort. Und merkwürdigerweise empfand der Doktor ihre Gegenwart als Trost. Niemand an Bord hatte überhaupt bemerkt, dass er krank war; er hatte sich einsam gefühlt, und die Teilnahme dieser hoffnungslos langweiligen Person war wohltuend für ihn. Es beruhigte ihn, sie da schweigend arbeiten zu sehen, und bald schlief er ein. Als er wieder aufwachte, arbeitete sie noch. Sie sah ihn mit einem leichten Lächeln an, sagte aber nichts. Der Schmerz war vergangen, und er fühlte sich viel wohler.

Er ging erst am Spätnachmittag in den Salon. Dort fand er den Kapitän und Hans Krause, den Maat, die zusammen Bier tranken.

»Setzen Sie sich, Doktor«, sagte der Kapitän. »Wir halten eben Kriegsrat. Sie wissen, dass übermorgen Silvester ist.«

»Natürlich.«

Der Silvesterabend bedeutet den Deutschen viel, und sie hatten sich schon alle darauf gefreut. Sie hatten den ganzen Weg von Deutschland einen Weihnachtsbaum mitgebracht.

»Beim Essen heute war Miss Reid gesprächiger denn je. Hans und ich haben beschlossen, dass etwas dagegen geschehen muss.«

»Sie hat heute Vormittag zwei Stunden schweigend neben mir gesessen. Da hat sie wohl das Versäumte nachholen wollen.«

»Es ist schlimm genug, gerade jetzt von zu Hause weg zu sein, und es bleibt uns nichts anderes übrig, als das Beste draus zu machen. Wir wollen unseren Heiligen Abend genießen, und wenn wir wegen Miss Reid nichts unternehmen, ist das ausgeschlossen.«

»Wir können es nicht gemütlich haben, wenn sie dabei ist«, sagte der Maat. »Sie würde todsicher alles verderben.«

»Was schlagen Sie vor, um sie loszuwerden, wenn wir sie nicht über Bord werfen können?«, sagte der Doktor lächelnd. »Sie ist keine üble Seele; alles, was ihr fehlt, ist ein Liebhaber.«

»In ihrem Alter?«, rief Hans Krause.

»Gerade in ihrem Alter. Diese ausschweifende Redseligkeit, diese Sucht nach Auskünften, die zahllosen Fragen, die sie stellt, ihre Banalitäten, die Art, wie sie kein Ende findet – das ist alles ein Zeichen ihrer rebellierenden Jungfräulichkeit. Ein Liebhaber würde ihr Frieden bringen. Ihre überreizten Nerven würden sich entspannen. Sie hätte dann wenigstens eine Stunde lang gelebt. Die tiefe Befriedigung, die ihr Wesen verlangt, würde durch diese gereizten Sprachzentren fließen, und wir hätten Ruhe.«

Es war immer etwas schwer festzustellen, wie viel der Doktor von dem, was er sagte, wirklich meinte und wann er sich lustig machte. Aber die blauen Augen des Kapitäns funkelten übermütig.

»Na, Doktor, ich setze großes Vertrauen in Ihre Diagnosen. Das Rezept, das Sie vorschlagen, ist sicher einen Versuch wert, und da Sie Junggeselle sind, ist es klar, dass seine Anwendung Ihnen obliegt.«

»Verzeihen Sie, Kapitän, es ist meine berufliche Pflicht, den Patienten, die mir auf diesem Schiff anvertraut sind, Arzneien zu verordnen, aber nicht, sie ihnen persönlich zu verabreichen. Außerdem bin ich sechzig.«

»Ich bin ein verheirateter Mann mit erwachsenen Kindern«, sagte der Kapitän. »Ich bin alt und dick und asthmatisch; es ist klar, dass mir eine solche Aufgabe nicht zugemutet werden kann. Die Natur hat mich für die Rolle eines Ehemannes und Vaters bestimmt, nicht für die eines Liebhabers.«

»In diesen Dingen ist Jugend eine Voraussetzung und gutes Aussehen von Vorteil«, sagte der Doktor ernst.

Der Kapitän schlug mit der Faust krachend auf den Tisch.

»Sie denken an Hans. Sie haben ganz recht. Hans muss es sein.«

Der Maat sprang auf die Füße.

»Ich? Niemals.«

»Hans, du bist groß, hübsch, stark wie ein Löwe, tapfer und jung. Wir werden noch dreiundzwanzig Tage auf See sein, bevor wir nach Hamburg kommen. Du willst doch einen vertrauten alten Kapitän in solcher Notlage nicht im Stich lassen, oder deinen guten Freund, den Doktor?«

»Nein, Kapitän, das ist zu viel von mir verlangt. Ich bin noch kein ganzes Jahr verheiratet, und ich liebe meine Frau. Ich kann es kaum erwarten, nach Hamburg zurückzukommen. Sie sehnt sich ebenso nach mir wie ich mich nach ihr. Ich will ihr nicht untreu werden – vor allem nicht mit Miss Reid.«

»Miss Reid ist gar nicht so übel«, sagte der Doktor.

»Manche Leute würden sie sogar hübsch finden«, sagte der Kapitän.

Und wirklich, wenn man Miss Reids Züge einzeln betrachtete, war sie keineswegs unschön. Wohl hatte sie ein langes, dummes Gesicht, aber ihre braunen Augen waren groß, und sie hatte sehr dichte Wimpern; ihr braunes Haar war kurzgeschnitten und lockte sich recht gefällig im Nacken; ihre Haut war nicht schlecht, und sie war weder zu dick noch zu dünn.

Sie war nach heutigen Begriffen nicht alt, und wenn sie gesagt hätte, sie sei vierzig, so hätte man das ohne weiteres geglaubt. Das Einzige, was an ihr auszusetzen blieb, war, dass sie hausbacken und langweilig war.

»Muss ich also weitere dreiundzwanzig Tage die Weitschweifigkeit dieser lästigen Person ertragen? Muss ich noch geschlagene dreiundzwanzig Tage ihre törichten Fragen beantworten und ihre albernen Bemerkungen anhören? Muss ich alter Mann mir meinen Heiligen Abend, den schönen Abend, auf den ich mich gefreut hatte, durch die Gesellschaft dieser unerträglichen Jungfer verderben lassen? Und nur weil niemand gefunden werden kann, der ein wenig Galanterie, ein wenig menschliche Güte, einen Beweis von Mildtätigkeit einer einsamen Frau gegenüber aufbringen kann! Ich werde das Schiff auflaufen lassen.«

»Es bleibt immer noch der Funker«, sagte Hans.

Der Kapitän stieß einen lauten Schrei aus.

»Hans, mögen die zehntausend Jungfrauen von Köln sich erheben und dich segnen. Steward«, donnerte er, »sag dem Funker, dass ich ihn sprechen will.«

Der Funker kam in den Salon und stand stramm. Die drei Männer betrachteten ihn schweigend. Er überlegte beunruhigt, ob er etwas angestellt habe, wofür er nun zur Rechenschaft gezogen werden sollte. Er war recht groß, mit breiten Schultern und schmalen Hüften, kerzengerade und schlank; seine gebräunte, glatte Haut sah aus, als habe ein Rasiermesser sie nie berührt, er hatte große, auffallend blaue Augen und eine Mähne von lockigem, goldblondem Haar. Er war ein Prachtexemplar junger teutonischer Männlichkeit. Er war so gesund, so kräftig und voller Leben, dass man selbst auf eine gewisse Entfernung die Vitalität spürte, die von ihm ausstrahlte.

»Wie alt bist du, mein Junge?«, sagte der Kapitän.

»Einundzwanzig, Herr Kapitän.«

»Verheiratet?«

»Nein, Herr Kapitän.«

»Verlobt?«

Der Funker kicherte. Es lag etwas anziehend Knabenhaftes in seinem Lachen.

»Nein, Herr Kapitän.«

»Du weißt, dass wir einen weiblichen Passagier an Bord haben?«

»Ja, Herr Kapitän.«

»Kennst du sie?«

»Ich habe sie einmal auf Deck gegrüßt.«

Der Kapitän nahm seine offiziellste Haltung an. Seine Augen, die meistens vor Humor zwinkerten, waren jetzt streng, und er legte einen bellenden Ton in seine tiefe, volle Stimme.

»Obwohl dies ein Frachtdampfer ist und wir wertvolle Ladung mitführen, nehmen wir auch die Passagiere auf, die wir kriegen können, und das ist eine Abteilung unseres Geschäftes, an deren Entwicklung der Schifffahrtsgesellschaft sehr viel liegt. Die Weisungen an mich lauten dahingehend, alles nur Mögliche für die Zufriedenheit und das Behagen der Passagiere zu tun. Miss Reid benötigt einen Liebhaber. Der Doktor und ich sind zu der Überzeugung gekommen, dass du geeignet bist, den Anforderungen von Miss Reid zu entsprechen.«

»Ich, Herr Kapitän?« Der Funker wurde feuerrot und begann dann zu kichern, beherrschte sich aber gleich wieder, als er die entschlossenen Mienen der drei Männer ihm gegenüber sah.

»Aber sie ist alt genug, um meine Mutter zu sein.«

»In deinem Alter hat das gar nichts zu sagen. Sie ist eine

vornehme Dame und mit allen großen Familien in England verwandt. Wenn sie Deutsche wäre, wäre sie mindestens eine Gräfin. Dass du für diesen verantwortungsvollen Posten ausgewählt worden bist, ist eine Ehre, die du hoch einschätzen solltest. Außerdem ist dein Englisch mangelhaft. Du bekommst also eine glänzende Gelegenheit, es zu verbessern.«

»Das ist allerdings wahr«, sagte der Funker. »Ich weiß, dass es mir an Übung fehlt.«

»Es kommt im Leben nicht so oft vor, dass man Vergnügen mit geistiger Entwicklung verbinden kann, und du darfst dir zu diesem Glücksfall gratulieren.«

»Aber wenn ich diese Frage stellen darf, Herr Kapitän: Warum benötigt Miss Reid einen Liebhaber?«

»Es scheint eine alte englische Sitte zu sein, dass unverheiratete Frauen von hohem Rang sich zu dieser Jahreszeit den Umarmungen eines Liebhabers hingeben. Die Schifffahrtsgesellschaft wünscht dringend, dass Miss Reid genauso behandelt wird, wie das auf einem englischen Schiff der Fall gewesen wäre, und wenn sie zufrieden ist, dürfen wir damit rechnen, dass sie bei ihren aristokratischen Beziehungen vielen ihrer Freunde diese Schifffahrtslinie empfehlen wird.«

»Herr Kapitän, ich bitte mich zu entschuldigen.«

»Dies ist keine Bitte, die ich ausspreche, sondern ein Befehl. Du wirst dich heute Abend um elf Uhr bei Miss Reid in ihrer Kajüte melden.«

»Was soll ich tun, wenn ich dort bin?«

»Tun?«, donnerte der Kapitän. »Tun? Dich natürlich verhalten.«

Er winkte mit der Hand und entließ ihn. Der Funker schlug die Hacken zusammen, salutierte und ging hinaus.

»Jetzt wollen wir noch ein Glas Bier trinken«, sagte der Kapitän.

Beim Abendessen war Miss Reid ganz auf der Höhe. Sie war wortreich. Sie war neckisch. Sie war vornehm. Es gab keinen Gemeinplatz, den sie nicht ausgesprochen hätte. Es gab keine abgedroschene Redensart, die sie vermieden hätte. Sie bombardierte alle mit törichten Fragen. Das Gesicht des Kapitäns wurde immer röter bei der Bemühung, seine Wut zu unterdrücken; er fühlte, dass er ihr nicht länger mit Höflichkeit begegnen konnte, und wenn das Rezept des Doktors nicht half, würde er sich eines Tages vergessen und ihr nicht nur ein wenig, sondern restlos die Meinung sagen.

›Ich werde meinen Posten verlieren‹, dachte er dabei, ›aber ich glaube fast, dass es sich lohnen würde.‹

Am nächsten Tag saßen sie schon alle am Tisch, als sie zum Mittagessen hereinkam.

»Morgen ist Silvester«, sagte sie munter. Dieser Hinweis entsprach ihr durchaus. Sie fuhr fort: »Nun, was haben Sie alle heute Vormittag getrieben?«

Da sie jeden Tag genau das Gleiche taten und sie genau wusste, was das war, war das eine Frage, die sie ärgerte. Der Kapitän verlor den Mut. Er sagte dem Doktor kurz, was er von ihm hielt.

»Jetzt aber bitte kein Deutsch«, sagte Miss Reid schalkhaft. »Sie wissen, dass ich das nicht gestatte, und warum, Kapitän, haben Sie den armen Doktor so verdrießlich angesehen? Es ist doch Weihnachtszeit, bedenken Sie, Frieden auf Erden und den Menschen ein Wohlgefallen. Ich bin schon ganz aufgeregt im Gedanken an morgen. Werden an dem Weihnachtsbaum Kerzen sein?«

»Natürlich.«

»Wie wunderbar! Ich finde immer, dass ein Weihnachtsbaum ohne Kerzen kein Weihnachtsbaum ist. Ach, übrigens, denken Sie nur, ich hatte gestern Abend ein so komisches Erlebnis. Ich kann es gar nicht verstehen.«

Eine betroffene Stille trat ein. Alle blickten gespannt auf Miss Reid. Ausnahmsweise hingen sie einmal an ihren Lippen.

»Ja«, fuhr sie in dem ihr eigenen monotonen und gezierten Ton fort, »ich wollte mich gestern Abend gerade zur Ruhe begeben, als es an meine Türe klopfte. ›Wer ist da?‹, fragte ich. ›Der Funker‹, war die Antwort. ›Was gibt es?‹, fragte ich. ›Kann ich Sie sprechen?‹, sagte er.«

Sie hörten mit atemloser Aufmerksamkeit zu.

»›Nun, ich will schnell einen Morgenrock anziehen‹, sagte ich, ›und dann die Tür aufmachen.‹ Also zog ich den Morgenrock an und öffnete die Tür. Der Funker sagte: ›Entschuldigen Sie, Miss, aber wollen Sie nicht vielleicht eine Funkbotschaft senden?‹ Nun, ich fand es schon sehr komisch, dass er um diese Stunde kam, um mich zu fragen, ob ich eine Funkbotschaft senden möchte; ich lachte ihm gerade ins Gesicht, denn es regte meinen Sinn für Humor an, wenn Sie verstehen, was ich damit meine, aber ich wollte ihn nicht kränken, darum sagte ich: ›Vielen Dank, aber ich glaube nicht, dass ich eine Funkbotschaft senden will.‹ Er stand da und sah so komisch aus, als sei er ganz verlegen, darum sagte ich: ›Vielen Dank trotzdem für das Angebot‹, und dann sagte ich: ›Gute Nacht und angenehme Träume‹, und schloss die Tür.«

»Der verdammte Narr«, rief der Kapitän aus.

»Er ist noch jung, Miss Reid«, warf der Doktor ein. »Das war übertriebener Eifer. Wahrscheinlich dachte er, dass Sie gern Ihren Freunden Glückwünsche schicken möchten, und da wollte er Ihnen den Vorteil einer verbilligten Gebühr vermitteln.«

»Ach, es hat mir gar nichts ausgemacht. Ich habe diese komischen kleinen Erlebnisse auf Reisen gern. Ich lache nur herzlich darüber.«

Sobald das Essen vorüber war und Miss Reid sie verlassen hatte, ließ der Kapitän den Funker kommen.

»Du Esel, warum in aller Welt hast du Miss Reid gestern Abend gefragt, ob sie einen Funkspruch senden wolle?«

»Herr Kapitän, Sie haben mir gesagt, ich solle mich natürlich verhalten. Ich bin Funker. Ich dachte, es sei natürlich, wenn ich sie frage, ob sie einen Funkspruch senden wolle. Ich wusste nicht, was ich sonst sagen sollte.«

»Gott im Himmel!«, schrie der Kapitän. »Als Siegfried Brunhilde auf dem Felsen liegen sah und ausrief: ›Das ist kein Mann!‹« (der Kapitän sang die Worte zwei- oder dreimal, weil er seine Stimme gern hörte, bevor er fortfuhr), »hat Siegfried sie dann, nachdem sie erwachte, gefragt, ob sie einen Funkspruch senden möchte, um vielleicht ihrem Papa mitzuteilen, dass sie sich von ihrem langen Schlaf erhoben habe und jetzt wach sei?«

»Ich möchte Sie respektvoll darauf aufmerksam machen, dass Brunhilde Siegfrieds Tante war. Miss Reid ist mir völlig fremd.«

»Er hat nicht darüber nachgedacht, dass sie seine Tante war. Er wusste nur, dass sie eine schöne und wehrlose Frau war, allem Anschein nach aus guter Familie, und er benahm sich so, wie jeder Gentleman es getan hätte. Du bist jung und hübsch, arisch bis in die Fingerspitzen, die Ehre Deutschlands liegt in deiner Hand.«

»Zu Befehl, Herr Kapitän. Ich werde mir Mühe geben.«

An diesem Abend wurde wieder an Miss Reids Tür geklopft.

»Wer ist da?«

»Der Funker. Ich habe eine Funknachricht für Sie, Miss Reid.«

»Für mich?« Sie war erstaunt, aber es fiel ihr sofort ein, dass einer ihrer Mitreisenden, der in Haiti an Land gegangen war, ihr einen Neujahrsgruß geschickt haben konnte. ›Wie freundlich sind doch die Menschen‹, dachte sie. »Ich bin zu Bett. Legen Sie es vor die Tür.«

»Es ist mit Rückantwort. Zehn Worte vorausbezahlt.«

Dann konnte es kein Festgruß sein. Ihr Herzschlag stockte.

Es konnte nur eins bedeuten: Ihr Geschäft war bis auf den Boden niedergebrannt. Sie sprang aus dem Bett.

»Schieben Sie es unter der Türe durch, dann schreibe ich die Antwort und schiebe es Ihnen zurück.«

Der Umschlag wurde unter der Tür durchgeschoben, und als er auf dem Teppich erschien, hatte er wirklich ein unheilvolles Aussehen. Miss Reid nahm ihn rasch und riss ihn auf. Die Worte schwammen ihr vor den Augen, und sie konnte ihre Brille nicht gleich finden. Dies war es, was sie las:

Frohes neues Jahr. Stop. Frieden auf Erden und den Menschen ein Wohlgefallen. Stop. Sie sind sehr schön. Ich liebe Sie. Stop. Ich muss mit Ihnen sprechen. Stop. Unterzeichnet: der Funker.

Miss Reid las es zweimal durch. Dann nahm sie langsam ihre Brille ab und versteckte sie unter einem Schal. Sie öffnete die Tür.

»Kommen Sie herein«, sagte sie.

Am nächsten Tag war Silvester. Die Offiziere waren heiter und ein wenig sentimental, als sie sich zum Mittagessen setzten. Die Stewards hatten den Salon mit tropischen Schlingpflanzen geschmückt, als Ersatz für Stechpalme und Misteln, und der Weihnachtsbaum stand auf dem Tisch; seine Kerzen sollten beim Abendessen angezündet werden. Miss Reid kam erst herein, als die Offiziere schon saßen, und als sie ihr guten Morgen wünschten, neigte sie nur schweigend den Kopf. Alle schauten sie neugierig an. Sie sprach dem Essen mit gutem Appetit zu, sagte aber kein Wort. Ihr Schweigen war unheimlich. Endlich konnte der Kapitän es nicht mehr aushalten und sagte:

»Sie sind heute sehr still, Miss Reid.«

»Ich denke nach«, erwiderte sie.

»Und wollen Sie uns Ihre Gedanken nicht mitteilen, Miss Reid?«, fragte der Doktor scherzend.

Sie warf ihm einen kühlen, beinahe hochmütigen Blick zu.

»Ich ziehe vor, sie für mich zu behalten, Doktor. Ich hätte aber gerne noch etwas von dem Ragout, ich habe großen Appetit.«

Sie beendeten das Mahl unter wohltuendem Schweigen. Der Kapitän stieß einen Seufzer der Erleichterung aus. Dazu war eine Mahlzeit da: zum Essen, nicht zum Schwatzen. Als sie fertig waren, ging er auf den Arzt zu und drückte ihm die Hand.

»Es ist etwas geschehen, Doktor.«

»Es ist geschehen. Sie ist wie verwandelt.«

»Aber wird es andauern?«

»Man kann nur das Beste hoffen.«

Miss Reid zog für die Feier ein Abendkleid an, ein ganz schlichtes schwarzes Kleid, mit künstlichen Rosen an ihrem Busen und einer langen imitierten Jadekette um den Hals. Das Licht war gedämpft, und an dem Weihnachtsbaum brannten die Kerzen. Es war ein wenig wie in der Kirche. Die jüngeren Offiziere speisten an diesem Abend auch im Salon, und sie sahen sehr flott aus in ihren weißen Uniformen. Es gab Sekt auf Kosten der Schifffahrtsgesellschaft und nach dem Abendessen Punsch. Sie zogen an Knallbonbons. Sie sangen Lieder zur Grammophonbegleitung: *Deutschland, Deutschland über alles*, *Alt-Heidelberg* und *Lang, lang ist's her.* Sie schmetterten die Melodien kräftig hinaus, die Stimme des Kapitäns übertönte alle anderen, und Miss Reid fiel mit einer angenehmen Altstimme ein. Der Doktor beobachtete, dass Miss Reids Augen von Zeit zu Zeit auf dem Funker ruhten, und er las in ihnen den Ausdruck einer leichten Verwirrung.

»Er ist ein hübscher Bursche, nicht wahr?«, sagte der Doktor.

Miss Reid drehte sich um und schaute ihn kühl an.

»Wer?«

»Der Funker! Ich dachte, Sie hätten ihn eben betrachtet.«

»Welcher ist es?«

»Die Doppelbödigkeit der Frauen«, brummte der Doktor vor sich hin, erwiderte aber mit einem Lächeln: »Er sitzt neben dem Ersten Ingenieur.«

»Ach, natürlich, jetzt erkenne ich ihn wieder. Wissen Sie, ich finde nie, dass es so wichtig ist, wie ein Mann aussieht. Ich interessiere mich so viel mehr für den Geist eines Mannes als für sein Äußeres.«

»Oh«, sagte der Doktor.

Sie hatten alle einen kleinen Schwips, auch Miss Reid, aber sie verlor dabei nichts von ihrer Würde, und als sie ihnen gute Nacht sagte, geschah es nach allen Regeln der Kunst.

»Ich habe einen ganz reizenden Abend verbracht. Ich werde niemals meinen Silvesterabend auf einem deutschen Schiff vergessen. Es war sehr interessant. Ein richtiges Erlebnis.«

Sie ging aufrecht zur Tür, und das war ein gewisser Triumph, denn sie hatte den ganzen Abend hindurch Zug um Zug mit ihnen ihr Glas geleert.

Sie waren am nächsten Tag alle ein wenig mitgenommen. Als der Kapitän, der Doktor und der Erste Ingenieur zum Mittagessen herunterkamen, saß Miss Reid schon am Tisch. Vor jedem Gedeck lag ein kleines, mit rosa Band umwickeltes Päckchen. Auf jedem stand geschrieben: ›Frohes neues Jahr.‹ Sie schauten Miss Reid fragend an.

»Sie sind alle so freundlich zu mir gewesen, deshalb wollte ich jedem von Ihnen ein kleines Geschenk machen. Es gab nicht viel Auswahl in Port-au-Prince, Sie dürfen nicht zu viel erwarten.«

Für den Kapitän waren es zwei Pfeifen aus Rosenholz, für den Doktor sechs seidene Taschentücher, ein Zigarrenetui für den Maat und zwei Krawatten für den Ersten Ingenieur. Sie nahmen die Mahlzeit ein, und Miss Reid zog sich in ihre Kajüte zurück, um auszuruhen. Die Offiziere schauten einander unbehaglich an. Der Maat spielte mit dem Zigarrenetui, das sie ihm gegeben hatte.

»Ich schäme mich ein bisschen«, sagte er endlich.

Der Kapitän war nachdenklich; offenbar fühlte auch er sich etwas unsicher.

»Ich frage mich, ob wir Miss Reid diesen Streich hätten spielen dürfen«, sagte er. »Sie ist eine gute Seele, und sie ist nicht reich; sie ist eine Frau, die sich ihren Unterhalt verdient. Sie hat sicher annähernd hundert Mark für diese Geschenke ausgegeben. Ich wollte beinahe, wir hätten sie in Ruhe gelassen.«

Der Doktor zuckte die Achseln.

»Sie wollten, dass sie verstummen sollte, und ich habe sie zum Schweigen gebracht.«

»Wenn man es näher überlegt, hätte es uns nichts geschadet, ihrem Geschwätz noch weitere drei Wochen zuzuhören«, sagte der Maat.

»Ich bin ihretwegen nicht ganz glücklich«, fügte der Kapitän hinzu. »Ich finde ihr Schweigen unheimlich.«

Sie hatte während der ganzen Mahlzeit kaum ein Wort gesagt. Sie schien kaum darauf zu hören, was sie sprachen.

»Meinen Sie nicht, dass Sie sich bei ihr erkundigen sollten, ob sie sich ganz wohl fühlt, Doktor?«, schlug der Kapitän vor.

»Natürlich fühlt sie sich wohl. Sie hat einen Wolfshunger. Wenn Sie Erkundigungen einholen wollen, sollten Sie sich lieber an den Funker wenden.«

»Vielleicht haben Sie es noch nicht bemerkt, Doktor, aber ich bin ein Mann von großem Zartgefühl.«

»Ich habe selber auch ein Herz«, sagte der Doktor.

Während der restlichen Fahrt verwöhnten die Männer Miss Reid in ganz übertriebener Weise. Sie behandelten sie mit der Rücksicht, die sie einer von langer gefährlicher Krankheit Genesenden entgegengebracht hätten. Obwohl ihr Appetit glänzend war, bemühten sie sich, sie mit neuen Gerichten zu verlocken. Der Doktor bestellte Wein und bestand darauf, dass sie die Flasche mit ihm teilte. Sie spielten Domino mit ihr. Sie spielten Schach mit ihr. Sie spielten Bridge mit ihr. Sie zogen sie ins Gespräch. Aber es gab keinen Zweifel, dass sie, obwohl sie dem Entgegenkommen höflich begegnete, innerlich für sich blieb. In ihrem Blick lag beinahe etwas wie Verachtung; man hätte fast denken können, dass diese Männer und ihre liebenswürdigen Bemühungen ihr angenehm lächerlich erschienen. Sie sprach selten, wenn sie nicht angeredet wurde. Sie las Detektivromane und saß abends auf Deck und betrachtete die Sterne. Sie lebte ein Leben für sich.

Endlich nahte das Ende der Reise. Sie dampften an einem ruhigen, grauen Tag den Ärmelkanal hinauf; sie erblickten Land. Miss Reid packte ihre Koffer. Um zwei Uhr nachmittags legten sie in Plymouth an. Der Kapitän, der Maat und der Doktor kamen herbei, um sich von ihr zu verabschieden.

»Nun, Miss Reid«, sagte der Kapitän in seiner herzhaften Weise, »es tut uns leid, Sie zu verlieren, aber wahrscheinlich freuen Sie sich, nach Hause zu kommen.«

»Sie sind sehr freundlich zu mir gewesen, Sie alle sind sehr freundlich gewesen. Ich weiß gar nicht, wodurch ich das verdient habe. Ich war sehr glücklich bei Ihnen. Ich werde Sie nie vergessen.«

Sie sprach ein wenig zittrig, sie versuchte zu lächeln, aber ihre Lippen bebten, und Tränen liefen ihr über die Wangen. Der Kapitän wurde dunkelrot. Er lächelte verlegen.

»Darf ich Ihnen einen Kuss geben, Miss Reid?«

Sie war um einen halben Kopf größer als er. Sie beugte sich herunter, und er drückte ihr einen dicken Kuss auf die eine nasse Wange und einen weiteren dicken Kuss auf die andere. Sie wandte sich zu dem Doktor und dem Maat. Und beide küssten sie.

»Was für eine alte Närrin bin ich«, sagte sie. »Alle sind so gut.«

Sie trocknete sich die Augen und ging dann langsam, in ihrer graziösen, leicht komischen Art den Laufsteg hinunter. Der Kapitän hatte feuchte Augen. Als sie den Kai erreichte, blickte sie auf und winkte jemandem auf dem Bootsdeck.

»Wem winkt sie?«, fragte der Kapitän.

»Dem Funker.«

Miss Price wartete schon am Kai, um sie willkommen zu heißen. Als sie den Zoll passiert hatten und Miss Reid ihr großes Gepäck losgeworden war, gingen sie zu Miss Price und tranken dort einen frühen Tee. Miss Reids Zug fuhr erst um fünf Uhr. Miss Price hatte Miss Reid viel zu berichten.

»Aber es ist schlimm von mir, so ins Reden zu geraten, wo du gerade erst nach Hause gekommen bist. Ich habe mich schon so darauf gefreut, alles über deine Reise zu hören.«

»Ich fürchte, dass es gar nicht viel zu erzählen gibt.«

»Das kann ich nicht glauben. Deine Reise ist doch gelungen, oder nicht?«

»Sehr gelungen. Es war sehr nett.«

»Und es war dir nicht unangenehm, mit all diesen Deutschen zusammen zu sein?«

»Natürlich sind sie nicht wie Engländer. Man muss sich an ihre Art gewöhnen. Sie tun manches, was – nun, was Engländer nicht tun würden, weißt du. Aber ich finde immer, dass man die Dinge nehmen muss, wie sie kommen.«

»Was meinst du damit?«

Miss Reid blickte ihre Freundin gelassen an. Ihr langes, dummes Gesicht hatte einen milden Ausdruck, und Miss Price bemerkte das eigentümlich schalkhafte Blinken in ihren Augen nicht.

»Eigentlich nur ganz bedeutungslose Ereignisse. Einfach komische, unerwartete, recht nette Erlebnisse. Zweifellos wirkt Reisen wunderbar bildend.«

René Goscinny

Landausflüge

Es gibt zwei große Kreuzfahrt-Routen. Die erste führt in die Tropen. Auf dieser Tour kann man feststellen, dass die Küstenstädte von Miami bis Cannes, von Port of Spain bis Montevideo sich alle gleichen: Große Gebäude erheben sich unmittelbar am Meer, davor eine Promenade mit Palmen und Spazierwegen, die mit Mosaiken verziert sind.

Bei einem Landgang ist die Besichtigung des ehemaligen Gouverneurspalastes obligatorisch (zurzeit die Residenz des legal auf Lebenszeit gewählten Präsidenten der Republik). Ferner das Gebäude der neuen Kammer der Volksvertretung, das allerdings seit dem letzten Putsch geschlossen ist und nun von den staatstreuen Einheiten der Armee bewacht wird; ferner die alte Lepra-Station und das neue Hospital sowie das Institut für tropische Agrikultur, die Volkswagen-Montagehallen und natürlich das Hotel Hilton.

Es gibt auch wunderbare Strände mit weißem Sand, aber da muss man sich vorsehen, da soll es Haie geben.

Die Mittelmeerroute hingegen ist die Ruinen-Tour. Säulen, Statuen ohne Nasen, Schalen, Urnen und Münzen sind die Hauptsehenswürdigkeiten dieser Reise. Das Stadion, der Apollo-Tempel, das Amphitheater (berühmt für seine Akustik und die saisonal installierten Fernsehkameras). Daneben befindet sich das erstaunlich gut erhaltene antike Bordell, dessen Fresken den turbulenten Lauf der Zeiten hervorragend überstanden haben, obwohl sie immer wieder heftigen Vulkanausbrüchen, Erdbebenstößen und Invasionen ausgesetzt waren. Die Bibliothek dagegen ist restlos verschwunden, nur ein Säulenstumpf erinnert an die kolossalen Proportionen des außergewöhnlichen Bauwerks, dessen Peristyl schon in der Antike berühmt war. (Ein Modell des Monuments, rekonstruiert von einem englischen Wissenschaftler, befindet sich im Museum gegenüber dem Fresko »Venus scheut das kalte Wasser«.) Die Thermen geben eine Vorstellung vom Komfort der »Leute von damals«; man kann auch die Reste einer Warmwasserleitung und die Kaltwasserbecken besichtigen (die der oben erwähnte englische Wissenschaftler fälschlicher Weise für eine unterirdische Tempelanlage gehalten hat, der Ärmste). Man kann übrigens feststellen, dass die »Leute von damals« schon die gleichen Fehler gemacht haben wie unsere Architekten heute – sie hatten schon Fußbodenheizung.

Und dann ist da die Mythologie. Götter und Halbgötter überall, hinter jeder Säule rufen Diana, Venus, Jupiter, Apollo und Merkur alle Welt zu Zeugen ihrer kleinen, komplizierten Affären auf. Ihre Anwesenheit ist sogar in der Halle des Hotel Hilton zu spüren – gleich neben dem Bureau de Change, gegenüber dem Oklahoma-Dining-Room.

Aber es gibt schließlich nicht nur die Museen mit den Reihen von Vasen und anderen Gefäßen, die dem Betrachter klarmachen, dass unsere Zivilisation nur noch Pfandflaschen und Konservendosen als Zeitzeugen hinterlassen wird. Nein, es gibt auch wundervolle Strände mit feinem Sand, aber da muss man sich vorsehen, denn da gibt es Quallen.

Spät in der Nacht haben die Passagiere die Leuchtfeuer in der Ferne bemerkt. Es werden immer mehr. Eine Brise vom Land her und die Bordzeitung kündigen an, dass man morgen früh zu einem Landgang aufbrechen wird. Das Maschinengeräusch bricht plötzlich ab, und die Reisenden werden davon wach; sie hatten sich an das Dauerbrummen in den vergangenen Tagen schon gewöhnt (das nach dem Werbeprospekt eigentlich nicht hörbar sein sollte). Durch die Bullaugen sehen die Passagiere zu ihrer Überraschung das Land schon ganz nah, man erkennt sogar im bläulichen Morgennebel die Volkswagen auf der Küstenstraße. Bald steht man an der Reling und betrachtet die exotische Szenerie, die der Landbewohner aus dieser Sicht gewöhnlich nicht zu sehen bekommt. Eben nähert sich der Lotse in einem Schnellboot und klettert über eine Strickleiter an Bord, eine Flotte kleiner Schiffe mit bunten Wimpeln umgibt das Schiff. Jetzt kommt aber erst der Gesundheitsdienst an Bord, denn »wir« sind unter Quarantäne, wie die gelbe Flagge anzeigt. Je näher das Schiff dem Land kommt, desto mehr füllt es sich – wie durch Osmose – mit Menschen aller Art; einige tragen komische und beunruhigende Uniformen, und die ganze bunte Corona ergießt sich in das Büro des Zahlmeisters, wo Flaschen und Gläser schon bereitstehen. Dann wird die Post verteilt. Das ist ein bisschen wie im Pensionat: einige bekommen viele Briefe (wie der dicke, schweigsame Herr, der sich nie von seiner Aktentasche trennt) und öffnen sie stolz vor den anderen, die nichts bekommen haben und resigniert ihren Platz an der Reling wieder einnehmen. Madame Varsow Yendo läuft freudestrahlend zu ihrem Mann und winkt mit einem ungeöffneten Briefumschlag.

Die Passagiere haben sich mit Strohhüten, Filmkameras und Fotoapparaten ausgerüstet, sie laufen durcheinander, in der allgemeinen Aufregung kursieren irreführende und widersprüchliche Gerüchte (es soll eine Epidemie ausgebrochen sein, und alle müssen geimpft werden, außer dem Botschafter und seiner Sippschaft natürlich).

Tatsächlich aber werden die Formalitäten für die Touristen auf ein Minimum reduziert. Die Pässe werden nur oberflächlich überprüft und bleiben in einem Korb neben der Landungsbrücke unter der Bewachung eines Stewards und eines örtlichen Polizisten. Der hat sich sofort einen Liegestuhl herangeholt, um seine durch die Ankunft des Schiffes unterbrochene Siesta fortzusetzen.

Wieder festen Boden unter den Füßen zu haben ist für die Passagiere ein überraschendes Gefühl. Auf den solide gepflasterten Wegen ist ihr erster Impuls, sich umzudrehen, um zu sehen, wie ihr Schiff von außen aussieht. Überrascht stellen sie fest, das Schiff ist viel größer als vermutet, vor allem viel höher. In Wolkenkratzerhöhe erkennt man gerade noch das Gesicht des Barmanns hinter einem Bullauge. An der Schiffswand öffnet sich eine Tür, die Küchenjungen schnappen frische Luft, auf dem offenen Meer haben sie keine Gelegenheit dazu. Eine einfache Planke dient der Mannschaft als provisorische Landungsbrücke.

Die Passagiere verteilen sich auf Busse und Taxis. Da gibt es schon ein Problem: Keiner möchte mit dem Witzbold im Taxi sitzen. Der hat sich bereits auf dem Pier bei dem ersten besten Souvenirverkäufer eine unmögliche Kopfbedeckung gekauft, ein fragwürdiges Beispiel einheimischer Handwerkskunst. Ein paar Individualisten wollen zu Fuß gehen, um sich von der Masse abzuheben, und während die Herde zum Besuch der Akropolis aufbricht, prahlen sie mit der Entdeckung einer urwüchsigen Kneipe, wo man lauwarmen Joghurt und irgendeine synthetische Limonade zu trinken bekommt. Aber dafür haben sie das erhabene Gefühl, nicht zur Herde zu gehören. Die mutigen Schäflein müssen aber bald feststellen, dass die Stadt weit vom Hafen entfernt ist und dass in der Nähe der stinkenden Docks die Hitze genauso lästig wird wie die Bettler. Sie beschließen also, gemeinsam einen kleinen Bus zu mieten, und versuchen dann während der Fahrt die ausführlichen Erklärungen des Kassierers in geflickter Uniform zu verstehen, der ihnen bunte Billetts zu einem sagenhaften Preis anbietet – gegen bar natürlich.

Im Verlauf der Exkursion haben die Touristen übrigens die Wahl zwischen mehreren ungewöhnlichen Fortbewegungsmitteln – vom Fiaker über den Esel bis zum Kamel. Es ist schon bemerkenswert, wie man Touristen dazu bringen kann, irgendein Tier zu reiten mit der Aussicht, dabei fotografiert zu werden.

Die Busse haben den Vorteil, dass ein Fremdenführer dabei ist. Außerdem bieten sie den Einheimischen, die sich so eine Kreuzfahrt nie leisten können, ein amüsantes Spektakel und sorgen außerdem für Profit. Der wortgewandte Fremdenführer erläutert in mehreren Sprachen die oben erwähnten Sehenswürdigkeiten, und es macht ihm offenbar nichts aus, wenn sein Publikum die unsterblichen Monumente, die großartige Lepra-Station und die prachtvollen Bordelle unbeachtet lässt und lieber dem Schauspiel eines kleinen Jungen auf seinem Maultier zusieht. Dieser Junge mit dem engelhaften Lächeln bricht in obszöne Flüche aus, weil niemand Anstalten macht, seine Schau mit klingender Münze zu belohnen. Zum Glück bleiben seine Flüche unverstanden.

Die Taxifahrer spielen ebenfalls die Rolle des phantasievollen Cicerone. Ihre in gebrochener Sprache vorgetragenen Erklärungen zielen vor allem darauf, ihre Kunden für ein kleines Trinkgeld zu verborgenen, in dem offiziellen Exkursionsplan nicht vorgesehenen Attraktionen zu verführen. Wer sich verleiten lässt, erfährt bald, dass es sich um ein kleines Café handelt, das dem Vetter des Fahrers gehört und regelmäßig von ein paar leichten Mädchen frequentiert wird. Die versprochenen Spezialitäten erweisen sich als lauwarmer Joghurt, synthetische Limonade und ein widerlicher Schnaps. Diesen Schnaps trinkt man dann mit dem Chauffeur, der einem mit komplizenhaftem Lächeln gute Gesundheit wünscht und einen im Land seiner Väter willkommen heißt, wo er, gäbe es nicht die segensreiche Erfindung großzügiger Trinkgelder, nicht in der Lage wäre, seine zahlreiche Familie zu erhalten. (Wir zu Haus vierzehn, erste Sohn er nix Chauffeur wie Papa, Chauffeur nix gut. Er lernen Doktor, das viel kosten Geld, studieren Doktor. Trinkgeld zu kleine nix gut – Salut!)

Ob mit dem Bus, im Taxi oder auf dem Esel – das Exkursionsprogramm hat ein oder zwei Stunden zur freien Verfügung vorgesehen, damit die Passagiere ihre kleinen Einkäufe tätigen können. Die Touristen verteilen sich in den engen Gassen, die alle in die majestätische Independence-Avenue münden (früher Avenue der Königin oder der Republik). Hier zeigt sich übrigens wieder das erstaunliche Zusammengehörigkeitsgefühl der Passagiere, die sich in den Gassen begegnen, voller Freude Wiedersehen feiern und ihre Einkäufe zeigen, obwohl sie sich gerade erst getrennt haben.

Sie begegnen zuweilen Bussen mit Touristen von anderen Schiffen und wundern sich über die Ansammlung so vieler hässlicher, unsympathischer und dummer Leute. Unsere Passagiere sind froh, dass sie ihre Reise nicht auf so einem Schiff gebucht haben, und sie finden sogar ein zustimmendes Lächeln für den trotteligen alten Herrn, den sie – ernst wie immer – auf der Plattform der vorüberrumpelnden Straßenbahn erkannt haben.

Körbe, Talmi-Schmuck und allerhand Nippes werden nach endlosem Hin und Her erstanden (mit den Leuten da unten muss man ja handeln!), Sachen, die doch bald unter anderen Breitengraden auf Dachböden und in Kellern verschwinden.

Das kleine Monster hat eine Vase zerbrochen, die seine Mama für einen unverschämt hohen Preis erworben hat. Da zeigt sich doch unter der rauhen Oberfläche eine kleine Künstler-Seele!

Manche Passagiere haben auf die kulturelle Exkursion verzichtet und sind stattdessen an den Strand gegangen. Sie sind mit Lunch-Paketen, die das Schiffspersonal für sie vorbereitet hat, abmarschiert. Wenn sie wiederkommen, haben sie einen Sonnenbrand, ein paar Souvenirs aus der Strandfiliale der Spitzbuben in der Stadt und erzählen aufregende Geschichten über den Hai, den man glaubt gesehen zu haben. Die anderen nehmen eine Mahlzeit ein, die im Preis für die Exkursion enthalten ist. Sie stellen erstaunt fest, dass die lokale Küche auch nur auf der Basis von Tomatensalat, Schweineschnitzel und Kartoffelpüree arbeitet, ein Menu ohne pittoreske Note, abgesehen von der schmuddeligen Weste des Kellners.

Zum Abschluss des Tages trifft man sich unter den Segnungen der Klimaanlage im Hilton-Hotel, verächtlich beobachtet von den regulären Hotelgästen. Aber der Kapitän und der Zahlmeister sind da (verkleidet in Zivil und heftig applaudiert). Kurz vor dem angekündigten Auftritt einer Folklore-Gruppe muss der Kapitän sich leider wegen dringender dienstlicher Obliegenheiten zurückziehen.

Den ganzen Tag über haben die Passagiere mit Heimwehgefühlen zu ihrem Schiff hinübergeschaut, das am Pier vertäut liegt und von den Anhöhen aus zu sehen ist. Es sieht so schön aus, so viel sympathischer als all die anderen Schiffe, die daneben liegen und vergleichsweise kümmerlich aussehen.

Jetzt ist es Zeit, in das gewohnte Paradies zurückzukehren. Die Passagiere haben die Fahrzeuge wieder zum Kai dirigiert, bis genau an die Landungsbrücke. Mit Vergnügen erkennen sie den vertrauten Geruch von Lackfarbe und Gummi wieder und fühlen mit Erleichterung die Bohlen und Teppichböden unter ihren Füßen, die so viel verlässlicher sind als das fremde Steinpflaster an Land.

Das Service-Personal ist schon da. Jeder steht auf seinem Posten, liebenswürdig und zuverlässig. Man kann seinen Platz an der Bar wieder einnehmen und sich sagen, »das mit dem Reisen ist ja schön und gut, aber nichts geht über das Zuhause, oder?«

Gabriel García Márquez

Fluss-Kreuzfahrt

Bei einem seiner ersten Besuche hatte Florentino Ariza, als er von seinen Schiffen sprach, Fermina Daza in aller Form zu einer Erholungsreise auf dem Fluss eingeladen. Dann hätte sie nach einem weiteren Tag Zugfahrt die Hauptstadt der Republik kennenlernen können, die sie wie die meisten Küstenbewohner ihrer Generation noch bei dem Namen nannte, den die Stadt bis ins letzte Jahrhundert hincin gehabt hatte: Santa Fé. Doch Fermina Daza hielt sich an die Abneigung ihres Mannes und hatte keine Lust, eine eisige und düstere Stadt zu besuchen, in der die Frauen das Haus nur für die Fünf-Uhr-Messe verlassen und weder Eisdielen noch öffentliche Ämter betreten durften, wie man ihr erzählt hatte, wo der Verkehr zu jeder Tageszeit wegen der vielen Trauerzüge stocke und seit Maulesels Tagen ein dünner Nieselregen falle: schlimmer als in Paris. Der Fluss hingegen zog sie mächtig an, sie wollte die Kaimane sehen, die sich auf den Sandbänken sonnten, wollte mitten in der Nacht von der Weiberklage der Seekühe geweckt werden, allerdings hatte der Gedanken an eine so mühselige Reise in ihrem Alter, allein und als Witwe, etwas Unwirkliches für sie.

Florentino Ariza wiederholte diese Einladung später, als sie sich dazu entschlossen hatte, auch ohne ihren Mann weiterzuleben, und nun konnte sie es sich schon eher vorstellen. Nach dem Zerwürfnis mit der Tochter aber, als sie über die Verleumdung des Vaters verbittert war, voll Zorn gegen den toten Ehemann und wütend über die heuchlerischen Schmeicheleien von Lucrecia del Real, die sie jahrelang für ihre beste Freundin gehalten hatte, fühlte sie sich im eigenen Haus überflüssig. Eines Nachmittags, als sie auf der Terrasse ihren Kräutertee trank, schaute sie auf das Schlammfeld im Garten, wo der Baum ihres Unglücks nicht wieder ausschlagen konnte.

»Am liebsten würde ich aus diesem Haus verschwinden, einfach weglaufen, geradeaus, immer geradeaus, und nie mehr zurückkommen.«

»Steig auf ein Schiff«, sagte Florentino Ariza.

Fermina Daza sah ihn nachdenklich an.

»Das wäre gar nicht so dumm«, sagte sie.

Sie hatte es noch nicht erwogen, als sie das sagte, doch indem sie es in Betracht zog, wurde es zur beschlossenen Sache. Sohn und Schwiegertochter zeigten größtes Verständnis. Florentino Ariza beeilte sich klarzustellen, dass Fermina Daza auf seinen Schiffen Ehrengast sein würde, eine wie ihr eigenes Haus ausgestattete Kabine für sie bereitstünde, dass sie bestens bedient und der Kapitän persönlich über ihre Sicherheit und ihr Wohlbefinden wachen würde. Florentino Ariza brachte Karten von der Reiseroute mit, um sie zu begeistern, Postkarten von furiosen Sonnenuntergängen, Gedichte auf das ursprüngliche Paradies von La Magdalena, geschrieben von berühmten Reisenden oder von solchen, die durch das herrliche Gedicht berühmt geworden waren. Wenn sie in Laune war, warf sie einen Blick darauf.

»Du musst mich nicht wie ein Kind überlisten. Wenn ich fahre«, sagte sie, »dann fahre ich, weil ich es so entschieden habe und nicht wegen der landschaftlichen Reize.«

Als der Sohn vorschlug, seine Frau könne sie begleiten, lehnte sie das rundweg ab: »Ich bin alt genug, auf mich muss keiner aufpassen.« Sie regelte die Einzelheiten der Reise selbst. Bei dem Gedanken, acht Tage flussaufwärts und fünf flussabwärts nur mit dem Allernötigste zu leben, spürte sie eine unendliche Erleichterung: nur ein halbes Dutzend Baumwollkleider, das Waschzeug, ein paar Schuhe, um an Bord zu gehen und das Schiff später wieder zu verlassen, für die Reise Hausschuhe und sonst nichts: der Traum ihres Lebens.

Im Januar 1824 hatte der Gründer der Flussschifffahrt, Kommodore Juan B. Elbers, die Flagge auf dem ersten Dampfschiff gesetzt, das den Magdalena durchfurchen sollte, ein primitiver Kasten von vierzig Pferdestärken, der *Fidelidad*, Treue, hieß. Ein gutes Jahrhundert später begleiteten Doktor Urbino Daza und seine Frau die Mutter an Bord des Schiffes, mit dem sie ihre erste Reise auf dem Fluss machen sollte. Es war das erste, das von heimischen Werften gebaut worden war, und Florentino Ariza hatte es in Erinnerung an seinen ruhmreichen Vorgänger *Nueva Fidelidad* getauft. Fermina Daza wollte nie glauben, dass es sich bei diesem für sie beide so bedeutsamen Namen tatsächlich um einen historischen Zufall handelte und nicht um einen weiteren geistreichen Einfall, der Florentino Arizas chronischem Romantisieren zu verdanken war.

Jedenfalls hatte die *Nueva Fidelidad* im Unterschied zu anderen alten oder modernen Flussdampfern neben der Kapitänskabine noch eine weitere großzügige Kabine mit allem

Komfort: ein kleiner Salon mit Bambusmöbeln in fröhlichen Farben, ein ganz mit chinesischen Motiven dekoriertes eheliches Schlafzimmer, ein Bad mit Wanne und Dusche, dazu einen überdachten Ausguck mit Hängepflanzen und Aussicht auf das Vorderschiff sowie beide Seiten. Im Übrigen schützte ein geräuscharmes Kühlsystem den ganzen Raum vor dem Getöse draußen und tauchte ihn in ein Klima ständigen Frühlings. Diese Luxussuite, die Präsidentenkabine genannt wurde, weil bereits drei Präsidenten der Republik darin gereist waren, hatte keinen kommerziellen Zweck, sie war für hohe Amtsträger und besondere Ehrengäste reserviert. Florentino Ariza hatte sie, kaum zum Präsidenten der K.F.K. gewählt, aus Repräsentationsgründen einrichten lassen, dabei jedoch die innere Gewissheit gehabt, dass sie früher oder später das glückliche Refugium seiner Hochzeitsreise mit Fermina Daza sein würde.

Als es so weit war, zog diese denn auch als Herrin und Besitzerin in die Kabine ein. Der Kapitän des Schiffes machte mit Champagner und Räucherlachs für Doktor Urbino Daza, seine Gattin und für Florentino Ariza die Honneurs an Bord. Er hieß Diego Samaritano und trug eine weiße Leinenuniform, die von den Stiefelspitzen bis zur Mütze mit dem in Goldfäden eingestickten Wappen der K.F.K. absolut untadelig war; wie die anderen Flusskapitäne hatte er die Korpulenz eines Ceibabaums, die gebieterische Stimme und das Auftreten eines florentinischen Kardinals.

Um sieben Uhr abends ertönte das erste Aufbruchsignal, das in Fermina Dazas linkem Ohr mit einem stechenden Schmerz widerhallte. In der Nacht zuvor hatte sie von unheilvollen Vorzeichen erfüllte Träume gehabt, die sie nicht zu deuten wagte. Sehr früh am Morgen hatte sie sich noch zum in der Nähe liegenden Pantheon des Priesterseminars fahren lassen, wie damals der Friedhof von La Manga genannt wurde, und vor der Krypta ihres verstorbenen Mannes stehend, hatte sie sich mit ihm in einem Monolog versöhnt, in dem sie all die gerechtfertigten Vorwürfe los wurde, die sie bis dahin heruntergeschluckt hatte. Dann erzählte sie ihm Näheres über die Fahrt und verabschiedete sich bis auf bald. Sie wollte niemandem sonst von ihrem Aufbruch erzählen, so wie sie es, um das anstrengende Abschiednehmen zu umgehen, auch meistens vor ihren Europareisen gehalten hatte. Trotz ihrer vielen Reisen war ihr, als sei diese die erste, und während der Tag verging, vertiefte sich ihr Unbehagen. Schließlich an Bord, fühlte sie sich verlassen und traurig und wäre am liebsten allein gewesen, um weinen zu können.

Als das letzte Signal ertönte, verabschiedeten sich Doktor Urbino Daza und seine Frau ohne viel Aufhebens von ihr, und Florentino Ariza begleitete die beiden bis zur Landungsbrücke. Doktor Urbino Daza wollte ihm hinter seiner Frau den Vortritt lassen, und erst da wurde klar, dass Florentino Ariza mit auf die Reise ging. Doktor Urbino Daza konnte seine Verwirrung nicht verbergen.

»Davon war aber doch nie die Rede«, sagte er.

Florentino Ariza zog ostentativ seinen Kabinenschlüssel aus der Tasche: eine gewöhnliche Kabine auf dem Mitteldeck. Doch das genügte Doktor Urbino Daza nicht als Unschuldsbeweis. In seiner Bestürzung suchte er nach einem Halt und sah seine Frau mit dem Blick eines Schiffbrüchigen an, begegnete aber nur zwei eisigen Augen. Leise, aber streng sagte sie: »Auch du?« Ja: Wie seine Schwester Ofelia meinte auch er, dass es ein Alter gibt, in dem Liebe anstößig wird. Doch er fing sich noch beizeiten und verabschiedete sich von Florentino Ariza mit einem eher resignierten als dankbaren Händedruck.

Florentino Ariza stand an der Reling vor dem Salon und sah sie von Bord gehen. Wie er es erwartet und gewünscht hatte, drehten sich Doktor Urbino Daza und seine Frau noch einmal nach ihm um, bevor sie in das Automobil stiegen, und er winkte ihnen zum Abschied. Beide winkten zurück. Er blieb an der Reling stehen, bis der Wagen in einer Staubwolke vom Kai verschwunden war, und ging dann in seine Kabine, um sich etwas Passendes für das erste Essen an Bord in der Kapitänsmesse anzuziehen.

Es wurde ein herrlicher Abend, den Kapitän Diego Samaritano mit saftigen Geschichten aus vierzig Jahren Flussfahrt zu würzen wusste, aber Fermina Daza musste sich große Mühe geben, amüsiert zu wirken. Obgleich das letzte Abfahrtssignal um acht Uhr ertönt war und man dann die Gäste von Bord geschickt und die Landungsbrücke eingeholt hatte, legte das Schiff erst ab, als der Kapitän fertig zu Abend gegessen hatte und das Manöver von der Kommandobrücke aus leiten konnte. Fermina Daza und Florentino Ariza blieben auf dem Promenadendeck zwischen den lärmenden Passagieren stehen, die sich dem Spielchen hingaben, die Lichter der Stadt zu identifizieren, bis das Schiff aus der Bucht ausgelaufen war, in unsichtbaren Fahrrinnen durch die von den schwimmenden Lichtern der Fischerboote gesprenkelten Lagunen steuerte und schließlich in der freien Luft des Rio Grande de la Magdalena aus voller Lunge schnaubte. Da setzte die Kapelle mit einem volkstümlichen Schlager ein, es gab ein Aufjauchzen unter den Passagieren, und der Tanz wurde turbulent eröffnet.

Fermina Daza zog es vor, in ihre Kabine zu gehen. Sie hatte den ganzen Abend über kein Wort gesagt, und Florentino Ariza überließ sie rücksichtsvoll ihren Grübeleien. Erst vor der Kabine machte er sich bemerkbar, er wollte sich verabschieden, sie aber war nicht müde, nur etwas fröstelig und schlug vor, sich noch ein wenig zusammen in ihren privaten Ausguck zu setzen, um den Fluss zu betrachten. Florentino Ariza rückte zwei Korbsessel bis an die Balustrade, löschte die Lichter, legte ihr einen Wollschal um die Schultern und setzte sich neben sie. Sie drehte sich eine Zigarette aus der Tabakschachtel, die er ihr geschenkt hatte, drehte sie mit erstaunlicher Geschicklichkeit, rauchte sie langsam mit der Glut im Mund, sprach nicht, drehte dann noch zwei Zigaretten und rauchte ohne Unterbrechung. Florentino Ariza trank Schluck für Schluck zwei Thermoskannen mit schwarzem Kaffee leer.

Der Widerschein der Stadt war hinter dem Horizont verschwunden. Von ihrem dunklen Ausguck aus verwandelte sich der stille, glatte Fluss mit den Wiesen an beiden Ufern unter dem Vollmond zu einer einzigen phosphoreszierenden Ebene. Ab und zu war eine Strohhütte neben großen Feuern zu sehen, die anzeigten, dass es dort Brennholz für die Schiffskessel zu kaufen gab. Florentino Ariza bewahrte verschwommene Erinnerungen an die Reise in seiner Jugend, und der Anblick des Flusses ließ sie in blendenden Bruchstücken wiederaufleben, als sei das alles gestern gewesen. Er begann Fermina Daza davon zu erzählen, glaubte sie damit aufmuntern zu können, doch sie rauchte in einer anderen Welt. So verzichtete Florentino Ariza auf seine Erinnerungen und ließ sie mit den ihren allein, drehte ihr inzwischen Zigaretten und reichte sie ihr schon angezündet, bis die Schachtel leer war. Die Musik verstummte nach Mitternacht, der Lärm der Passagiere verlor sich, löste sich in ein schläfriges Flüstern auf, und die beiden Herzen blieben allein im Schatten des Ausgucks, lebten im keuchenden Takt des Schiffes.

Nach einer langen Zeit sah Florentino Ariza Fermina Daza an, im Glanz des Flusses wirkte sie wie ein Geist auf ihn, ein bläulicher Schein machte ihr statuenhaftes Profil sanfter, und er sah, dass sie stumm weinte. Statt sie aber zu trösten oder zu warten, bis ihre Tränen versiegt waren, wie sie es sich gewünscht hatte, geriet er in Panik.

»Möchtest du allein sein?«, fragte er.

»Wenn ich es wollte, hätte ich dich nicht hereingebeten«, sagte sie.

Woraufhin er seine eisige Hand in die Dunkelheit streckte, im Finstern nach der anderen Hand tastete und sie, die auf ihn wartete, fand. Beide waren nüchtern genug, sich einen flüchtigen Moment lang einzugestehen, dass keine der verknöcherten alten Hände die war, die sie sich vor der Berührung vorgestellt hatten. Aber einen Augenblick später waren sie es bereits. Und als Fermina Daza von ihrem toten Mann in der Gegenwart, so als lebe er noch, zu sprechen begann, erkannte Florentino Ariza, dass auch für sie die Stunde gekommen war, sich mit Würde, Größe und einem unbezwingbaren Lebenshunger zu fragen, wohin mit der Liebe, die herrenlos zurückgeblieben war.

Fermina Daza rauchte nicht weiter, um nicht die Hand loslassen zu müssen, die die ihre hielt. Sie war erfüllt von dem Verlangen zu verstehen. Sie konnte sich keinen besseren Ehemann als den ihren vorstellen und stieß dennoch bei der Rückbesinnung auf ihr Leben auf mehr Störendes als Angenehmes, zu oft hatte es am gegenseitigen Verständnis gefehlt, unnötige Streitereien und Verstimmungen gegeben, die nicht ausgeräumt wurden. Sie seufzte plötzlich: »Kaum zu glauben, Teufel noch mal, dass man so viele Jahre lang inmitten von so viel Kleinkram und Ärger so glücklich sein kann, ohne wirklich zu wissen, ob das die Liebe ist oder nicht.« Als sie ihr Herz ausgeschüttet hatte, war der Mond von jemandem gelöscht worden. Der Dampfer bewegte sich gemessenen Schrittes voran, Fußbreit um Fußbreit, vorsichtig wie ein riesiges Tier, das sich anschleicht. Fermina Daza war aus ihrer Seelenangst aufgetaucht.

»Geht jetzt«, sagte sie.

Florentino Ariza drückte ihr die Hand, beugte sich zu ihr hinüber und versuchte, sie auf die Wange zu küssen. Doch sie entzog sich ihm mit ihrer heiseren und sanften Stimme.

»Das nicht«, sagte sie, »ich rieche nach altem Weib.«

Sie hörte ihn in der Dunkelheit hinausgehen, hörte seine Schritte auf der Treppe und wie er bis zum nächsten Tag aus dem Leben verschwand. Fermina Daza zündete noch eine Zigarette an und sah, während sie rauchte, Doktor Juvenal Urbino in seinem untadeligen weißen Leinenanzug vor sich, seine professionelle Strenge, seinen blendenden Charme, seine abgesegnete Liebe, er stand auf einem anderen Schiff der Vergangenheit und winkte ihr mit seinem weißen Hut zu. »Wir Männer sind jämmerliche Sklaven von Vorurteilen«,

André, mein verlorener Geliebter,
welch schmerzliche Trennung! Doch wie lieb von Dir, mir Deine Adresse dazulassen. Ich war wie gelähmt, keines Wortes fähig... Ich sehe Dich noch, die Arme auf die Reling gestützt, als die Gangway hochgezogen wird. Sehe Dein fassungsloses Gesicht, Dein verzweifeltes Winken, als das Schiff ablegt und Du – endlich! – merkst, dass ich auf Deinem Koffer sitze.

hatte er ihr einmal gesagt. »Wenn eine Frau aber beschließt, mit einem Mann zu schlafen, gibt es keine Hürde, die sie nicht überspringen, und keine Festung, die sie nicht schleifen würde, noch moralische Bedenken irgendwelcher Art, die sie nicht bereit wäre, über Bord zu werfen: Da hat Gott seine Macht verloren.« Fermina Daza blieb bis zum Morgengrauen reglos sitzen und dachte an Florentino Ariza, nicht an den trostlosen Wächter im Parque de los Evangelios, der in ihrer Erinnerung nicht einen Funken von Sehnsucht weckte, sie dachte an den hinkenden Florentino Ariza von heute, der zwar gebrechlich, dafür aber wirklich war: der Mann, der immer in Reichweite gewesen war und den sie nicht zu erkennen vermocht hatte. Während das Schiff sie schnaubend dem Leuchten der ersten Rosen entgegentrug, bat sie Gott nur um eines, Florentino Ariza möge wissen, wo er am nächsten Tag neu beginnen müsste.

Er wusste es. Fermina Daza gab dem Steward Anweisung, sie so lange schlafen zu lassen, wie sie wollte, und als sie aufwachte, stand auf dem Nachttisch eine Vase mit einer noch vom Tau benetzten weißen Rose, und daneben lag ein Brief Florentino Arizas mit so vielen Seiten, wie ihm, seitdem er sich von ihr verabschiedet hatte, zu füllen gelungen war. Es war ein gelassener Brief, der nur die Stimmung beschreiben wollte, die den Verfasser seit der vergangenen Nacht erfüllte: lyrisch wie die anderen Briefe, rhetorisch wie alle, doch erfüllt von Wirklichkeit. Fermina Daza las ihn und schämte sich dabei etwas über den wilden Galopp ihres Herzens. Der Brief endete mit der Bitte, dem Steward Bescheid zu geben, sobald sie fertig sei, da der Kapitän sie auf der Brücke erwarte, um ihnen den Dampfer zu erklären.

Um elf Uhr war sie bereit, gebadet und nach Blumenseife duftend, sie trug ein schlichtes Witwenkleid aus dünner grauer Baumwolle und hatte sich von der Nacht erholt. Sie bestellte bei dem in makelloses Weiß gekleideten Steward des Kapitäns ein einfaches Frühstück, trug ihm jedoch nicht auf, man solle sie abholen. Sie machte sich geblendet vom wolkenlosen Himmel allein auf den Weg und traf Florentino Ariza, der sich mit dem Kapitän unterhielt, auf der Brücke. Er wirkte verändert, nicht nur weil sie ihn jetzt mit anderen Augen sah, sondern weil er sich tatsächlich verändert hatte. Statt seiner lebenslangen Trauerkleidung trug er nun bequeme weiße Schuhe, eine Leinenhose und ein kurzärmeliges Leinenhemd mit offenem Kragen und einer Brusttasche, auf die sein Monogramm gestickt war. Dazu passte seine ebenfalls weiße Schottenmütze, und an der ewigen Brille des Kurzsichtigen hatte er getönte Gläser befestigt. Ganz offensichtlich war alles neu und gerade erst für den Zweck der Reise gekauft worden, mit Ausnahme des abgewetzten braunen Ledergürtels, den Fermina Daza sofort, wie ein Haar in der Suppe, bemerkte. Als sie den Mann sah, der sich so offenkundig für sie eingekleidet hatte, konnte sie nicht verhindern, dass ihr brennende Röte ins Gesicht stieg. Sie war verwirrt, als sie ihn begrüßte, und ihn verwirrte ihre Verwirrung. Das Bewusstsein, sich wie ein Liebespaar zu benehmen, verwirrte beide noch mehr, und das Bewusstsein, verwirrt zu sein, verwirrte beide dermaßen, dass es Kapitän Samaritano vor Mitgefühl bebend registrierte. Er half ihnen über die Verlegenheit hinweg, indem er ihnen zwei Stunden lang die Bedienung des Steuers und der Maschinen des Dampfers erklärte. Sie fuhren langsam auf einem Fluss ohne Ufer dahin, der sich am Horizont zwischen kahlen Sandbänken verlor. Doch anders als das aufgewühlte Wasser im Mündungsgebiet war der Strom hier langsam und durchsichtig und von metallischem Glanz unter der gnadenlosen Sonne. Fermina Daza hatte den Eindruck, ein Delta voller Sandinseln läge vor ihr.

»Das ist das wenige, was uns vom Fluss noch bleibt«, sagte der Kapitän.

Florentino Ariza war in der Tat verwundert über die Veränderungen und sollte es am nächsten Tag noch mehr sein, als es abermals mühsamer wurde, voranzukommen, und er einsehen musste, dass der Magdalena, einer der großen Ströme der Welt, nur noch ein Trugbild seiner Erinnerung war. Kapitän Samaritano erklärte ihnen, wie das planlose Abholzen den Fluss innerhalb von fünfzig Jahren erledigt hatte: Die Schiffskessel hatten dieses Urwalddickicht aus kolossalen Bäumen verschlungen, das Florentino Ariza auf seiner ersten Fahrt noch als bedrohlich empfunden hatte. Fermina Daza würde die Tiere ihrer Träume nicht mehr sehen: Die Jäger der Gerbereien von New Orleans hatten die Kaimane ausgerottet, die sich einst stundenlang mit offenem Rachen an den Flussufern totgestellt hatten, um die Schmetterlinge zu überlisten, die plappernden Papageien und die langschwänzigen Affen mit ihrem Gekecker waren, als die Laubkronen dahinschwanden, allmählich ausgestorben, und den Seekühen, die ihre Jungen an den großen Zitzen säugten und mit untröstlichen Frauenstimmen auf den Sandbänken klagten, hatten die Mantelgeschosse der Sonntagsjäger ein Ende bereitet.

Kapitän Samaritano hegte fast mütterliche Gefühle für

die Seekühe, sie kamen ihm vor wie vornehme Damen, die wegen einer Liebeseskapade verdammt worden waren, und er glaubte an die Legende, dass sie im Tierreich die einzigen Weibchen ohne dazugehörige Männchen waren. Er war stets eingeschritten, wenn von Bord aus auf sie geschossen worden war, wie es trotz des gesetzlichen Verbots allgemein üblich war. Ein Jäger aus North Carolina mit einwandfreien Papieren hatte seinen Befehl nicht befolgt und mit einem gezielten Schuss seiner Springfield den Kopf eines Muttertieres zerschmettert, dessen Junges toll vor Schmerzen auf dem niedergestreckten Kadaver seine Klageschreie ausstieß. Der Kapitän hatte das Waise an Bord bringen lassen, um sich darum kümmern zu können, und dann den Jäger auf der einsamen Sandbank neben dem Kadaver des ermordeten Muttertiers ausgesetzt. Aufgrund von diplomatischen Protestnoten kam er für sechs Monate ins Gefängnis und hätte fast sein Kapitänspatent verloren, war aber, als er wieder herauskam, entschlossen, bei ähnlichen Gelegenheiten erneut so zu handeln. Es hatte sich jedoch um ein historisches Ereignis gehandelt: Das verwaiste Jungtier, das in dem Park für seltene Tiere in San Nicolás de las Barrancas aufwuchs und dort lange Jahre lebte, war das letzte Exemplar seiner Art, das im Fluss gesichtet wurde.

»Jedes Mal, wenn ich an jener Sandbank vorbeifahre«, sagte er, »bete ich zu Gott, dass sich dieser Gringo noch einmal auf meinem Dampfer einschifft, damit ich ihn wieder dort absetzen kann.«

Fermina Daza, die den Kapitän nicht besonders sympathisch gefunden hatte, war nun so gerührt über diesen sanften Riesen, dass sie ihm seit jenem Morgen einen Vorzugsplatz in ihrem Herzen einräumte. Sie tat gut daran: Die Fahrt hatte eben erst begonnen und sollte ihr noch Gelegenheit genug bieten, sich davon zu überzeugen, dass sie sich nicht geirrt hatte.

Fermina Daza und Florentino Ariza blieben auf der Brücke, bis es Zeit zum Mittagessen war, kurz nachdem sie die Siedlung Calamar passiert hatten, wo vor wenigen Jahren noch ständig Feste gefeiert worden waren, nun aber der Hafen in Trümmern und die Straßen verlassen dalagen. Als einziges Wesen sah man vom Schiff aus eine weißgekleidete Frau, die mit dem Taschentuch winkte. Fermina Daza verstand nicht, warum man diese Frau, die doch so verängstigt wirkte, nicht abholte, doch der Kapitän erklärte ihr, dass es sich um die Erscheinung einer Ertrunkenen handele, die falsche Zeichen gäbe, um die Schiffe in die gefährlichen Strudel am anderen Ufer zu locken. Sie fuhren so nah an ihr vorüber, dass Fermina Daza sie deutlich in der Sonne erkennen konnte, sie zweifelte nicht daran, dass die Frau nicht wirklich existierte, aber ihr Gesicht kam ihr bekannt vor.

Es war ein langer und heißer Tag. Nach dem Essen ging Fermina Daza in die Kabine zurück, um ihre unvermeidliche Siesta zu halten, schlief aber unruhig wegen der Ohrenschmerzen, die noch schlimmer wurden, als der Dampfer mit einem anderen Schiff der K.F.K., dem er einige Meilen oberhalb von Barranca Vieja begegnete, die üblichen Begrüßungssignale austauschte. Florentino Ariza schüttelte einen flüchtigen Traum ab. Er saß im großen Salon, wo die meisten Passagiere schliefen, als sei es Mitternacht; er hatte ganz in der Nähe des Ortes, wo er sie an Bord hatte steigen sehen, von Rosalba geträumt; sie reiste allein, gekleidet wie die Frauen aus Mompox im vergangenen Jahrhundert, und sie, nicht das Kind, hielt die Siesta in einem von den Deckenbalken hängenden Korbkäfig. Der Traum war so rätselhaft und zugleich so anregend, dass Florentino Ariza sich den ganzen Nachmittag damit beschäftigte, während er mit dem Kapitän und zwei befreundeten Passagieren Domino spielte.

Die Hitze ließ bei Sonnenuntergang nach, und das Schiff lebte wieder auf. Die Passagiere tauchten aus ihrer Lethargie auf und setzten sich frisch gebadet und gekleidet in die Korbsessel im Salon, um auf das Abendessen zu warten, das Schlag fünf Uhr von einem Tischsteward angekündigt wurde, der mit einem Sakristansglöckchen klingelnd unter scherzhaftem Applaus der Anwesenden von einem Ende des Decks zum anderen lief. Während des Essens begann die Kapelle Fandangomusik zu spielen, und es wurde bis Mitternacht getanzt.

Fermina Daza wollte wegen der Ohrenschmerzen nicht zu Abend essen, stattdessen schaute sie dabei zu, wie an einer kahlen Uferböschung, wo nur Stämme aufgeschichtet lagen, zum ersten Mal Holz für die Schiffskessel geladen wurde. Ein alter Mann wickelte den Handel ab, sonst schien es meilenweit keinen Menschen mehr zu geben. Für Fermina Daza war es ein langer und langweiliger Zwischenaufenthalt, undenkbar auf einer Fahrt mit einem europäischen Transatlantikdampfer, und die Hitze war so groß, dass sie sogar in dem künstlich kühl gehaltenen Ausguck noch zu spüren war. Als aber das Schiff wieder Fahrt machte, ging ein Wind, der nach tiefstem Urwald roch, und auch die Musik wurde fröhlicher. In der Siedlung Sitio Nuevo leuchtete in einem einzigen Haus, in einem einzigen Fenster ein einziges Licht, und da im Hafenbüro nicht das vereinbarte Signal gegeben wurde, dass Fracht oder Passagiere mitgenommen werden sollten, fuhr der Dampfer ohne Sirenenzeichen daran vorbei.

Fermina Daza hatte sich den ganzen Nachmittag über gefragt, was sich Florentino Ariza wohl einfallen lassen würde, um sie zu sehen, ohne bei ihr an die Kabinentür klopfen zu müssen, und gegen acht Uhr hatte sie ein solches Verlangen, mit ihm zusammen zu sein, dass sie es nicht länger aushielt. In der Hoffnung, ihm zufällig zu begegnen, ging sie auf den Gang hinaus und musste nicht weit gehen. Florentino Ariza saß dort auf einer Bank, still und traurig wie im kleinen Parque de los Evangelios, und hatte schon seit zwei Stunden darüber gegrübelt, was er nur tun könnte, um sie zu sehen. Beide machten die gleiche überraschte Gebärde, die beide als unecht erkannten, und wandelten dann gemeinsam über das Erste-Klasse-Deck, auf dem sich die jungen Leute drängten, vor allem fröhlich lärmende Studenten, die das letzte Ferienvergnügen geradezu gierig auslebten. In der Bar tranken die beiden, wie die Studenten am Tresen sitzend, ein Erfrischungsgetränk in Flaschen, und sie erkannte sich plötzlich in einer Situation, die ihr Angst machte. »Wie entsetzlich«, sagte sie, und Florentino Ariza fragte, was sie so sehr beeindruckte, an was sie denke.

»An die armen alten Leutchen«, sagte sie. »Die, die mit dem Ruder erschlagen worden sind.«

Nach einer langen ungetrübten Unterhaltung im dunklen Ausguck gingen beide, als die Musik aufhörte, schlafen. Es gab keinen Mond, der Himmel war bedeckt und am Horizont ein Wetterleuchten, das sie für Augenblicke in Licht tauchte. Florentino Ariza drehte ihr die Zigaretten, aber sie rauchte nicht mehr als vier davon, so sehr quälte sie der Schmerz, der momentweise nachließ, um dann wieder heftiger zu werden, wenn das Schiff bei der Begegnung mit einem anderen aufheulte oder wenn sie ein verschlafenes Dorf passierten oder wenn der Kapitän die Fahrt drosselte, um die Wassertiefe auszuloten. Florentino Ariza sagte ihr, mit wie viel Sehnsucht er sie immer bei den Blumenspielen beobachtet habe, bei der Ballonfahrt, auf dem Akrobaten-Hochrad, und wie sehnsüchtig er das ganze Jahr über auf offizielle Feiern gewartet habe, nur um sie zu sehen. Sie dagegen hatte sich vor knapp einem Jahr beim Lesen seiner Briefe gefragt, wie es möglich sei, dass er nie an den Blumenspielen teilgenommen hatte: Er hätte sie zweifellos gewonnen. Florentino Ariza log: Er schreibe nur für sie, schreibe Gedichte für sie, die nur er lese. Nun war sie es, die in der Dunkelheit seine Hand suchte, und er hatte sie nicht erwartet, wie sie in der vergangenen Nacht die seine, sondern wurde von ihr überrascht. Ihm gefror das Herz.

»Wie seltsam doch die Frauen sind«, sagte er.

Sie lachte auf, das tiefe Gurren einer jungen Taube, und musste dann wieder an die Greise auf dem Boot denken. Es war schicksalhaft: Dieses Bild sollte sie immer verfolgen. In jener Nacht aber konnte sie es ertragen, denn sie fühlte sich ruhig und wohl wie selten in ihrem Leben: frei von jeder Schuld. So hätte sie bis zum Morgengrauen sitzen bleiben können, schweigend, seine eisschwitzende Hand in der ihren, aber die Qual der Ohrenschmerzen wurde unerträglich. Als daher die Musik verstummte und der Lärm der Zwischendeckpassagiere, die ihre Hängematten im Salon befestigten, aufhörte, sah sie ein, dass der Schmerz stärker war als ihr Wunsch, mit ihm zusammen zu sein. Schon darüber zu sprechen hätte ihr Erleichterung verschafft, das wusste sie, sie tat es jedoch nicht, um ihn nicht zu beunruhigen. Denn zu diesem Zeitpunkt glaubte sie ihn schon so gut zu kennen, als hätte sie das ganze Leben mit ihm verbracht, und sie traute ihm zu, das Schiff zurück in den Hafen zu beordern, wenn sie das von den Schmerzen befreit hätte.

Florentino Ariza hatte vorausgesehen, dass diese Nacht so ablaufen würde, und zog sich zurück. Als er schon an der Kabinentür stand, versuchte er, sie zum Abschied zu küssen, doch sie hielt ihm ihre linke Wange hin. Bereits schwer atmend, insistierte er, worauf sie ihm mit einer Koketterie, die er an dem Schulmädchen nicht gekannt hatte, die andere Wange bot. Er insistierte ein zweites Mal, und sie empfing ihn mit den Lippen, empfing ihn mit einem untergründigen Beben, das ein seit seiner Hochzeitsnacht vergessenes Lachen ersticken sollte.

»Mein Gott«, rief sie aus, »was bin ich auf Schiffen verrückt.«

Mark Twain

Passagiere und Kapitäne

Den ganzen Sonntag vor Anker. Der Sturm hatte sich weitgehend beruhigt, aber die See nicht. »Draußen« türmte sie noch immer schaumige Hügel hoch in die Luft, wie wir durch das Fernglas deutlich erkennen konnten. An einem Sonntag konnten wir schicklicherweise keine Vergnügungsreise beginnen; wir konnten unerprobte Mägen nicht einer solch mitleidslosen See überantworten. Wir mussten bis Montag stillliegen. Und das machten wir auch.

Ich war an diesem Sonntagmorgen früh auf und ging zeitig zum Frühstück. Ich verspürte einen ganz natürlichen Drang, einen gründlichen, langen, vorurteilsfreien Blick auf die Passagiere zu werfen, und zwar dann, wenn sie sich ungezwungen geben – und das ist beim Frühstück, wenn es im Leben menschlicher Geschöpfe überhaupt solch einen Moment gibt.

Ich war sehr überrascht, so viele ältere Leute zu sehen – ich könnte fast sagen, so viele ehrwürdige Leute. Ein Blick auf die lange Reihe von Köpfen konnte den Eindruck erwecken, sie wären *alle* grau. Aber das war nicht der Fall. Es gab eine leidliche Anzahl junger Leute dazwischen und eine weitere Anzahl von Herren und Damen unbestimmten Alters, die weder wirklich alt noch eigentlich jung waren.

Am nächsten Morgen lichteten wir die Anker und stachen

in See. Alle waren sehr froh darüber, dass es nach dieser entmutigenden Verzögerung nun fortging. Ich dachte, es hätte noch nie solche Freude in der Luft gelegen, so viel Glanz im Sonnenschein und solche Schönheit im Meer. In diesem Augenblick war ich zufrieden mit unserem Ausflug und mit all seinem Drum und Dran. Alle boshaften Instinkte waren in mir erloschen; und als Amerika außer Sicht geriet, ich glaube, da wuchs statt ihrer ein Gefühl gütiger Nachsicht heran, das im Moment so grenzenlos war wie der weite Ozean, der rings um uns wogte. Ich wollte mein Empfinden zum Ausdruck bringen – ich wollte meine Stimme erheben und singen, aber ich kannte nichts, was ich hätte singen können, und so musste ich die Absicht aufgeben. Aber vielleicht war das nicht einmal zum Schaden des Schiffes.

Eine Brise wehte, und es war angenehm, aber die See ging noch immer sehr hoch. Man konnte nicht promenieren, ohne seinen Hals zu riskieren; einmal zielte der Bugspriet tödlich genau auf die hoch am Himmel stehende Sonne, im nächsten Augenblick versuchte er, auf dem Grunde des Ozeans einen Haifisch zu harpunieren. Was für ein unheimliches Gefühl, das Heck des Schiffes schnell unter sich wegsinken zu fühlen und gleichzeitig zu sehen, wie der Bug hoch hinauf zwischen die Wolken klettert! An diesem Tag war es die sicherste Methode, sich an die Reling zu klammern und sich festzuhalten. Laufen war ein zu gewagter Zeitvertreib.

Durch eine glückliche Fügung wurde ich nicht seekrank. Darauf konnte ich stolz sein. Ich war nicht immer so gut davongekommen. Wenn etwas in der Welt einen Menschen ganz besonders und unerträglich eitel machen kann, so ist es ein Magen, der sich am ersten Tag auf See gut benimmt, wenn fast alle Gefährten seekrank sind. Bald erschien an der Tür des hinteren Deckhauses ein ehrwürdiges Fossil, bis zum Kinn in einen Schal gehüllt und wie eine Mumie bandagiert, und das nächste Schlingern des Schiffes schoss den Mann in meine Arme. Ich sagte: »Guten Morgen, Sir. Ein schöner Tag heute!«

Er legte die Hand auf den Magen und sagte: »O Gott!«, schwankte dann davon und fiel über die Verkleidung eines Decklichts.

Gleich darauf wurde ein weiterer alter Herr mit großer Gewalt aus derselben Tür herausgeschleudert. Ich sagte: »Beruhigen Sie sich, Sir – es eilt nicht. Ein schöner Tag heute, Sir!«

Auch er legte die Hand auf den Magen und sagte: »O Gott!«, und taumelte davon.

Nach einer kleinen Weile wurde ein weiterer Veteran abrupt aus derselben Tür abgefeuert und griff in die Luft, nach einer rettenden Stütze. Ich sagte:

»Guten Morgen, Sir. Ein schöner Tag für eine Vergnügungsreise. Sie wollten gerade sagen …«

»O Gott!«

Das hatte ich mir gedacht. Bei *ihm* jedenfalls hatte ich es vorausgesehen. Ich blieb dort und wurde etwa eine halbe Stunde lang mit alten Herren bombardiert; und alles, was ich aus ihnen herausbekam, war: »O Gott!«

Ich ging dann nachdenklich davon. Ich sagte mir, das ist eine gute Vergnügungsreise. Sie macht mir Spaß. Die Passagiere sind nicht geschwätzig, aber doch umgänglich. Ich mag diese alten Leute gern, aber irgendwie haben sie es sehr mit dem »O Gott«.

Ich wusste, was mit ihnen los war. Sie waren seekrank. Und ich freute mich darüber. Wir alle sehen Leute gern seekrank, wenn wir selbst es nicht sind. Unter den Kajütenlampen Whist zu spielen, wenn es draußen stürmt, ist angenehm; im Mondlicht auf dem Achterdeck spazieren zu gehen ist angenehm; auf dem luftigen Fockmars zu rauchen ist angenehm, wenn man sich nicht fürchtet hinaufzusteigen; aber alle diese Freuden sind schwach und alltäglich, verglichen mit der, Menschen die Qualen der Seekrankheit leiden zu sehen.

Im Laufe des Nachmittags sammelte ich eine Menge Informationen. Einmal kletterte ich gerade das Achterdeck hinauf, als das Heck des Fahrzeuges in der Luft hing; ich rauchte eine Zigarre und fühlte mich recht behaglich. Da rief jemand: »Hallo, kommen Sie, das geht nicht! Lesen Sie das Schild da oben – RAUCHEN ACHTERN VOM STEUER VERBOTEN!«

Es war Kapitän Duncan, der Leiter der Reise. Ich ging natürlich nach vorn. Ich entdeckte ein langes Teleskop, das auf einem Pult in einer der Luxuskabinen des Oberdecks hinter dem Steuerhaus lag, und griff danach – in der Ferne war ein Schiff zu sehen:

»Ah, ah, Hände weg! Kommen Sie raus da!«

Ich kam da raus. Ich sagte zu einem Deckschrubber – aber leise:

»Wer ist der unförmige Pirat mit dem Backenbart und der misstönenden Stimme?«

»Das ist Kapitän Bursley – Erster Offizier – Navigationsoffizier.«

Ich schlenderte eine Weile umher, und schließlich, weil ich nichts Besseres zu tun hatte, fing ich an, mit meinem Messer an der Reling herumzuschnitzen. Jemand sagte mit einschmeichelnder, mahnender Stimme:

»Nun *sagen* Sie bloß, mein Freund – wissen Sie nichts Besseres, als das ganze Schiff auf diese Weise in Stücke zu schnippeln? *Sie* sollten doch was Besseres wissen!«

Ich ging nach hinten und fragte den Deckschrubber:

»Wer ist der glattwangige, muntere Gewalttäter in der feinen Garderobe?«

»Das ist Kapitän L., der Besitzer des Schiffes – er ist einer der obersten Chefs.«

Im Laufe der Zeit ging ich auf der Steuerbordseite des Steuerhauses vor Anker und fand einen Sextanten auf einer Bank liegen. Nun, sagte ich mir, man »schießt die Sonne« mit diesem Ding; ich müsste also annehmen, dass ich dieses Gestirn dadurch sehen kann. Ich hatte ihn kaum ans Auge gebracht, als mir jemand auf die Schulter klopfte und missbilligend sagte:

»Ich muss Sie bitten, das mir zu geben, Sir. Wenn Sie etwas darüber wissen möchten, wie man die Sonne schießt, werde ich es Ihnen gern erzählen – aber ich möchte nicht gern jemandem das Instrument anvertrauen. Wenn Sie Berechnungen gemacht haben möchten … Zu Befehl, Sir!«

Er war fort, um einem Ruf von der anderen Seite zu antworten. Ich suchte den Deckschrubber:

»Wer ist der spinnenbeinige Gorilla mit dem scheinheiligen Gesicht?«

»Das ist Kapitän Jones, Sir, der Obermaat.«

»So. Das übertrifft alles, was ich jemals gehört habe! Glauben Sie – jetzt frage ich Sie als Mensch und Bruder – *glauben* Sie, ich könnte es wagen, einen Stein in irgendeine beliebige Richtung zu werfen, ohne einen Kapitän dieses Schiffes zu treffen?«

»Na, Sir, ich weiß nicht – vielleicht würden Sie den Kapitän vom Dienst treffen, weil er gerade dort im Wege steht.«

Ich ging nach unten – nachdenklich und ein wenig niedergeschlagen. Ich dachte, wenn fünf Köche den Brei verderben können, was mögen da nicht fünf Kapitäne aus einer Vergnügungsreise machen!

Jerome K. Jerome

Alles inklusive

Nein«, sagte er, »wenn man Entspannung und Luftveränderung will, dann geht nichts über eine Seereise.«

Da war ich entschieden dagegen. Eine Seereise ist erholsam, wenn man ein paar Monate Zeit hat, aber bloß für eine Woche ist sie geradezu übel.

Am Montag beginnt man sie mit der Vorstellung im Herzen, man werde sie genießen. Man winkt den Jungs am Kai ein munteres Lebwohl zu, zündet sich die größte Pfeife an und stolziert übers Deck, als sei man Kapitän Cook, Sir Francis Drake und Christoph Kolumbus in einer Person. Am Dienstag wünscht man, man wäre zu Hause geblieben. Am Mittwoch, Donnerstag und Freitag wünscht man, man wäre tot. Am Samstag ist man in der Lage, ein wenig Fleischbrühe zu sich zu nehmen, auf Deck zu sitzen und mit schwach-süßem Lächeln den mitfühlenden Menschen Antwort zu geben, die einen fragen, wie es einem denn inzwischen geht. Am Sonntag läuft man wieder umher und nimmt feste Nahrung zu sich. Und wenn man am Montagmorgen mit Tasche und Regenschirm am Dollbord steht und im Begriff ist, an Land zu steigen, dann beginnt man das Ganze wirklich zu mögen.

Dabei fällt mir mein Schwager ein, der einmal aus gesundheitlichen Gründen eine kurze Seereise unternahm. Er buchte eine Schlafkabine von London nach Liverpool und zurück, doch als er in Liverpool ankam, hatte er nichts anderes mehr im Sinn, als das Ticket für die Rückfahrt weiterzuverkaufen.

Angeblich wurde es mit immenser Ermäßigung in der ganzen Stadt feilgeboten und schließlich für achtzehn Pence an einen gelblichen Jüngling verkauft, dem sein Hausarzt Bewegung an frischer Seeluft verordnet hatte.

»Seeluft«, rief mein Schwager und drückte ihm die Fahrkarte liebevoll in die Hand, »na, davon kriegen Sie genug für ein ganzes Leben! Und was die Bewegung angeht: Wenn Sie sich auf diesem Schiff bloß hinsetzen, haben Sie mehr Bewegung, als wenn Sie an Land Purzelbäume schlagen.«

Er – mein Schwager – kam mit dem Zug zurück. Er fand, die North-Western-Railway sei für ihn gesund genug.

Einen anderen Burschen kannte ich, der kreuzte eine Woche lang vor der Küste. Bevor die Fahrt losging, kam der Steward zu ihm und fragt, ob er die Mahlzeiten jeweils einzeln oder im Vorhinein pauschal bezahlen wolle.

Der Steward empfahl das Letztere, da es doch so viel preiswerter sei – für zwei Pfund und fünf Shilling würde man ihn die ganze Woche verköstigen. Zum Frühstück, sagte er, gebe es Fisch und anschließend Gegrilltes. Um eins werde das Mittagessen serviert, das aus vier Gängen bestehe. Das Abendessen sei um sechs, und zwar Suppe, Fisch, Zwischengericht, Braten, Geflügel, Salat, Süßspeise, Käse und Dessert, und um zehn gebe es noch einen leichten Fleischimbiss.

Mein Bekannter ist ein starker Esser, deshalb beschloss er, das Angebot für zwei Pfund fünf Shilling wahrzunehmen.

Kaum waren sie auf der Höhe von Sheerness, da gab es auch schon Mittagessen. Er war nicht so hungrig, wie er eigentlich vermutet hatte, deshalb begnügte er sich mit ein wenig gekochtem Rindfleisch und ein paar Erdbeeren mit Sahne. Den Nachmittag verbrachte er vor allem grübelnd. Bisweilen hatte er das Empfinden, seit Wochen nichts anderes als gekochtes Rindfleisch gegessen zu haben, dann wieder schien ihm, er habe sich seit Jahren nur von Erdbeeren mit Sahne ernährt.

Und auch das Rindfleisch und die Erdbeeren samt Sahne waren nicht gerade bester Laune – sie wirkten irgendwie unzufrieden.

Um sechs wurde ihm mitgeteilt, das Abendessen sei fertig. Die Ankündigung rief bei ihm zwar keine Begeisterungsstürme hervor, aber er fand, dass er etwas von den zwei Pfund und fünf Shilling abarbeiten sollte, also hangelte er sich an Seilen und anderen Gegenständen entlang und ging nach unten. Am Fuß der Treppe empfing ihn der leckere Duft von Zwiebeln und heißem Schinken vermischt mit dem von Bratfisch und Gemüse. Der Steward kam mit öligem Lächeln auf ihn zu und fragte:

»Was darf ich Ihnen bringen, Sir?«

»Bringen Sie mich hier raus«, war die kraftlose Antwort.

Man schaffte ihn eilig wieder nach oben, lehnte ihn über die leeseitige Reling und ließ ihn da hängen.

Die folgenden vier Tage lebte er ein schlichtes, untadeliges Leben auf der Basis von dünnem Kapitänszwieback (was nicht heißt, dass der Kapitän ebenfalls dünn war) und Mineralwasser. Als der Samstag nahte, wurde er kühn und verleibte sich einen trockenen Toast und Tee ein, und am Montag schwelgte er in Hühnerbrühe. Am Dienstag war seine Fahrt zu Ende, und voller Reue blickte er dem Schiff nach, als es vom Landungssteg ablegte.

»Da fährt es«, sagte er, »da fährt es und nimmt für zwei Pfund Lebensmittel mit, die mir gehören und die ich nicht gegessen habe.«

Er meinte, wenn ihm noch ein Zusatztag gewährt worden wäre, hätte er seine Kosten wieder hereingeholt.

Ich war also gegen die Seereise. Allerdings nicht meinetwegen, wie ich klarmachte. Ich war nie seekrank. Mir ging es um George. George sagte, was ihn beträfe, so ginge die Fahrt schon in Ordnung, doch würde er Harris und mir empfehlen, sie gar nicht erst in Erwägung zu ziehen, denn er sei sicher, uns würde schlecht werden. Harris sagte, ihm sei eigentlich immer rätselhaft geblieben, wie Leute es anstellten, dass ihnen auf See übel würde. Sie müssten es offenbar mit Absicht tun, nur um sich wichtig zu machen. Er sagte, er habe es oft genug selbst probiert, aber es sei ihm nie gelungen.

Dann fing er an Geschichten zu erzählen, wie es bei einer Kanalüberquerung mal so stürmisch war, dass man die Passagiere in ihren Kojen hatte festbinden müssen, und er und der Kapitän waren die einzigen beiden Lebewesen an Bord, denen nicht schlecht war. Manchmal war es auch der Zweite Offizier, im Prinzip jedenfalls immer er und ein anderer. Und wenn nicht er und ein anderer, dann war er als Einziger nicht seekrank.

Es ist komisch, aber niemand ist je seekrank – an Land. Auf See trifft man massig Leute, denen es wirklich schlecht geht, ganze Bootsladungen voll, aber an Land habe ich bisher niemanden erlebt, der auch nur gewusst hätte, was Seekrankheit ist. Wo sich die tausend und abertausend seeuntauglichen Reisenden verstecken, wenn sie an Land sind, ist ein Geheimnis.

Ich könnte es jedoch ohne weiteres enträtseln, wenn die meisten Leute genauso wären wie der Mann, den ich einmal auf der Yarmouth-Fähre traf. Soweit ich mich erinnere, hatten wir gerade vom Südpier abgelegt, als ich sah, wie er sich gefährlich weit aus einem Bullauge lehnte. Ich ging zu ihm hinüber, um ihn zu retten.

»He, kommen Sie weiter rein«, sagte ich und rüttelte an seiner Schulter. »Sie gehen sonst über Bord.«

»Ich wollt, ich wär's schon«, kam als einzige Antwort von ihm, also ließ ich ihn, wo er war.

Drei Wochen später traf ich ihn in der Cafeteria eines Hotels in Bath, wo er von seinen Reisen erzählte und begeistert davon schwärmte, wie sehr er das Meer liebe.

»Heiliger Klabautermann«, antwortete er auf die neiderfüllte Frage eines schüchternen jungen Mannes, »doch, ich gebe zu, *einmal* war mir tatsächlich ein bisschen flau. Das war vor Kap Horn. Am nächsten Tag war unser Dampfer nur noch ein Wrack.«

Ich sagte: »War Ihnen nicht neulich beim Südpier etwas mulmig, und wollten Sie da nicht sogar am liebsten über Bord geworfen werden?«

»Südpier?«, fragte er mit verwirrter Miene.

»Ja, Freitag vor drei Wochen, auf der Fahrt nach Yarmouth.«

»Ah ja, ich weiß«, sagte er, und sein Gesicht hellte sich auf. »An dem Nachmittag hatte ich Kopfschmerzen. Von den sauren Gurken, wissen Sie. Das waren die miserabelsten Essiggurken, die mir je auf einem anständigen Schiff vorgesetzt wurden. Haben Sie auch welche gegessen?«

Was mich betrifft, habe ich eine ausgezeichnete Methode

zur Verhinderung von Seekrankheit gefunden: Man muss sich richtig ausbalancieren. Man stellt sich genau in die Decksmitte, und wenn das Schiff stampft und schlingert, bewegt man sich so, dass der Körper immer in der Senkrechten bleibt. Wenn der Bug nach oben steigt, beugt man sich vor, bis die Nase fast das Deck berührt, und wenn das Heck hochgeht, lehnt man sich zurück. Ein oder zwei Stunden klappt das prima, allerdings kann man sich schlecht eine ganze Woche lang so ausbalancieren.

Evelyn Waugh
Kreuzfahrt

Dampfschiff Glory of Greece

Liebes!

Also ich hab gesagt ich schreibe und hätte ich auch nur weil die See war so fürchterlich rauh und hab dann doch nicht. Jetzt ist wieder alles etwas normaler und da will ich dir erzählen. Also wie du weißt die Kreuzfahrt fing in Monte Carlo an und wie wir alle miteinander zum Victoria-Bahnhof kommen hören wir dass die Fahrt bis Monte nicht im Preis drin ist und Papa war mein Gott war er wütend und hat gesagt er will nicht mehr aber Mama hat gesagt natürlich fahren wir und das haben wir auch gesagt aber er hatte schon alles Geld in Lire oder Franc umgetauscht weil die Ausländer doch alle so unehrlich sind und nur einen Shilling für den Gepäckträger in Dover hatte er noch denn damit nimmt er es ja so genau und jetzt musste er alles wieder zurückwechseln und war die ganze Fahrt bis Monte schlecht gestimmt und hat für mich und Bertie kein Liegeabteil genommen und wollte auch nicht in seinem schlafen weil er so wütend war mein Gott wie traurig.

Aber dann war alles wieder gut denn der Purser hat Colonel zu ihm gesagt und seine Kajüte gefällt ihm und da ist er mit Bertie ins Casino gegangen und hat verloren und Bertie hat gewonnen und ich glaube Bertie hat etwas Schlagseite

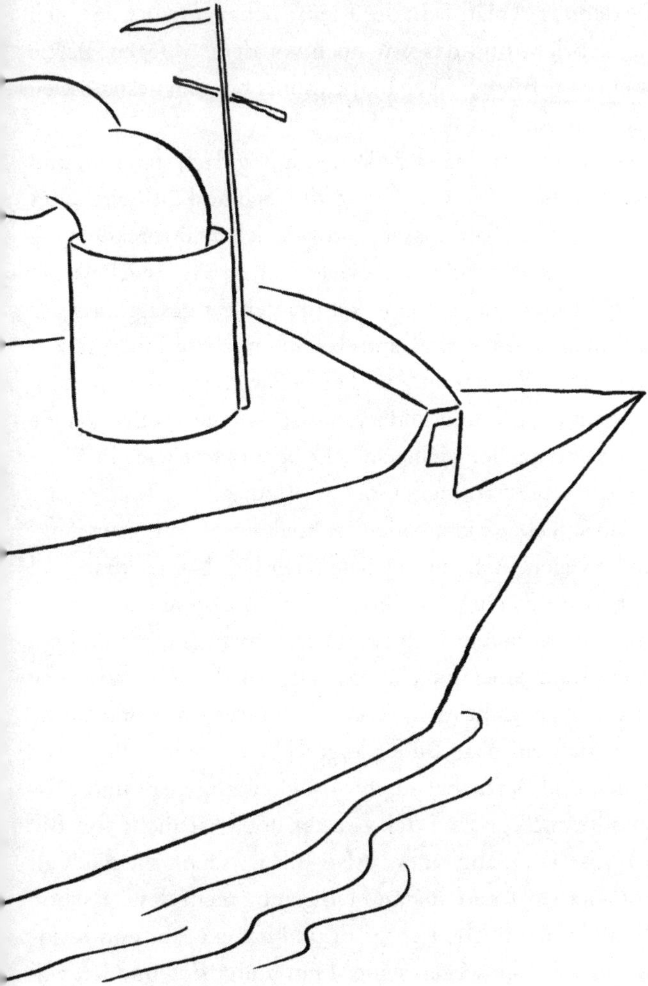

bekommen jedenfalls hat es sich so angehört als er zu Bett ging denn er schläft ja in der Kajüte nebenan wie wenn sich einer erbricht und das war noch vor dem Ablegen. Bertie hat ein paar Bücher über Barockkunst bei sich deshalb weil er ja in Oxford studiert.

Also am ersten Tag war die See rauh und ich stand auf und ging ins Bad und mir war ganz komisch und die Seife tat es nicht bei dem Salzwasser und wie ich frühstücken ging standen da auf der Karte so viele Sachen wie Zwiebelsteak und ein toller junger Mann war da der hat gesagt dass wir die Einzigen unten sind und darf ich mich zu ihnen setzen und es ging alles prächtig und er aß Zwiebelsteak aber dann ging es doch nicht gut und ich musste wieder ins Bett gerade als er sagte dass er nichts so sehr bewundert wie ein Mädchen das seefest ist mein Gott wie traurig.

Man soll eben nicht baden und sich immer nur ganz langsam bewegen. Also am nächsten Tag war Neapel dran und wir haben uns ein paar Bertie-Kirchen angesehen und das Ding das bei einem Erdbeben zusammengekracht und ein armer Hund dabei umgekommen ist von dem haben sie eine Gipsfigur gemacht mein Gott wie traurig. Papa und Bertie haben sich ein paar Bilder angesehen die wir nicht sehen durften und Bertie hat sie mir nachher aufgemalt und Miss P. wollte auch gucken. Ich hab dir noch gar nicht von Bill und Miss P. erzählt oder? Also Bill ist schon ziemlich alt sieht aber ganz nett aus und ich glaube nicht dass er schon sehr alt ist ich meine richtig alt und hat ein sehr entillusionierendes Leben wegen seiner Frau hinter sich und ich will ja nichts gegen sie sagen sagt er aber sie ist ihm mit einem Ausländer abgehauen und darum hasst er Ausländer. Miss

P. heißt Miss Phillips und ist widerlich sie hat eine Segelmütze auf und ist ein Luder. Und wie sie sich an den Zweiten Offizier ranmacht das geht ja keinen was an und der Dümmste sieht dass er sie gar nicht leiden kann aber die Besatzung muss ja so tun als wenn sie die Passagiere leiden kann das ist Vorschrift. Wen haben wir sonst? Na ja ein Haufen alte Leute. Papa ist gerade spazieren mit einer Lady Muriel soundso die Onkel Ned gekannt hat und ein Flitterwochenpaar ist auch da mein Gott wie peinlich. Und ein Pfarrer und ein niedlicher Halbseidener mit Kamera und weißem Anzug und jede Menge Familien aus dem industriellen Norden.

Bertie lässt dich also auch grüßen. xxxxxx usw.

Mama hat sich einen Schal gekauft und ein Tier aus Lava.

POSTKARTE

Das ist ein Bild von Taormina. Mama hat sich hier einen Schal gekauft. Sehr lustig denn Miss P. hatte Pech weil sie sich ja nur an den Zweiten Offizier herangemacht hat und der nicht an Land durfte und als es ans Einsteigen in die Wagen ging musste sie sich zu einer Familie aus dem industriellen Norden reinquetschen.

Dampfschiff Glory of Greece

Liebes!

Du hast hoffentlich die Pstk. aus Sizilien bekommen. Die Moral davon ist dass man sich nicht mit der Besatzung einlassen soll aber mit wem ich mich befreundet habe ist der

Purser und der ist anders weil er ein richtig zynisches Leben führt mit einem Grammophon in der Kajüte und Cocktails so viel er will und manchmal Käseschnittchen und ich hab gefragt zahlt er die vielen Sachen denn auch aber er hat gemeint nein das ist schon in Ordnung.

Wir haben also jetzt drei Tage auf See und der Pfarrer sagt das ist gut weil wir uns alle befreunden können aber ich habe mich nicht mit Miss P. befreundet die den armen Bill nicht in Ruhe lässt weil sie nicht noch mal riskieren will dass sie allein an Land gehen muss. Der Purser sagt so eine wie sie ist immer an Bord und überhaupt sind sie ziemlich alle so sagt er außer mir sagt er ganz richtig denn ich bin anders mein Gott wie nett.

Wir machen Bordspiele die sind prima und am Abend vor Haifa gibt es einen Kostümball. Papa ist sehr gut bei den Bordspielen vor allem bei einem das Shuffleboard heißt und isst mehr als in London aber das wird schon nicht so schlimm sein. Die Kostüme musst du dir beim Barbier leihen ich meine wir nicht du. Miss P. hat ein eigenes dabei. Ich hab mir was ganz Schlaues ausgedacht das heißt der Purser hatte die Idee nämlich dass ich die Sachen von einem von der Mannschaft anziehen soll da hab ich gleich welche von ihm anprobiert und sah zum Anbeißen aus. Arme Miss P.!

Bertie ist furchtbar unbeliebt denn er mag keine Bordspiele und Schlagseite hatte er gestern Abend auch und wollte einen Luftschacht hinunterklettern und der Zweite Offizier hat ihn rausgezogen und die Alten am Kapitänstisch gucken ihn ganz *scheel* an. Ein neues Wort. Literarisch ja? Nein?

Also ich glaube der Halbseidene schreibt ein Buch er hat einen grünen Füllfederhalter und grüne Tinte aber ich konnte nicht sehen was es war. xxxx. Tolle Briefschreiberin sagst du jetzt sicher und das stimmt ja auch.

POSTKARTE

Das ist ein Foto vom Heiligenland und dem berühmten See von Galiläa. Es ist alles sehr östlich hier mit Kamelen. Ich muss dir viel von dem Ball erzählen. Was hier *los* ist und ich schreibe bald. Papa war heute den ganzen Tag mit Lady M. weg und kam wieder und sagte bezaubernde Frau versteht was von der Welt.

Dampfschiff Glory of Greece

Liebes!

Also wir sollten für den Ball alle im Kostüm zum Essen runterkommen und immer wenn einer kam haben alle geklatscht. Ich war ziemlich spät dran weil ich mich nicht entscheiden konnte ob ich die Mütze aufsetzen sollte und hab dann doch und sah ganz toll aus. Aber dafür war der Applaus für mich doch ziemlich dünn und wie ich mich umgucke sehe ich an die zwanzig Mädchen und ein paar Frauen alle so angezogen wie ich also dieser Purser ist doch richtig gemein. Bertie sah furchtbar langweilig aus als Apache. Mama und Papa waren süß. Miss P. hatte ein Ballettkleid vom russischen Ballett an was Unpassenderes kannst du dir gar nicht vorstellen und wir haben also beim Essen Champagner getrunken und waren lustig und haben Luftschlangen geworfen und ich habe meine ohne sie aufzumachen Miss P. genau auf die Nase geworfen haha! Und weil ich so gute Laune hatte hab ich zum Steward gesagt ist das nicht lustig und er hat gesagt ja wenn man nicht der ist der nachher den Dreck wegmachen muss mein Gott wie traurig.

Also Bertie hatte natürlich Schlagseite und ist ein bisschen zu weit gegangen vor allem was er zu Lady M. gesagt hat und dann saß er bei dem gemeinen Purser in der Kajüte im Dunkeln und hat geheult und Bill und ich haben ihn gefunden und Bill hat ihm was zu trinken gegeben und stell dir vor dann ist er mit Miss P. abgezogen und wir haben sie beide nicht mehr gesehen das zeigt wie tief der Teufel Alkohol dich entwürdigen kann ich meine ihn.

Und was meinst du treffe ich doch glatt den jungen Mann den mit dem Zwiebelsteak am ersten Morgen und er heißt Robert und sagt er hat die ganze Reise schon nach mir gesucht. Ich hab ihn ein bisschen aufgezogen mein Gott war das nett.

Mama blieb an Bill hängen die Arme und er hat ihr von seiner Frau erzählt wie sie ihn mit dem Ausländer enttäuscht hat und morgen kommen wir also in Port Said an d. v. das ist Latein falls du's nicht weißt und heißt so Gott will und wir fahren alle den Nil hinauf und eine Woche nach Kairo.

Ich schicke dir eine Postkarte von der Sphinx.

xxxxxx

POSTKARTE

Das ist die Sphinx mein Gott wie traurig.

POSTKARTE

Das ist irgendjemandes Tempel. Und jetzt muss ich dir auf der Stelle schreiben dass ich mich mit Arthur verlobt habe. Arthur ist der von dem ich gemeint hatte er ist ein Halbseidener. Bertie findet die ägyptische Kunst sehr unkünstlerisch.

POSTKARTE

Das ist Tut-ench-Amuns ganz berühmtes Grabmal. Bertie sagt es ist ordinär und hat sich mit Miss P. verlobt also kann er nicht mitreden und ich sage jetzt Mabel zu ihr mein G. wie t. Bill redet nicht mit Bertie und Robert redet nicht mit mir und Papa und Lady M. haben anscheinend Krach gehabt und wir haben einen Mann gesehen mit einer Schlange im Sack und ein kleiner Junge hat mir die Zukunft wahrgesagt die sehr rosig ist und Mama hat sich einen Schal gekauft.

POSTKARTE

Diese Moschee habe ich heute gesehen. Robert hat sich mit einer Neuen verlobt die irgendwie heißt und grässlich ist.

Dampfschiff Glory of Greece

Liebes!

Also wir sind alle ganz aufgeregt aus Ägypten zurück und der gemeine Purser hat gefragt was gibt's Neues und ich habe gesagt was es *Neues* gibt also ich bin mit Arthur verlobt und Bertie ist mit Miss P. verlobt und ich nenne sie jetzt Mabel das ist noch am schwersten zu ertragen sage ich und Robert ist mit irgendeinem grässlichen Mädchen verlobt und Papa hat sich mit Lady M. gestritten und Bill mit Bertie und Roberts grässliches Mädchen war grässlich zu mir aber Arthur war süß und der gemeine Purser hat gesagt es überrascht ihn gar nicht denn auf dem Ausflug nach Ägypten verloben die Passagiere sich immer und kriegen Streit sagt er auf jeder Kreuzfahrt und ich habe gesagt vielen Dank es ist nicht meine Gewohnheit mich so leicht zu verloben und er hat gemeint es ist wohl auch nicht meine Gewohnheit nach Ägypten zu reisen und jetzt rede ich nicht mehr mit ihm und Arthur auch nicht.

Alles Liebe.

Dampfschiff Glory of Greece

Liebes!

Das ist Algier und *nicht* sehr östlich und überhaupt voller Franzmänner. Mit Arthur ist es aus ich hatte ihn also doch von Anfang an richtig eingeschätzt und jetzt bin ich mit Robert verlobt was wirklich viel besser ist für alle Beteiligten besonders Arthur wegen dem was ich anfangs gemeint habe und der erste Eindruck ist doch immer der richtige. Oder? Nein? Robert und ich sind den ganzen Morgen in den Botanischen Gärten herumgefahren mein Gott war er nett. Bertie hat sich betrunken und Krach mit Mabel bekommen – jetzt wieder Miss P. – das ist also auch in Ordnung und Roberts grässliches Mädchen war den ganzen Vormittag mit

Zweitem Offizier an Bord. Mama hat Schal gekauft. Bill hat Lady M. von seiner Enttäuschung erzählt und sie hat es Robert erzählt und er hat gesagt ja das wissen wir schon alle und Lady M. hat gesagt das ist sehr indiskret von Bill und sie hat wenig Achtung vor ihm und kann es seiner Frau und dem Ausländer nicht verdenken.

Alles Liebe.

POSTKARTE

Ich weiß nicht mehr was ich im letzten Brief geschrieben habe aber sollte ich einen grässlichen Kerl namens Robert erwähnt haben betrachte es als ungeschrieben. Das ist immer noch Algier und Papa hat *dubiose Austern* gegessen aber ist noch gesund. Bertie war in einem Haus mit Dirnen als er betrunken war und ist ziemlich indiskret damit würde Lady M. sagen.

POSTKARTE

Wir sind also wieder zurück und haben Old Lang Syne gesungen ich habe Arthur geküsst aber zu Robert kein Wort gesagt und er hat geweint ich meine Arthur nicht Robert und Bertie hat sich so ziemlich bei allen entschuldigt die er beleidigt hatte aber Miss P. ist weggegangen als ob sie nichts gehört hätte mein Gott so ein Biest.

Thomas Mann

Jungfernfahrt über den Atlantik

Ich habe einfach Lampenfieber – ist es ein Wunder? Meine Jungfernfahrt über den Atlantik, die erste Begegnung und Bekanntschaft mit dem Weltmeer steht mir bevor, und am Ende, jenseits der Erdkrümmung, über die das Riesenwasser sich zieht, erwartet uns Neu-Amsterdam, die Weltstadt. Solcher gibt es vier oder fünf, und sie bilden eine Sonder- und Monstergattung des Städtischen, übermäßigen Stils und heraustretend auch aus der Klasse der Großstädte, ähnlich wie im Bereich der Natur und des Landschaftlichen die Kategorie des Erz- und Elementarnatürlichen, Wüste, Hochgebirge und Meer, sich ungeheuerlich absondert. Ich bin an der Ostsee erwachsen, einem provinziellen Gewässer, und meine Blutüberlieferung ist alt- und mittelstädtisch, eine mäßige Zivilisation, deren nervöse Einbildungskraft den Ehrfurchtsschrecken kennt vor dem Elementarischen – und auch seine ironische Ablehnung. Iwan Gontscharow wurde während eines Sturmes auf hoher See vom Kapitän aus seiner Kajüte geholt: Er sei ein Dichter, er müsse das sehen, es sei großartig. Der Verfasser des *Oblomow* kam an Deck, sah sich um und sagte: »Ja, Unfug, Unfug!« Dann ging er wieder hinunter.

Beruhigend wirkt der Gedanke, dass wir der Großwildnis im Bunde mit der Gesittung und in ihrem Schutze begegnen werden: auf diesem guten Schiff, dessen Wandeldecks, lackierte Kabinenkorridore, Salons und teppichbelegte Treppen wir eben flüchtig besichtigten und dessen wackere Führer und Mannschaft überhaupt nichts anderes gelernt haben, als das Element zu meistern. Es wird uns hindurchtragen, wie der weiße Luxuszug mit blauen Fensterscheiben den Khartum-Reisenden durchs Gräuliche trägt, zwischen den toddrohenden Gluthügeln hindurch der Libyschen und der Arabischen Wüste … »Aussetzung« – man braucht nur das Wort zu denken, um zu empfinden, was das ist: das Geborgensein in der menschlichen Zivilisation. Ich achte denjenigen nicht hoch, der im Anblick der Elementarnatur sich nur der lyrischen Bewunderung ihrer »Großartigkeit« überlässt, ohne sich mit dem Bewusstsein ihrer grässlich gleichgültigen Feindseligkeit zu durchdringen.

Es ist aber zweitens die Jahreszeit, die das Abenteuer mildert und jener Feindseligkeit gewisse freundliche Schranken setzt. Das Frühjahr ist vorgeschritten: Allzu tobende Extravaganzen sind vom Ozean um diese Zeit nicht mehr zu erwarten, und billigen Anforderungen hoffen wir unsere Seefestigkeit gewachsen, besonders im stillen Gedanken an die Vasano-Tabletten in meiner Handtasche, auch einer humanen Rückendeckung. Etwas anderes, wenn Winter wäre! Freunde, ziehende Virtuosen haben mir von den lächerlichen Schrecken einer solchen Überfahrt erzählt, denen mich eines Tages zu stellen auch mir kaum erspart bleiben wird. Wellen? Es sind Berge! Es sind Gaurisankars! Das Betreten des Decks ist verboten – der verärgerte Gontscharow würde nicht herausgeholt werden, man sieht das besser nur durch das stark versicherte Bullauge. Du liegst befestigt in deiner Bettstatt, du steigst, du stürzest, es ist die komplizierte, die Richtungen vermischende, Hirn und Magen umkehrende Taumelbewegung gewisser Marterbelustigungen der Festwiesen. Aus schwindelnder Höhe siehst du deinen Waschtisch auf dich zukommen und auf der wechselnd schiefen Ebene der Kabine treiben sich, karambolierend, in plumpem Reigen deine Koffer umher. Es herrscht ein grauenhafter, ein Höllenlärm, hervorgerufen teils durch die außen rasenden Elemente, teils durch das kämpfend immer noch vorwärtsstrebende und bis in seine letzten Bestandteile durcheinandergerüttelte Schiff. Das dauert drei Tage und drei Nächte lang – nimm an, du hättest zwei davon hinter dir, und es wäre die dritte. Du hast nichts gegessen so lange; der Augenblick kommt, wo du dich dieser Gewohnheit erinnern musst. Da du nicht stirbst, wozu du ganze Viertelstunden lang unumwunden bereit wärest, musst du irgendwann einmal wieder essen, und du schellst dem Aufwärter, denn die elektrische Glocke funktioniert, und der erstklassige Hotelbetrieb des Schiffes bleibt mitten im Weltuntergang aufrecht, diszipliniert bis ans Ende – es ist der zarte und hochachtenswerte Heroismus der menschlichen Zivilisation. Der Mann kommt, mit Serviette und weißer Jacke – er fällt nicht herein, er hält sich brav in der Tür. Im Höllenskandal erlauscht er deine matte Bestellung, geht und kommt wieder, mit nachgiebigem Arme das wild gefährdete Gleichgewicht seiner warmen Platte wahrend. Er muss seinen Augenblick abwarten, einen bestimmten, wo ihm die Weltlage gestattet, in einem wenn nicht beherrschten, so doch berechneten Bogen das Gericht auf deinem Bette zu landen. Er nimmt ihn wahr, seinen Augenblick, was an ihm liegt, leistet er mit Mut und Intelligenz, und der Schwung scheint zu gelingen. In derselben Sekunde aber hat sich die Weltlage in dem Sinn und zu dem Effekte geändert, dass du die Platte, ihren Boden nach oben, auf dem Bett deiner Frau gewahrst. Es ist nicht möglich …

So die Erzählungen, und wie sollte ich mich ihrer nicht erinnern, während wir an unserem Abschieds-Wermut nippen und ich diese Zeilen kritzle? Meinen Respekt zu beleben vor unserem Unternehmen wären sie freilich kaum nötig, einfach, weil ich überhaupt ein respektvoller Mensch bin und sozusagen die Augenbrauen hoch trage, wie jeder, dem die unterhaltliche, aber provinzielle Gabe der Phantasie zuteil wurde. Man wird niemals ein Weltmann mit dieser Gabe, denn sie »bewahrt« – wenn das lobende Wort am Platze ist – vor Überlegenheit bis ins Alter. Phantasie haben heißt nicht sich etwas ausdenken; es heißt, sich aus den Dingen etwas machen – und das ist natürlich nicht weltmännisch. Wir sind unwahrscheinlicherweise im Begriffe, die Columbusfahrt ins Überwestliche zu erneuern; wir werden tagelang im Kosmisch-Leeren (wenn auch erstklassig versorgt) zwischen den Kontinenten schweben – nun gut, ich glaube nicht, dass die Mehrzahl unserer Mitreisenden sich irgendetwas, nämlich eben dies, dabei denkt. Wo sind sie übrigens? Wir sind allein in dem ledergepressten und gemütlich gähnenden Trinkraum, und mir fällt ein, dass wir auch auf dem Tender, der uns über das Hafenwasser von Boulogne-Maritime hierher brachte, so gut wie allein waren. Der Bar-Steward tritt zu uns und berichtet kopfschüttelnd, vier Passagiere erster Klasse, uns miteingerechnet, seien hier an Bord gegangen, ein Dutzend etwa seien von Rotterdam her da, und weitere vier würden heute Abend in Southampton sich einfinden.

Das sei alles. Was wir dazu sagten? Wir sagen dazu, dass bei solcher Reise die Linie unweigerlich viel Geld zusetzen wird. Sehr schmerzlich, es sei die Krise, die Depression. Aber in umgekehrter Richtung, so kommen wir mit ihm überein, wird es besser sein. Im Juni beginnt die Europasaison für die Amerikaner: Es winken Salzburg, Bayreuth, Oberammergau, da kann es nicht fehlen. Gemeint ist stillschweigend: an Trinkgeldern. Halbwegs, bei deutlichen Zweifeln, gibt der bekümmerte Mann sich damit zufrieden, indes wir von unserm Standpunkt erwägen, dass es sehr hübsch sein wird, auf einem so leeren Schiff zu reisen. Fast allein wird es uns gehören, es wird ein Leben sein wie auf einer Privatjacht.

Den 20. Mai.

Was ich tue, sollte ich nicht tun, nämlich gebückt sitzen und schreiben. Es trägt zum Wohlsein nicht bei, denn das Meer ist, wie unsere amerikanischen Tischgenossen sagen, *»a little rough«*, und die Schwankungen des Dampfers, denen man Ruhe und Gemessenheit zubilligen muss, laden in dem oberen Stockwerk, wo dies Schreibzimmer gelegen ist, natürlich empfindlicher aus als weiter unten. Durch das Fenster zu sehen ist nicht wohlgetan, denn das Steigen und Wegsinken des Horizontes setzt dem Kopf auf eine aus früherer Erfahrung vertraute, aber vergessene Weise zu; doch ist auch das Niederblicken auf Papier und Schrift nicht von der glücklichsten Wirkung. Sonderbarer Eigensinn, die Lebensgewohnheit, nach der Morgenbewegung, dem Frühstück stilistisch tätig zu sein, auch gegen so widrige Umstände durchzusetzen.

Wir haben gestern Abend eine Weile vor Southampton gelegen und die paar Leute an Bord genommen, die für diesen letzten Halt vor der großen und nicht mehr zu unterbrechenden Fahrt gemeldet waren. Die Nacht hat uns schon weit entführt, weit ins Weite; noch ist die Südküste Englands in schwacher Sicht, aber nicht lange mehr, und die graue, leicht schaumige Scheibe des Meeres unter dem ebenfalls trübgrauen Himmel wird leer und vollkommen sein. Es ist mir nicht neu, dass mir das Meer, vom Schiffe aus erlebt, in seiner Kreisvollendung, bei weitem nicht den Eindruck macht wie vom Strande. Die Begeisterung, die sein heilger Anprall an die Feste mir erregt, auf der ich stehe, bleibt aus. Es ist eine Entzauberung, die offenbar auf der Ernüchterung des Elementes zur Fahrbahn und Reisestraße beruht, wobei es seinen Charakter als Schaubild, Traum, Idee, geistiger Ewigkeitsdurchblick verliert und zur Umgebung wird. Die Umgebung, scheint es, ist nicht ästhetisch, das ist nur das entgegenstehende Bild. Schopenhauer sagt: »Es ist freilich schön, die Dinge zu sehen, aber es ist gar nicht schön, sie zu seyn.« Leicht möglich, dass die Wahrheit dieses gegen alle Sehnsucht gerichteten Satzes in Beziehung steht zu meiner Meereserfahrung. Keiner Illusion ist es zuträglich, praktisch intim mit ihr zu werden – auch wenn die Praxis durch so viel schamerregend schützenden Komfort herabgesetzt ist, wie ihn ein Luxusdampfer gewährt.

Einige Zumutung bleibt immer bestehen. Unausbleiblich der Nervenschock der ersten Stunden nach Vertauschung der gewohnten stabilen Grundlage mit einer labilen. Es hat tagelang etwas Unglaubwürdiges, eine unter einem wogende, zerweicht sich hebende und wegsinkende Treppe hinunterzugehen: Man fasst an den schwindelnd protestierenden Kopf und möchte es einen schlechten Scherz nennen. Ein absurder Spaziergang heute Morgen an Deck – dies gelähmte Angehaltenwerden und betrunkene Vorwärtsfallen, das man mit einem verächtlich kopfschüttelnden Lachen begleitet, da sonderbarerweise die Neigung besteht, sich, unabhängig von den Umständen, einen Zustand zuzuschreiben, aus dem so viel Unwürde hervorgeht – wie man ja seine Füße für ›schwer‹ hält beim Gehen auf ansteigender Straße. Aber mit Wohlgefallen stelle ich fest, dass keine Unzuträglichkeit, die das Meer mir bereitet, keine Hyperazidität und Erschütterung des Nervensystems meinen bluts- und kindheitsüberlieferten Freundschaftsgefühlen für das salzige Element etwas anhaben kann. Übelbefinden ist hier kein Grund zur Verdrießlichkeit, es lässt das Seelische intakt, wie es, sehr weitgehend, den Appetit intakt lässt, ich nehme sozusagen dem Meere nichts krumm und meine wohl, dass, auch wenn die Naturkrankheit es zu höheren Graden brächte, die Sympathie ihr standhalten würde.

»Du meiner Jugend wilder Freund,
So sind wir einmal noch vereint!«

Ich gedachte heute Morgen der Verse, die Tonio Kröger nicht fertig zu schmieden wusste, da sein Herz lebte.

Zu den Symptomen der Seekrankheit niederen Grades muss man die Schläfrigkeit, ja Schlafsucht der ersten Tage rechnen. Der hohe Luftdruck mag schuld daran sein, vor allem aber die Schaukelbewegung, die einlullend auf eine betäubende Weise den Kopf benimmt. Unzweideutig ist es das Prinzip des Einwiegens der Kinder, die künstliche Schlaferzeugung durch Alteration des Gehirns, die das Schaukeln hervorbringt, eine Ammen- und Kindsmagd-Erfindung, uralt und nicht sehr gewissenhafter Art, wie Gaben von Mohn.

Den 21. Mai.

(Liegestuhl, Promenadedeck, Plaid und Mantel). Seit gestern Abend tönt fast ununterbrochen das Nebelhorn, es tönte, wenn mir recht ist, die ganze Nacht und hat auch heute Vormittag sein Warnen wieder begonnen. Es regnet etwas, der Horizont, unsere tägliche Unendlichkeit, ist grau verhüllt und die Fahrt verlangsamt. Auch windig ist es, doch hält die See sich mäßig nach wie vor, und so wollen wir von schlechtem Wetter nicht reden.

Auf der schwarzen Tafel, die auf dem Treppenvorplatz über dem Speisesaal steht und der öffentlichen Mitteilung dient, lasen wir heute Morgen auf Englisch, die Passagiere möchten sich um 11 Uhr mit ihren Schiffskarten an den nummerierten Bootsplätzen einfinden, zur Instruktion für den Notfall durch den betreffenden Offizier. Ich habe nicht gesehen, ob andere der Order gefolgt sind, aber wir haben uns jedenfalls nach der Bouillon, die um diese Zeit von den Weißjacken herumgereicht wird, zum Stelldichein aufgemacht, denn der Notfall interessiert mich in all dem übertünchenden Komfort, der es darauf anlegt, den Ernst der Lage in Vergessenheit zu bringen. Unterwegs, nicht recht gewiss unseres Zieles, stießen wir auf den Obersteward, uns wohlbekannt aus dem Speisesaal, der sich als unser Bootsführer, Instruktor und Rettungsmann zu erkennen gab, ein jovialer Dutchman, der Englisch und Deutsch mit der gleichen humoristisch mit wenigem auskommenden Fertigkeit spricht, schlauer Bonhomme-Typ, rasiert, goldene Brille auf der schmal gebogenen Nase, wie man sie bei uns am ehesten im Schwäbischen trifft, in einem schön betressten Rock, der abends kurz ist und einen smokingartigen Ausschnitt zeigt. Er führte uns zur Stätte des Ernstfalles, einem Punkt des offenen Promenadedecks, und erläuterte in seinem drollig-angenehmen, zugleich spritzigen und gutturalen Neederlands-Deutsch leichthin und gemütlich den Vorgang des Einbootens: Nichts einfacher und vertrauenswürdiger – hier kommt das Boot, ein Motorboot, sehr nett, nur etwas klein, wenn die See hoch geht, vom Oberdeck herunter, hier vor der Reling hängt es, wir steigen ein, dann geht es aufs Wasser, »und dann«, sagt er, »bringe ich Sie nach Haus«.

Nach Haus, sonderbare Formulierung! Es klingt, als sollten wir ihm auf den Wellen unsere Adresse sagen, und dann fährt er uns hin mit dem Rettungsboot.

Den 22. Mai.

So geht es denn, ohne dass die Maschine je ruhte, Tag um Tag in gleichmäßigem Vorwärtsstreben durch die Weiten des Ozeans, und bei dem klebrigen, leicht faulig duftenden Bade in warmem Meerwasser am Morgen, das die Haut mit Salz imprägniert und das ich sehr liebe, ist es angenehm zu denken, dass man im Schlaf über Nacht wieder ein gutes Stück Unabsehbarkeit aufgerollt hat. Das Wetter will sich zuweilen erhellen. Bläue tritt hervor und verschönt auch das Wasser mit farbig südlicherem Schein, doch verschlingt bald wieder Trübheit dies wärmere Licht.

Gegen Abend stehen wir gern im Fahrtwinde auf dem vorderen Bootsdeck, unsere Reise durch die Kreisrundheit des Ozeans gen Westen beobachtend. Immer geht es der untergehenden Sonne zu, und nur um ein Geringes wechselt der Kurs; wir hielten gestern genauer auf die Stelle des Niedergangs, heute weichen wir etwas nach Süden ab. Schön und stolz ist das Dahinziehen so eines Schiffes durch die Horizonte, als Bewegungsart würdiger, entschieden, als das Um-die-Kurven-Rasen der Schnellzüge. Auffallend die absolute Leere des Gesichtskreises – auf einer »Strecke«, die doch von den Schiffen aller seefahrenden Länder befahren ist. Es ist der vierte Tag; aber auch nicht die Rauchfahne eines Dampfers haben wir bis heute zu sehen bekommen. Die Erklärung ist einfach. Es ist allzu viel Platz da. Die Geräumigkeit hat etwas Kosmisches; die vielen Schiffe verlieren sich darin wie die Sterne im Raum, und ein seltener Zufall ist es, dass eines dem andern begegnet.

Täglich hält die schwarze Tafel uns an, unsere Uhren um eine halbe Stunde bis vierzig Minuten, 39 waren es gestern, zurückzustellen. Offiziell geschieht es um Mitternacht, aber wir vollziehen den bedeutenden Akt schon bald nach dem Diner, sodass, wenn uns die Nacht nicht allzu lang werden soll, sich uns der Abend verlängert und wir bei Musik und Lektüre ein Stück schon verlebter Zeit repetieren. Ja, nicht ohne Nachdenklichkeit lassen wir die Zeiger ein Stück Zeitweges wieder antreten, das sie heute zum dritten Male durchmessen. Zehnmal neununddreißig Minuten, das sind sechseinhalb Stunden, die wir auf dieser Fahrt verlieren, nein, gewinnen werden. Wie, gehen wir in der Zeit zurück, indes wir im Raume vorwärtsdringen? Allerdings, da die Reise gen Untergang, der Erdumdrehung entgegen, geht. Das Wort »kosmisch«, das mir vorhin in die Feder kam, ist erst hier am Platze. Welt-raum-zeitliche Beziehungen machen sich geltend, die ungeachtet eines Komforts, welcher das Elementare banalisieren und seines Ernstes berauben möchte, das Bewusstsein beeinflussen. Wir gleiten in fremde Tage hinein, zu Gegenden der Erdoberfläche, die sich anders als die sonst bewohnten an der Sonne vorüberdrehen, werden noch Nacht haben und schlafen, wenn es heller Tag ist bei denen daheim. Es ist klar und bekannt, aber wir erörtern es für unser Teil aufs Neue: Reisten wir immer weiter nach Westen, sodass wir übers äußerst Östliche nach Hause kämen, so würde unterwegs der Zeitgewinn auf das Höchste, bis auf einen ganzen Tag und bis zum Kalenderbruch, anschwellen und dann wieder dahinschwinden, also dass er am Schluss zerronnen sowie gewonnen wäre; und das wird er auch sein, wenn wir nicht auf dem Wege rundum, sondern auf dem der Rückkehr in unserem Erdteil uns wieder einfinden. Es ist nicht schade darum. Denn Zeitgewinn ist nicht Lebensgewinn, und wenn wir versuchten, dem Kosmos ein Schnippchen zu schlagen und, drüben angelangt, weder vorwärts noch rückwärts gingen, sondern mit unseren sechs Stunden sitzen blieben und sie hüteten wie Fafner den Hort, so würde damit der uns organisch beschiedenen Lebensfrist nicht eine Sekunde hinzugefügt sein.

Den 27. Mai.

Rasch wechselt das Wetter an der See, aber noch rascher und launenhafter auf See, wenn die Veränderlichkeit der meteorologischen Lage sich mit der Fortbewegung, dem Wechsel der Himmelsstriche vereinigt. Die gestrige Sommerwärme ging schon gegen Abend, da sich der Himmel bedeckt hatte, in eine unheimliche Schwüle über, feucht-qualmig und lastend, wie ich es kaum erlebte, und eine Beängstigung für die Nerven, sodass man halb und halb eine Katastrophe und Wetterkrise erwartete. Der Abendanzug war überaus lästig, man saß unter dem Stärkhemd in Schweiß gebadet, und namentlich der Tee bewirkte einen wahren Ausbruch von Feuchtigkeit. Ich weiß nicht, wie tief in die Nacht hinein das gedauert hat, aber heute ist alles anders. Der Morgen war kühl und regnerisch: Nebel fiel ein, und das Horn tutete wieder stundenlang. Im Nu aber ging auch das vorüber. Der Wind sprang um, der Nebel wich, der Himmel ward klar, aber der Sonne zum Trotz blieb es, wenigstens im Vergleich mit dem tropischen Abend von gestern, so kalt, dass für den Aufenthalt im Deckstuhl Plaid und Mantel erforderlich waren.

Eine gewisse Ankunftserregung spukt vor. Wir haben Sonntag. In der Nacht von morgen auf übermorgen, heißt es, werden wir ankommen, aber bis zum Morgen an der Flussmündung liegen bleiben und Dienstag um sieben Uhr einlaufen.

Den 28. Mai.

Letzter Tag an Bord. Schon gestern gab es eine Schiffsbegegnung, die erste seit unserer Ausfahrt und als Ereignis empfunden. Ein Däne war es, von unserer Größe etwa, mit dem Dannebrog am Heck, und wohlgefällig beobachtete ich den Flaggengruß, den wir mit ihm tauschten, dies ritterliche Honneur, das überall die Schiffe im Vorübergehen einander erweisen. Eine Trillerpfeife schrillte von der Brücke, und ein Matrose sputete sich, unsere niederländischen Farben am

Mast herabzulassen, während drüben der Dannebrog niederging. Dann, da man aneinander vorüber, stiegen die Flaggen auf einen neuen Pfiff wieder hoch, und so war dem Komment der Meere Genüge geschehen. Wie hübsch ist dieser Salut! Die Seeleute, in internationaler Kameradschaft verbunden durch ihren überall gleichen, so eigentümlichen Beruf, dem in aller Mechanisierung etwas Keckes und Abenteuerliches geblieben ist, erweisen sich Ehre bei der Begegnung in dem weiten und wild launenhaften Element, dem sie gleichmäßig verschworen sind.

Nachmittags sechs Uhr: Wir haben gepackt, was ohne Böcke, bei auf dem Boden stehenden Koffern, ein beschwerliches Stück Arbeit war. Ankunftsstimmung verbreitet sich auf dem Schiff. Man sieht die Mannschaft Vorbereitungen treffen, an den Tauwinden sich zu schaffen machen. Sichtlich freuen unsere amerikanischen Mitreisenden sich auf ihr Land, auf die Heimkehr, die für uns das Entgegengesetzte bedeutet.

Es ist Abend geworden. Zur Rechten unserer verlangsamten Fahrt funkelt die langgestreckte Lichterreihe von Long Island, dessen Bäder und reiche Sommersitze man uns rühmt. Wir gehen beizeiten zur Ruhe, denn morgen wird früh aufgestanden. In Bereitschaft sein ist alles.

Den 29. Mai.

Das Wetter ist heiter geblieben, leicht neblig und frisch. Seit wir von unseren schmalen Bettstätten Abschied genommen, in denen wir manche Nacht durchschaukelt, halb sechs Uhr, hat das Schiff, das während der Nacht stillelag, sodass wir zum ersten Mal wieder ohne das Pochen der Maschine schliefen, sich zu sachtem Weitergleiten wieder in Bewegung gesetzt. Wir haben gefrühstückt, die letzte Hand ans Gepäck gelegt und letzte Trinkgelder verteilt. Wir sind, zur Ankunft gerüstet, an Deck gegangen, der Einfahrt beizuwohnen. Schon hebt im Dunst der Ferne eine vertraute Figur, die Freiheitsstatue, ihren Kranz empor, eine klassizistische Erinnerung, ein naives Symbol, recht fremd geworden in unserer Gegenwart…

Iwan Gontscharow

Das Kreuz des Südens

»Mein Gott! Wer hat dies Reisen erdacht?«, rief ich unwillkürlich und seufzte. »Da fährt man schon den vierten Monat und sieht nichts als grauen Himmel und hohe See!«

Jemand lachte.

»Ach, Sie sind es!«, sagte ich und sah, dass der größte meiner Reisegefährten, K. J. Lossew, in der Kajüte stand und sich mit der Hand an der Decke festhielt.

»Wirklich«, fuhr ich fort, »wo sind das blaue Meer, der azurne Himmel, die Wärme, die seltenen Vögel und die Fische, die man in der Tiefe des Meers sehen soll?«

Während ich noch in dieser Art murrte, erschien auch der Obersteuermann, von uns »Großvater« genannt.

»Hier ist jemand, der redet dauernd vom blauen Himmel und von Wärme«, sagte Lossew.

»Wo ist es denn warm? Her mit dem blauen Himmel und der Wärme!«, beharrte ich.

Aber der Obersteuermann ging mit kleinen Schritten rasch zur Karte, maß mit dem Zirkel die Grade und zog Striche mit dem Bleistift. »Hören Sie, was ich frage?«, sagte ich zu ihm. »42 und 18!«, sagte er halblaut. Ich wiederholte meine Klage.

»Wenn wir erst mal durch die Biscaya sind, wird es warm.

Warten Sie nur, die Wärme wird Ihnen noch so lästig werden, dass Sie sich nach der Kälte sehnen. Warum sitzen Sie die ganze Zeit? Gehen wir!«

»Ich kann nicht, ich halte mich nicht auf den Füßen.«

»Kommen Sie, ich bugsiere Sie«, sagte er und führte mich zu den Schanzen. Auf ihn gestützt, ging ich »auf die Straße«. Im gleichen Augenblick wurde das Deck gleichsam unter den Füßen weggezogen und verschwand. Vor den Augen gleißte ein hoher smaragdener Berg voll blauer Wogen mit weiß beperlten Häuptern und versank sogleich außenbords. Ich wurde gegen ein Geschütz gedrückt und von dort zum Luk gezogen. Mit beiden Händen klammerte ich mich an ein Segeltau.

»Führen Sie mich zurück!«, sagte ich zum Obersteuermann.

»Was haben Sie denn? Schauen Sie: prächtig!«

Bei ihm ist alles »prächtig«. Machen wir mit dem Wind zehn Knoten in der Stunde: »Herrlich, prächtig!«, sagt er. Weht uns der Wind direkt gegen die Stirn und treibt uns zurück, jubelt er: »Wunderbar! Anderthalb Knoten machen wir trotzdem!« Auf ihn wirkt keinerlei Wetter. Er trägt bei Hitze wie bei Kälte den Rock bis obenhin zugeknöpft und ist immer fröhlich. Ob die See hoch geht oder ruhig ist, er steht fest auf den Beinen, die kurzen Arme auf dem Rücken oder etwas tiefer. Mit kleinen Schritten bewegt er sich vorwärts. Ihn erregt kein Sturm, keine Flaute – ihm ist alles gleich. Ob die Küste nahe oder weit entfernt ist, macht ihm nichts aus. Er ist fast überall gewesen, und wo er nicht war, dem trauert er nicht nach. Ich habe nie gehört, dass er sich über etwas oder über jemanden beklagt hätte. »Prächtig!«, bekräftigt er lediglich. Wenn jedoch jemand in seiner Gegenwart das Gegenteil behauptet, schaut er nur forschend in die Runde und lächelt eigenartig. Er erinnert an die von Cooper erschaffenen Gestalten, die auf dem Meer geboren und aufgewachsen sind oder in den tiefen Wäldern Amerikas. Die sie umgebende Natur hat ihnen einen unverwischlichen Stempel aufgedrückt. Auch er ist seit seinem dreizehnten Lebensjahr zur See gefahren und hat nie länger als zwei Jahre hintereinander an Land verbracht. Ob wegen seiner Eigenart oder wegen seiner Gutmütigkeit – jedenfalls alle liebten ihn.

»Guten Tag, Großvater! Wohin eilen Sie?«, sagten die jungen Offiziere.

»Halten Sie mich nicht auf, ich muss den Standort bestimmen!«, antwortete er und ging, ohne aufzublicken, ›die Sonne fangen‹.

»Wo befinden wir uns im Augenblick?«, fragte man abermals.

»In Gottes Welt!«

»Wissen wir aber, wo?«

»38 Grad nördlicher Breite und 12 Grad westlicher Länge.«

»Auf der Höhe von was?«

»Schauen Sie auf die Karte!«

»Sagen Sie es!«

»Lassen Sie mich in Ruhe, lassen Sie mich!«, rief er und stieß die jungen Leute wie eine Schar Kinder beiseite.

»Es ist kalt, Großvater, bringen Sie mich zurück!«, sagte ich.

»Wieso kalt – prächtig!«, antwortete er.

Ohne auf ihn zu warten, ging ich allein zu meinem Platz zurück, musste meine Kühnheit jedoch teuer bezahlen. Ich trat in die Kajüte, hatte jedoch noch nicht das große runde Sofa erreicht, als sich das Schiff schwer auf die Seite legte. In dem Gefühl, dass ich mich weder auf den Beinen halten noch niederkauern konnte, ließ ich mich rasch auf den kleinen Diwan fallen und glaubte gerettet zu sein. Aber auch hier gab es keine Rettung, ich musste mich eng an die Wand pressen, um nicht hinunterzufallen. Der Diwan war angeschraubt und stürzte nicht um. Ich selbst musste mich jedoch trotz allen Anklammerns zu meinem Leidwesen von ihm trennen. Ich wurde fortgeschleudert und prallte mit der Brust gegen einen Sessel. Obwohl er an seinem Platze blieb, weil er ebenfalls angenagelt war, brach ihm trotzdem ein Bein ab, während ich über ihn hinweggeschleudert wurde und über den Fußboden weiterschlitterte. Unterwegs stieß ich mir ein Knie wund und schlug mit der Wange gegen irgendeinen Gegenstand. Nachdem ich mich bis zu meinem Platz geschleppt hatte, blieb ich einige Minuten wie benommen auf dem Boden sitzen. Zum Glück hinterließ die Prellung keine Folgen. Eine Woche lang tat mir die Brust weh, doch dann verging es.

In diesem Augenblick betrat K. J. Lossew die Kajüte. Ich berichtete ihm mein Missgeschick.

»Sie müssen sich so rasch wie möglich auf den Fußboden setzen«, sagte er, »sobald es Sie stark seitwärtszieht, dann kann Ihnen nichts geschehen.«

Plötzlich legte sich das Schiff auf meine Seite über.

»Sehen Sie, so muss man es machen!«, belehrte er mich und ließ sich auf den Boden nieder.

»Aj, aj!«, schrie er gleich darauf und griff mit den Händen rundum, um sich an etwas festzuhalten. Er rutschte von der Höhe herab gerade auf mich zu. Ich konnte eben noch die Beine wegziehen, sonst hätte er mich mit seiner ganzen Riesengröße erdrückt.

So verging ein Tag nach dem andern, besser vierundzwanzig Stunden nach vierundzwanzig Stunden. Nur an Land zählt man nach Tagen, auf dem Meer bei hohem Seegang schläft man jedoch nicht, wann man will, sondern wenn man kann. Dort gibt es neben dem üblichen normalen Tag noch einen zweiten, künstlichen, den man auf dem Land »Nacht« nennt, und der ist erfüllt von Sorgen, Arbeit und Geschäftigkeit. Die qualvollen Zeitabschnitte von vierundzwanzig Stunden also vergingen einer nach dem anderen. Sehnsüchtig wird der Mensch umhergetrieben, sucht einen ruhigen Winkel, will sich vergessen, das Meer, das Schaukeln vergessen, lesen, sprechen – es gelingt nicht. Jedes Gelenk, jeder Nerv ist gestrafft, gereizt und von der dauernden Anspannung ermüdet. Die frühere Ruhe, die Minuten des Glücks, die schöne Fahrt, die Heimat, die Freunde – alles ist vergessen, und denkt man daran zurück, dann nur mit Neid. ›Gibt es wirklich eine Küste?‹, denkt man. ›Habe ich wirklich einmal auf dem Festland gelebt, bin festen Fußes umhergegangen, habe im Bett geschlafen, mich mit Süßwasser gewaschen, habe vier, fünf Gänge gespeist, und alles auf verschiedenen Tellern, habe gelesen, an einem Tisch geschrieben, der nicht tanzte? Gibt es wirklich Gärten, warme Lüfte, Blumen …?‹ Und man entsinnt sich sogar der Blumen, auf die man an Land keinen Blick verschwendet hat. So ist es also, das Wanderleben voller Abenteuer, Alarme, Stürme, Erregungen, nach denen ich mich an Land so gesehnt hatte. Nun, ich hatte mir die Suppe eingebrockt, jetzt musste ich sie auch auslöffeln! Das undankbare Gedächtnis bewahrt nicht das Gute, und es überkommt einen das elende, das Leben auf See vergiftende Gefühl – der Reue: Warum ist man mitgefahren!

Flaute im Atlantik

Am 14. Februar geraten wir in jene Flaute, die wir am Äquator vergeblich befürchtet haben. Wieder laufen wir nur einen, anderthalb Knoten, zuweilen machen wir überhaupt keine Fahrt. Anfangs regen wir uns nicht auf und warten darauf, dass der Wind wenn nicht heute, so doch morgen auffrischen wird. Aber die Tage, die Nächte vergehen, die Segel hängen schlaff, die Fregatte wiegt sich fast auf der Stelle und gerät nur manchmal heftig ins Schwanken von einer Dünung, die Wind anzukündigen scheint. Aber es ist nur der schwache Ausläufer weit entfernten Seegangs, den irgendwo an einem glücklichen Ort der Wind verursacht und herangetragen hat. Am Horizont auftauchende Wolken scheinen Regen und Wetterumschlag anzukündigen. Der Regen rauscht auch wirklich in Strömen und unaufhörlich herab, aber es kommt kein Wind auf. Nach einer Stunde strahlt die Sonne wie zuvor und macht den geronnenen, unbewegten Spiegel des Ozeans bis zum Horizont zu einer flimmernden Fläche. Die Fregatte schlummert in der Windstille.

Die Tage fließen eintönig dahin. In dieser Stille, einsam und fern von aller Welt, in der Wärme und im strahlenden Licht nimmt die Fregatte das Aussehen eines entlegenen russischen Dorfs in der Steppe an. Morgens steht man auf, ohne irgendwohin zu hasten. Die seelischen Kräfte sind ausgeglichen, die Gesundheit ist ausgezeichnet, der Kopf frisch und der Appetit vorzüglich. Man schüttet einige Eimer Wasser direkt aus dem Ozean über sich, macht einen Spaziergang, trinkt Tee und setzt sich an die Arbeit. Die Sonne steht schon hoch, die Hitze brütet. Im Dorf geht man um diese Zeit weder auf die Felder noch auf die Tenne. Man sitzt unter dem Schutz einer Markise auf der Terrasse. Alles sucht im Schatten Zuflucht, sogar die Vögel, nur die Libellen schwirren wie wild über den Ähren.

Auch wir öffnen Fenster und Türen der Kajüten sperrangelweit und ruhen unter dem aufgespannten Sonnensegel. Ein kaum spürbarer Wind erfrischt wie ein zarter Hauch Gesicht und offene Brust. Die Matrosen haben bereits gegessen (sie essen früh, noch vor Mittag, genau wie im Dorf nach der Morgenarbeit) und sitzen in Gruppen herum oder liegen zwischen den Kanonen. Manche flicken ihre Wäsche, Uniformen, Schuhe und summen leise ein Liedchen vor sich hin. Von der Back ertönen die Schläge eines Hammers auf dem Amboss. Die Hähne krähen. In der klaren Stille und Reglosigkeit schallt ihre Stimme weithin. Dann vernimmt man unwirkliche Laute wie fernen, kaum vernehmlichen Glockenklang. Die empfindsame Einbildungskraft, genährt von Träumen und Erwartungen, erzeugt sie in der Lautlosigkeit und zaubert auf den Grund des tiefblauen Himmels ferne Gestalten …

Kommt man an Deck, ist man eine Zeitlang wegen der unerträglichen Grelle von Himmel und Meer fast blind. Ganze Strahlenbündel springen von allen metallischen Gegenständen auf dem Schiff. Selbst das Deck blendet und verwundet die Augen durch sein Weiß.

Bald wird gegessen. Was wird es heute zu Mittag geben? Die Gelegenheit ist günstig. Tichmenjew kommandiert die Wache. Man muss ihn fragen.

»Was gibt es heute zu essen, Pjotr Alexandrowitsch?«

Er will eben den Mund aufmachen, um mir zu antworten, da kommt der Kapitän und erteilt Befehl, das Leesegel zu setzen. Es scheint ihm etwas aufzufrischen.

»Klart die Leesegel-Falls!«, kommandiert Pjotr Alexandrowitsch mit seinem Jünglingsbass und blickt nicht auf die Leesegel-Falls, sondern auf den Kapitän. Dieser lächelt verstohlen und geht mit mir über das Deck. Dann bemerkt er etwas auf der Back und begibt sich dorthin.

»Was gibt es zum Essen?«, frage ich Pjotr Alexandrowitsch, indem ich mir die Abwesenheit des Kapitäns zunutze mache.

»Erbsensuppe«, sagt Pjotr Alexandrowitsch. »Sie mögen diese Suppe?«

»Ja, nicht übel, wenn möglichst viel Suppengrün darin ist«, antworte ich.

»Wäre von Herzen froh«, fährt er mit der ihm eigenen gefühlvollen, gezierten Ausdrucksweise fort, »glauben Sie, ich wäre bereit, alles zu opfern, sogar den Schlaf, wenn ich mehr Grünzeug in die Suppe tun könnte, aber ich kann nicht, Gott sieht es, ich kann nicht. Aber ich werde es versuchen, um Ihretwillen … He! Wache! Gehe und sage Karpow, er soll sich von Jantzew noch etwas frisches Grün geben lassen und in die Suppe tun. Sehen Sie, das tue ich für Sie!«, sagt er. »Mag man mich beschimpfen, wenn das Grünzeug nicht bis zum Kap der Guten Hoffnung reicht!«

Ich drücke ihm gefühlvoll die Hand. »Und was noch?«, frage ich behutsam, von seiner Güte gerührt.

»Noch? … Huhn mit Reis …«

»Schon wieder!«, rufe ich erbittert.

»Was tun, was soll ich tun – versetzen Sie sich selbst in meine Lage. Ich habe nur noch fünf Hammel, drei Schweine, fünfzehn Enten und ganze dreißig Hühner von einhundertdreißig. Überlegen Sie! Wir werden noch Hungers sterben.«

Als er mein nachdenkliches Gesicht sieht, wird er wankend. »Morgen, komme, was kommen mag, lasse ich ein Schwein schlachten …«

»Auf Wache wird nicht gesprochen, Sie wollen wohl wieder das Leesegel-Spriet zerbrechen!«, ertönt plötzlich die strenge Stimme des zurückgekehrten Kapitäns hinter ihm.

»Das war nicht ich, es war Iwan Alexandrowitsch!« Pjotr Alexandrowitsch schiebt den Vorwurf augenblicklich auf mich ab und legt die Hand an die Mütze.

»Klart das Leesegel-Fall!«, schreit er den Matrosen grimmig zu. Der Kapitän dreht wieder ab. Pjotr Alexandrowitsch entfernt sich von mir.

»Sie haben nicht zu Ende gesprochen!«, bemerke ich zu ihm.

Er blickt sich ängstlich nach allen Seiten um. »Gebratene Ente!«, zischt er böse über die Back hin, bemüht, mich nicht anzusehen. »Als Süßspeise …« Die weiße Mütze des Kapitäns taucht in der Nähe der Back auf und verschwindet. »Als Süßspeise – Pfannkuchen mit Ingwergelee … Lassen Sie mich in Ruhe, Sie bringen mich dauernd in Ungelegenheiten!«, flüstert er wütend und geht so weit weg von mir, dass er beinahe über Bord stürzt. »Obst gibt es nicht als Dessert«, schließt er fast für sich selbst. »Seljonyj und der Baron haben nachts alles aufgefuttert, sodass ich am Sonntag je Mann nur eine Apfelsine und zwei Bananen zuteilen kann.«

Zuweilen kann er es nicht aushalten, auch wenn man ihn nicht fragt: »Heute lasse ich Schinken reichen«, sagt er, »und Erbsen aus Konserven.« Und dann lässt er sich herab, die ganze Speisenfolge aufzuzählen.

Um drei Uhr, nach dem Essen, werden die Musiker auf die Back befohlen. Melodien von Verdi und Bellini schallen über den Ozean. Da man nach dem Essen zu träge ist, Musik zu hören, wird die Kapelle mehr des Übens halber und zur Festigung ihres Repertoires gerufen. In diesem Klima bedarf man unbedingt der Siesta. Im Norden kann man selbst an einem sehr heißen Tage ohne Mühe, ohne zu ermüden und von Kräften zu kommen, im Schatten sitzen. Man kann sich sogar mit etwas beschäftigen. Hier sitzt man im leichten Leinenmantel, ohne Krawatte und Weste unter dem Sonnensegel. Obwohl man sich nicht bewegt, verliert man bei der drückenden Hitze jede Kraft. Sosehr man sich auch zusammenreißt, den Körper zieht es zum Diwan. Man muss den Organismus stärken, indem man schläft.

Um fünf Uhr tritt die Mannschaft zum Baden an. Man senkt ein Segel ins Wasser, das sich vollfüllt, und die Matrosen springen von Bord wie in ein Bassin hinab. Man muss jedoch gut aufpassen, denn sie sind alle bestrebt, über das Segel hinauszuspringen und im freien Ozean zu schwimmen. Es ist nicht zu befürchten, dass sie ertrinken, sie sind alle gute Schwimmer, aber man hat Angst vor Haifischen. Einmal schrie auch der Matrose vom Marssegel-Ausguck: »Ein großer Fisch kommt!« An die Badenden schlich sich heimlich ein Hai heran. Die Matrosen wurden aus dem Wasser gejagt. Dem Hai warf man zuerst die Eingeweide eines Hammels zu, die er sofort verschlang, dann harpunierte man ihn. Er schwamm unter dem Kiel hindurch und hinterließ eine blutige Spur. Neben ihm tummelten sich zwei, drei Fische, die sich stets in seiner Begleitung befinden und Lotsenfische heißen.

Um sechs Uhr findet sich die ganze Seefahrer-Gesellschaft nach beendigter Arbeit und Siesta auf Deck ein, um sich zu erfrischen. Weit öffnet sich die Seele den erregenden und beglückenden Eindrücken einer Wunderwelt, die man im Norden nie erlebt hat. Ihre Wunder fügen sich keinen Tabellen, Ziffern, plumpen Zugriffen von Wissenschaft und Erfahrung. Der tropische Himmel und seine Wunder entziehen sich jeder Beschreibung. Man kann das unfassbare Gefühl, dem man sich demütig und bebend überlässt, so wenig messen wie das Gefühl der Liebe.

Kann man diese zärtliche Luft beschreiben, die einen wie eine warme Woge umspült, liebkost und einlullt, diesen Strahlenglanz des Himmels in phantastischer, unsagbarer Schönheit, diese Farben des Sonnenuntergangs? Der Ozean in Gold oder das Gold im Ozean, die blutrote Lohe, reines, klares, durchsichtiges, ewiges, unablässiges Feuer ohne Rauch, ohne die geringste Erdenspur. Die Ruhe von Himmel und Meer ist nicht die Stille von Tod und Schlaf, sondern sie gleicht der Stille nach befriedigter Leidenschaft, in der Himmel und Meer nach der Lust der Umarmung von ihren süßen Qualen ausruhen. Die Sonne entschwindet wie der beglückteste Liebhaber und hinterlässt eine lange, versonnene Spur von Glück auf dem geliebten Antlitz.

Auf dieser goldflammenden, unüberschaubaren Fläche liegen ganze Welten von Zauberstädten, Gebäuden und Türmen, Ungeheuern und Tieren – alles Wolken. Sehen Sie, dort stürzt eine riesenhaft aufgetürmte Festung langsam, lautlos in sich zusammen. Eine Bastion ist gefallen, die zweite bricht nach ihr in Stücke. Dort senkt sich, das eigene Fundament erdrückend, ein hoher Turm, und nun verfließt alles langsam und verwandelt sich in einen Berg, in Inseln mit Wäldern und Kuppeln. Kaum hat die Einbildungskraft dieses Bild erfasst, zerfließt und zerfällt es bereits. An seiner statt kommt von irgendwoher ein Schiff gezogen und hängt in der Luft. Eine riesige Karosse wird zur Gestalt einer gigantischen Frau. Die Schultern sind noch heil, doch die Hüften fallen schon herab, und es entsteht der Kopf eines Dromedars. Eine Formation Soldaten drängt dagegen und verschlingt es.

Das staunende Auge möchte die Hände sehen, die diese Luftgebilde wie im Spiel erschaffen. Leise, zart und träge bewegen sich die feinen, transparenten Muster in der goldenen Atmosphäre wie Träume der schlummernden Seele; sie fügen sich zu fesselnden Gestalten und lösen sich wieder, um in einem phantastischen Spiel miteinander zu verströmen.

Mögen die Maler nach den Farben suchen und sie benennen, mit denen die verlöschende Sonne den Himmel färbt! Seht: Ein violettes Tuch hat den Himmel bedeckt und mischt sich mit Purpur. Gleich danach kommt eine Färbung wie dunkelgrüner Jaspis zum Vorschein. Nunmehr beherrscht sie den Himmel. Und die Schlösser, Türme, Wälder, die rosenfarbenen, gelben, braunen, werden in den letzten Strahlen der schwindenden Sonne blass und durchsichtig wie ein leuchtender Dom …

Unbeweglich und stumm verharren Sie vor den farbigen

Spuren der Sonne. Ihr warmer, schneidender Glanz erregt die Nerven der Augen, aber Sie sind im Dämmer poetischen Sinnens versunken. Sie wenden nicht den Blick. Sie möchten sich nicht aus dieser Betäubung lösen, aus dieser Lust der Stille. Erwachend sagt man sich seufzend: Ach, wenn doch solche Natur, dieselbe glühende und so majestätische, tiefe Ruhe immer und überall vorhanden wäre! Wenn das ganze Leben so wäre! ... Denn die Stürme, die rasenden Leidenschaften sind nicht die Norm der Natur und des Lebens, sondern nur ein Moment des Übergangs. Unordnung und Leid, der Schöpfungsprozess, die rauhe Arbeit dienen in der Werkstatt der Natur nur zur Bildung von Stille und Glück.

Noch ist die Sonne nicht ganz verglüht, noch haben Sie Ihre Gedanken nicht zu Ende gedacht, da schauen Sie um sich: Im Westen leuchten noch Gold und Purpur, aber im Osten funkeln und flimmern bereits Millionen Augen: Sterne über Sterne. Bescheiden und unbewegt leuchtet mitten unter ihnen das Kreuz des Südens. Wie eine Kappe legt sich die Dunkelheit über Sie. Inseln, Türme, Ungeheuer sind verschwunden. Die Sterne funkeln stark und verwegen, als ob sie sich beeilten, die Zeit zwischen Sonne und Mond zu nützen; es werden ihrer mehr und mehr, sie überziehen den ganzen Himmel. Dieselbe unsichtbare Hand, welche die Luftgebilde zeichnete, zündet eilig an allen Ecken der Himmelsveste die Lichter an, und es beginnt das leuchtende Fest der Nacht! Neue Kräfte, neue Gedanken und neue Wonnen erwachen in der Seele. Wieder sucht sie in den Lichtern den Sinn, begierig liest sie die flammenden Buchstaben und drängt zu ihnen hin ...

Doch da ist der Mond, nicht trübe, bleich, versonnen, nicht

nebelhaft wie bei uns, sondern rein und durchsichtig wie Kristall, stolz strahlend in weißem Glanz, unbesungen von Dichtern wie bei uns und deshalb eine jungfräuliche Luna. Keine reife, verwelkende Schönheit, sondern eine kühne Jungfrau voller Kraft, Leben und strenger Keuschheit wie Diana selbst. Ihr durchdringendes Licht überflutet Meer und Himmel, verdrängt das dreiste Funkeln der Sterne und herrscht sanft und majestätisch bis zum Morgen.

Und der Ozean ist eingeschlafen, denken Sie? Nein; er brodelt und glitzert stärker als die Sterne. Unter dem Schiff wirbeln Flammen, brausend brechen sich Ströme von Gold, Silber und glutroten Bränden Bahn. Geblendet, umfangen von süßen Schaffensträumen richten Sie den unbewegten Blick zum Himmel. Dort strahlt bald golden, bald blutrot, bald smaragden der Konopus, das helle Gestirn des Schiffs Argo, die beiden riesigen Sterne des Zentauren. Und dennoch verharrt Ihr liebender Blick bei dem stillen Glanz der vier Sterne des südlichen Kreuzes. Sie leuchten bescheiden und scheinen Sie unverwandt und klug anzublicken. Kreuz des Südens ... Ist es Ihnen einmal widerfahren (aber wie sollte ein Dichter es nicht erlebt haben!), plötzlich eine Frau zu erblicken, von deren Schönheit und Grazie man Ihnen schon seit langem vorgeschwärmt hat und in der Sie nichts Aufregendes finden? »Was ist an ihr Besonderes?«, fragen Sie und blicken sie verwundert an. »Sie ist einfach, bescheiden, zeichnet sich durch nichts aus ...«

Schauen Sie sie jedoch lange an, fühlen Sie plötzlich, dass Sie sie bereits leidenschaftlich lieben! So geht es einem mit dem Kreuz des Südens. Sehen Sie es zum ersten, zweiten und dritten Male, fragen Sie, was daran Besonderes sei. Schauen

Sie es lange Zeit an, dann endet es damit, dass Ihr Blick, wenn es Nacht wird, es als Erstes sucht. Nachdem er über alle erschienenen Sterne hingewandert ist, wendet er sich wieder dem Kreuz zu, und an seinem Anblick finden Ihre Augen dauernde Ruhe.

Doch dem glutheißen Tag folgt die schwülsüße, lange Nacht mit funkelndem Firmament, einem Feuerstrom zu Füßen, mit dem Beben der Lust in der Luft. Mein Gott! Ungenützt vergehen hier diese Nächte. Keine Serenade, keine Seufzer, kein Liebesgeflüster, kein Nachtigallengesang! Nur die Fregatte bewegt sich mühsam vorwärts und stöhnt hin und wieder, ein kraftloses Segel flattert, unter dem Heck plätschert eine Welle – und wieder ruht alles in erhabener Schönheit.

Joachim Ringelnatz

Matrosen

Den Neulingen gegenüber sind die alten Seeleute unerbittlich streng.

Ich denke dabei nicht an die Kriegsmarine noch an gewisse Zivilschulschiffe, wo die Schiffsjungen zwar auch straff, aber unter Aufsicht von ihrerseits kontrollierten Berufslehrern oder Offizieren doch in humanerer Weise ausgebildet werden. Nein, ich rede von den anderen Segelschiffen. Denn wer die Seemannskarriere ergreift, muss vor allem erst jahrelang auf Segelschiffen lernen. Sonst wird er später nicht zum Steuermannsexamen zugelassen.

Die Matrosen dieser Segler sind hartherzig. Mit offener Verachtung behandeln sie besonders die Jünglinge aus dem Binnenlande, die weder Platt verstehen noch jene einfachsten, allgemeinen Schiffskenntnisse mitbringen, die jeder Wasserkantler besitzt. Wenn solche Landratten gar noch mit einem Stehkragen antreten, Milchgesichter aus feinem Hause sind – wehe ihnen! Ihre höhere Schulbildung, ihre höflichen oder gar vornehmen Manieren werden ihnen ebenso verübelt wie körperliche Schwächlichkeit. Diese »Fünfhundertmarksjungen« erwartet eine harte Schule an Bord. Es gibt keinen Unterricht in dieser Schule. Die Jungens müssen sich alle Kenntnisse, alle Griffe heimlich absehen, ablauschen, und solange sie im praktischen Dienste versagen, straft man sie und beschimpft man sie, wobei es gar keine Rolle spielt, ob sie fünfzehn, siebzehn oder dreißig Jahre alt sind. Sie sind eben Schiffsjungen.

Das grausame Kielholen hat man abgeschafft. Aber im Winter zehnmal hintereinander über die Toppen entern zu müssen, das heißt: Durch das vereiste Tauwerk bis zur Mastspitze und auf der anderen Seite zurückklettern zu müssen ist auch eine peinvolle Angelegenheit.

Unter dem christlichen Kapitän Pommer wurden wir Boys mit Tauenden und Fäusten, ja sogar mit Eisenstücken geschlagen und mit Fußtritten traktiert. Dazu kommt der kalte, wortkarge Spott und der rohe, oft grausame Spaß der Matrosen. Sie zwingen den seekranken Schiffsjungen, einen Hering zu verschlucken, daran sie ein Garn gebunden haben, um den Bissen nachträglich wieder herauszuziehen.

Aber wenn diese Jungen durchgehalten haben, dann haben sie auch viel und gut gelernt. Und hinterher sind sie dankbar für ihre rauhe Erziehung. Auch ich bin heute froh für die Schläge auf der Elly.

Äquatortaufe

Geistigkeit gibt es bei Seeleuten nicht, wohl aber zuweilen gesunden, simplen Humor. Ihre derben Späße sind zum großen Teil überliefert.

Sie reichen dem Schiffsjungen ein Fernrohr, zwischen dessen Gläser sie vorher ein Haar gespannt haben. Er soll ausschauen, ob der Äquator schon in Sicht wäre. Mancher Junge sieht ihn.

Und dann werden die getauft, die den Äquator noch nie

zuvor passiert haben. Alle möglichen hinterlistigen Gebräuche kommen dabei in Anwendung, und der Schiffsführer darf nichts dagegen einwenden, sieht auch, gleich den anderen Offizieren, gern schadenfroh zu.

Auf großen Passagierdampfern gestalten sich die Zeremonien noch umfangreicher und pompöser. Da spielt das Einseifen und Rasieren mit einem riesigen Holzmesser, spielen Nixen mit breiten Schultern und seltsam rauhen Stimmen eine große Rolle, und der leibhaftige Neptun steigt aus dem Wasser an Bord.

Zum Schluss stellt der schreibkundigste Matrose schwitzend und wichtig dem Täufling das Taufzeugnis aus. Er schreibt mit den schwieligen Händen unorthographisch den altübernommenen, mühsam auswendiggelernten Text, den alle Matrosen unterzeichnen und den der Steuermann zum Schluss mit dem Schiffsstempel versieht.

WIR NEPTUN aus eigener göttlicher Macht Herr und Gebieter aller Meere, Seen, Flüsse, Bäche, Teiche, Sümpfe, Gräben, Moräste und Pfützen, bekunden hiermit, dass am heutigen Tage:

> Im Jahre des Heils 1902 den 25. Dezember
> der Leichtmatrose Hans Bötticher beim Passieren
> der Linie (Äquator) die übliche Taufe erhalten und
> als Bürger unserer nassen Staaten aufgenommen ist.
> Wir befehlen daher allen Behörden und Meerjungfern aller oben aufgeführten Elemente, dem
>
> p.p. BÖTTICHER
>
> beim Betretungs- resp. Hineinfalle alle Hilfe und
> jeden Schutz angedeihen zu lassen.

Gegeben an Bord S. S. Numidia
Unter Unserem Königl. Insiegel u. eigenhändiger Unterschrift

NEPTUN
Es folgen Unterschriften

Heimweh?

Das Heimweh, jenes Heimweh des Gebirgssohnes, der sich niemals ganz in die Fremde einfindet, ist ihnen oder wird ihnen fremd. Ja, es bildet sich bei ihnen mit der Zeit etwas beinahe Gegenteiliges heraus. Ein Fernweh. Sie müssen immer wieder weit weg und woanders sein und sind es gern. Ohne dass sie darüber die Liebe zur Heimat verlieren.

Wie froh schlägt den Deutschen das Herz, wenn sie nach langer Abwesenheit die Elbe aufwärtsfahren und die Hamburger Michaeliskirche in Sicht kommt. Oder wie gespannt erwarten sie in Yokohama – und wie oft lesen sie – einen Brief aus der Heimat. Was bedeutet für den Memelsmann ein Weihnachtspaket von Muttern, das er in Tropenhitze öffnet!

Ich besinne mich auf ein Weihnachten, da ich in solcher Tropenhitze mit einem Dampfer auf der Reede von Maranhao lag. Wir durften nicht an Land, weil die Pest dort herrschte.

Wir hatten den Tag über und bis spät in die Heilige Nacht hinein schwer zu arbeiten, um einen bedenklichen Schaden auszubessern. Hinterher öffneten wir das Weihnachtsgeschenk unserer Reederei: pro Mann eine Flasche Bier. Das Bier war durch die Hitze verdorben. Aber dann hatte einer von uns in eine Holzspiere zwei Löcher gebohrt und in die Löcher zwei Handfeger gesteckt, die Borsten nach unten, sodass das Ganze aussah, wenigstens für uns aussah, wie ein Weihnachtsbaum. Und wir sangen ein Weihnachtslied und hatten Hunger und insgeheim etwas Sehnsucht.

Und hätte damals eine Fee einem von uns nur eine unbelegte und unbeschmierte Scheibe richtigen frischen Brotes geschenkt, der Empfänger wäre hochbeglückt gewesen. Und wir anderen mit ihm. Denn er hätte es unter uns fünfzehn (oder wie viel wir auch sein mochten) geteilt.

Ihre Verpflegung

Essen und Trinken spielen eine Hauptrolle in ihrem Leben, infolgedessen auch in ihren Gesprächen.

Sie werden an Bord wahrlich nicht verwöhnt, zumal nicht auf kleinen Segelschiffen, wo der Kapitän die Länge der Reisezeit nicht voraussehen kann und schon deshalb zu einer vorsichtigen Rationierung des Proviants gezwungen ist, andererseits aber auch aus persönlicher Gewinnsucht großes Interesse an Sparsamkeit hat.

Windstille in tropischen Gewässern lässt die Schiffe wochenlang, ja monatelang treiben. Das Salzfleisch verdirbt. Der Hundekuchen – Hartbrot oder Schiffszwieback – verrottet. Maden kommen hinein, und die Katze hat sich daraufgesetzt. Denn eine Katze oder einen Hund oder einen Papagei oder einen Ameisenbär, irgendein Tier hält sich jedes Schiff.

Auf Dampfern, die Stückgut geladen hatten, bohrten wir

wohl, wenn der Hunger uns allzu sehr plagte, gelegentlich heimlich eine Kiste an und noch eine und immer noch eine, wenn wir in all diesen Kisten zu unserer Enttäuschung nur Seife fanden.

Schlimmer noch, wenn das Wasser knapp wurde. Wenn pro Tag pro Mann nur noch eine Tasse voll »Zum Waschen und Trinken« verausgabt wurde, denn bekanntlich ist Meerwasser zu beidem nicht zu gebrauchen. Aber das Waschen gab man dann leicht auf. Bis endlich ein Regen einsetzte, den wir mit flach gespannten Segeln auffingen. Das gesammelte Wasser begann in der Tropenhitze freilich sich bald zu beleben und zu stinken. Aber man trank und wusch sich und seine Wäsche. Oft hat das hässliche und gefährliche Krankheiten zur Folge. In Liverpool besuchte ich einen großen, eben eingetroffenen Segler. Dort an Bord waren nach einer weiten Reise nur noch drei arbeitsfähige Leute, alle anderen an Skorbut erkrankt oder gestorben.

In der Beziehung sind unsere modernen Schiffe heute hygienischer ausgerüstet, auch sind die entsprechenden Gesetze verbessert.

Ein Freund von mir, ein gelehrter Vogelkenner, hasst die Seeleute, und zwar nur, weil er gelesen hat, dass portugiesische Matrosen im siebzehnten Jahrhundert auf der Insel Mauritius die Riesentaube Dronte ausgerottet, nämlich restlos aufgefressen haben. Aber doch nur aus Hunger, lieber Freund. Wer kann von Fingernägeln und Salzwasser leben!

Ich muss an den Eskimo Nanuk denken, dessen rauhes Tagewerk von einer Filmgesellschaft an Ort und Stelle aufgenommen wurde. Man erzählt sich, dass die Filmoperateure nach der Aufnahme diesen Nanuk nach New York mitnahmen und dass er sich in wenigen Tagen zu Tode gefressen hätte. An den herrlichen Speisen, um die man dort nicht kämpfen noch stundenlang wandern, lauern oder frieren muss. Die tragische Geschichte mag wahr sein.

Ihre Sprache

Es fällt ihnen nicht schwer, sich in fremden Häfen zurechtzufinden. Ihr Interessenradius ist klein. Die wenigen Ausdrücke sind leicht erlernt, wenigstens in den Hauptsprachen Englisch, Französisch, Deutsch und Spanisch.

Aber auch darüber hinaus verständigen sie sich leicht mit den Hafenleuten und Seeleuten anderer Völker. Ihre Ziele und Wünsche sind meist dieselben. Essen, Trinken und Weiber, meist in den dürftigsten Stadtteilen. Sie sprechen ein Mischmasch aus vielerlei Küstensprachen. Platt und Missingsch, Spanisch und Skandinavisch, Holländisch und Pidgin-English oder Bêche de mer.

So finden sich internationale Matrosen auch an Bord rasch zusammen. Einig im gleichen Beruf, in gleichen Instinkten und gebunden an gewisse allgemeine, zum Teil ungeschriebene Seemannsgesetze.

Da gibt es einen Ausdruck aus Sprachverquickung »mi no savi«, den die Seeleute und Küstenbewohner aller Länder verstehen und der so viel bedeutet wie »Kannitverstan«. Mit diesem Ausdruck habe ich einmal ein gutes Geschäft gemacht. Ich lag mit einem Dampfer in Cardiff. Mein Haar war überlang und verwildert, und so ging ich, um es schneiden zu lassen, an Land, in den ersten besten Barbierladen.

Ich hatte einen Schilling in der Tasche, nach meiner Erfahrung also reichlich mehr Geld, als ich brauchte.

Der Friseur machte sich eifrig an seine Arbeit, und wir führten dabei ein sehr lebhaftes, scherzhaft streitendes Gespräch auf Englisch über den damals aktuellen Burenkrieg. Ich trat für die Buren ein, der Friseur für die Engländer.

Als er endlich fertig war, entstand ein seltsamer Dialog. Ich fragte: »Was bin ich Ihnen schuldig?«

Er sagte: »Zwei Schilling.«

Ich sagte: »Unmöglich, Sie scherzen wohl?«

Er schob meinen hingelegten Schilling zurück und sagte plötzlich sehr unfreundlich: »Nein. Zwei Schilling.«

Ich schob den Schilling vor. »Ich habe nur einen Schilling bei mir.«

Er schob achselzuckend den Schilling zurück. »Zwei Schilling.«

Ich schob den Schilling vor, legte meine silberne Uhr dazu und sagte: »Ich bin auf dem Schiff so und so. Wir liegen dort und dort. Ich werde den anderen Schilling holen und bringen.«

Er schob Geld und Uhr zurück. »Nein. Zwei Schilling, oder ich rufe einen Polizisten.«

Ich zuckte die Achseln und steckte Uhr und Schilling wieder ein. Der Barbier verließ den Laden und schloss die Tür von außen ab.

Ich saß sehr unbehaglich da und nahm die Sache viel zu tragisch. Hin und her sinnend, fasste ich endlich einen Entschluss, über dessen Wirkung ich mir absolut nicht klar war.

Nach geraumer Zeit betrat der Barbier wieder den Laden. Ihm folgte einer jener langen und durch einen langen Helm noch verlängerten englischen Policemen. Der wandte sich sofort barsch an mich: »Sie wollen diesen Mann nicht bezahlen?«

Ich sah den Schutzmann dumm verständnislos an und sagte: »Mi no savi.«

Er: »Sprechen Sie nicht Englisch?«

Ich: »Mi no savi.«

Der Barbier wurde krebsrot. »Wundervoll Englisch spricht er«, schrie er, »wir haben uns über den Krieg unterhalten.«

Der Polizist zu mir: »Was sagen Sie dazu?«

Ich, dumm wie bisher: »Mi no savi.«

»Wo kommen Sie her?« »Zu welchem Schiff gehören Sie?« »Wo liegt Ihr Schiff?« Ich antwortete auf alles: »Mi no savi!«

Der Schutzmann und der Barbier zogen sich zurück und flüsterten miteinander. Dann trat der Schutzmann ruhig auf mich zu und – unbetont und ohne irgendeine bezeichnende Handbewegung dazu zu machen – sagte er: »Gut, dann scheren Sie sich zur Hölle.«

Gottlob, ich merkte diese Falle und blieb still sitzen und antwortete wieder dumm verständnislos: »Mi no savi.«

Im nächsten Moment packte mich der Policemen am Kragen, der Barbier riss die Tür auf. Ich befand mich plötzlich auf der Straße und ging mit meinem Schilling vergnügt eins trinken. Auf das Wohl dieses Gauners und Dummkopfes.

Ihre Löhnung

Selbstverständlich genießen sie freie Wohnung und Verpflegung an Bord. Ihre Löhnung wird ihnen vorsichtigerweise erst nach Beendigung der Reise ausbezahlt. In den Häfen unterwegs gewährt man ihnen nur geringe Vorschüsse.

Davon besaufen sie sich und kaufen exotische Spezialitäten ein.

Um diese Geschenke, Papageien, Parfüms, ausgestopfte Krokodile, Muscheln, Elefantenzähne, Felle usw., wohlbehalten nach der Heimat zu bringen, scheuen sie keine Unbequemlichkeit. Sie erstehen etwa in Madeira zwei Büschel Bananen und hängen sie – weil die Früchte nicht liegen dürfen – in ihrer engen Koje auf und schlafen von nun an bis Hamburg auf dem harten Deck. In Hamburg aber schlingen die Schlafbase oder Kneipenwirte die geschenkten Bananen so gleichgültig hinunter, wie sie andere Bananen verzehren, die dort billig auf den Straßenkarren zu kaufen sind.

Nach Beendigung der Reise hat der Seemann mit einem Mal viel Geld in der Tasche. In diesem Glücksgefühl verschwendet und verschleudert er sein Geld und die mitgebrachten Andenken wahllos und großzügig.

Jahnmaat bringt einen silbernen Drachenbecher aus China mit, für seine Mutter in Erfurt bestimmt. Im Hamburger Zollamt spricht ein Kommis ihn an, ob der schöne Becher wohl verkäuflich wäre. Jahnmaat schenkt den Becher sofort dem Kommis. Der zieht dankend ab und lacht hinterher über den dummen Matrosen, und später entdeckt er auf dem Boden des Bechers den Stempel »Made in Germany«.

Es kommt auch vor, dass Matrosen ohne Geld zurückkehren und unter Umständen nicht einmal den Zoll für die mitgebrachten Auslandssachen erbringen können. Weil sie die Dinge aber nicht dem Zollbeamten schenken wollen und andererseits Eile haben, an Land zu kommen, so werfen sie das Zollpflichtige kurzerhand ins Wasser.

Matrosen und Zollbeamte leben in einem steten Krieg. Erfinderisches Raffinement einerseits und Spitzfindigkeit andererseits übertrumpfen einander immer wieder.

Hansen und ich hatten zollpflichtige Waren aus Argentinien mitgebracht. Wir packten sie zuunterst in einen Kleidersack und stopften die schmutzige Wäsche darüber.

»Was haben Sie in dem Sack?«, fragte mich der Beamte, als wir vorm Freihafen das Zollamt betraten.

»Dreckige Wäsche«, antwortete ich mürrisch.

»Packen Sie mal aus!«

Ich schob den Sack Hansen hin. »Pack du den Saukram aus!«

Hansen stieß den Sack von sich.

»Pack ihn doch selber aus! Es sind doch deine verwanzten Lumpen!« Der Beamte öffnete nun selbst den Sack ein wenig, sah obenauf etwas Schmutziges, Schmieriges, murmelte etwas von verwanzten Lumpen und winkte uns zu, uns schleunigst davonzumachen.

Aber solche Tricks lassen sich nicht wiederholen.

Als ich in Bremen auf der Florida anmusterte, geschah das so eilig und so kurz vor Abfahrt des Dampfers, dass ich nicht mehr Gelegenheit fand, mir eine Matratze zu kaufen. Ich bat deshalb in England den Kapitän um einen Vorschuss für diese Besorgung. Unfreundlich zahlte er mir einige Schillinge aus, die ich aber dann im Wirtshaus verputzte. So musste ich während der Weiterfahrt auf den harten Kojenbrettern schlafen. Bis Venedig. Dort ging ich zum Kapitän. »Die Schillinge haben nicht gereicht. Ich bitte um einen neuen Vorschuss.«

Herr Nacari fluchte, nannte mich einen vermaledeiten Lügner, aber gab mir abermals Vorschuss. Jedoch der italienische Wein war so gut, und man feierte gerade Karneval in Venedig. Ich kehrte ohne Matratze an Bord zurück. In Odessa betrat ich zögernd die Kajüte. »Kapitän, ich bitte um Vorschuss; ich habe das Geld in Venedig versoffen.«

»Du Hundesohn, du Bestie! Hinaus, oder ich schlage dich tot.«

Ich erhielt kein Geld. Es schlief sich allzu hart auf den nackten Brettern. Als wir in Nikolajew anlegten, bestellte ich mir heimlich, auf Schiffskosten, eine Matratze bei dem Händler, der die Florida dort mit Proviant und Schiffsmaterial versorgte.

Mittags saß ich unten im Matrosenlogis mit meinen Kameraden beim Essen, als von oben eine laute Stimme ertönte: »Aufgepasst unten!«

Und da polterte etwas Großes, Unförmiges die Treppe herunter. Eine zusammengerollte, breite Matratze. Wir lachten alle.

»Aufgepasst unten!«, rief die Stimme oben wieder. Und abermals rollte etwas herunter. Eine zweite solche Matratze.

»Nanu?«

»Aufgepasst unten!« Eine dritte Matratze fuhr wie eine Lawine in das enge Logis.

Meine Kameraden hatten aus Scherz und Mitleid mir ebenfalls heimlich eine Matratze bestellt. Und das Gleiche hatte der Kapitän getan; ich weiß nicht, ob aus menschlichem Erbarmen. Jedenfalls besaß ich nun auf einmal drei Matratzen, und ich musste sie später alle bezahlen, und wir trieben viel Unfug damit.

Matrosen genießen unter der Bevölkerung der Hafenstädte wenig Achtung, am wenigsten bei den Leuten, die an ihnen viel Geld verdienen.

Wenn ein heimkehrendes Schiff am Kai festmacht, dann lauert schon eine Rotte von betrügerischen Händlern, diebischen Huren, Bettlern und aussaugenden Schlaf- oder Heuerbasen auf die Seeleute. Und diese – unbewachte, eigensinnige, übermütige Kinder – plumpsen zuverlässig in die Fallen, die ihnen gestellt werden.

Sie greifen mit breiten Flossen in ihre Geldtaschen, bemerken es nicht, wenn gelegentlich auch fremde Hände hineingreifen. Sie geben mitleidig und reichlich den Bettlern. Sie feilschen bei den Händlern nicht.

»Denn was nützt denn dem Seemann sein Geld, wenn's ihm schließlich ins Wasser reinfällt.« Und »Wenn das Geld versoffen ist, dann fahren wir wieder zur See!«

Sie füttern und beschenken stellungslose Kameraden, die sich an Bord einfinden.

Sie sind gutmütig wie die Bergleute, Schornsteinfeger und Artisten, wie meist Leute sind, die viel im Freien und unter Lebensgefahr schaffen oder häufig sterben sehen. Wie Leute, die etwas Positives leisten müssen, die nicht markieren, sich nicht um ihre Arbeit herumdrücken können.

Zwei mir bekannte einfache Fahrensleute mussten auf einer Urlaubsreise nach einer Abschiedssauferei in einem Gasthof sechster Güte übernachten. Das gemeinsame Zimmer kam ihnen aber äußerst vornehm vor, und das bedrückte sie sehr. Da sie aber stark besoffen waren, schliefen sie doch in ihren Betten bald ein. Plötzlich erwacht Hein und übergibt sich. Ohne sich aufzurichten. Er versucht weiterzuschlafen, was ihm aber nicht gelingt, weil ihn der Gedanke quält, was das feine Gasthofsfräulein morgen zu der Sauerei sagen würde. Plötzlich hört er Stüven glucksen. Hein fragt: »Du, was hast du?«

»Hein, ich muss kotzen!«

»Hierher, um Gottes willen!«, ruft Hein. »Mein Bett ist nun einmal schon eingesaut.«

Und Stüven springt auf und beugt sich tief über Hein, und Hein rührt sich nicht, schließt nur die Augen. Ihre Gutmütigkeit gibt sich grob, aber ehrlich. Matrosen sind ehrliche Leute.

Sie vergreifen sich manchmal an der Schiffsladung. Nicht nur, wenn sie vor Hunger sich nicht anders zu helfen wissen. Nein. Schiffsgüter gelten bei ihnen als unpersönliches Eigentum, als etwas Vogelfreies, wenn nur der Kapitän nichts bemerkt. Wie auch andere und die meisten Menschen sich freuen, wenn sie dem Fiskus etwas abzwacken oder vorenthalten können.

Ich besinne mich auf ein riesiges Fass Malaga, das an Deck zwischen anderem Stückgut stand. Wir Matrosen gaben ihm im Vorbeigehen manch heimlichen Fußtritt. Und als dann eines Tages eine kräftige Brise die ersten Sturzseen über das Schiff fegte – und durch einen nachhelfenden Seestiefelabsatz –, bekam das Fass wirklich ein Leck. Nun rasten wir mit allen aufzugreifenden Gefäßen herbei, um den strömenden Wein aufzufangen. Töpfe, Flaschen, Tassen, Kannen, Waschbalgen, Pisseimer, Mützen, sogar eine leere Petroleumkanne mussten herhalten.

Es folgte eine Zeit unerhörter Bezechtheit. Wer den Sachschaden tragen und ob der unter Force majeure gebucht würde, das machte uns kein Kopfzerbrechen.

Andermal luden wir in Spanien Korkballen und außerdem Kisten, welche Ölsardinen in Dosen enthielten. Auf der Weiterfahrt schlichen wir uns in den Laderaum, erbrachen die Kisten, nahmen die unteren Dosenschichten heraus und legten stattdessen Korkstücke hinein. Dann nagelten wir die Kisten wieder sorgfältig zu.

Revolutionäre

Seeleute erleben die sozialen Gegensätze zwischen Arm und Reich, zwischen Befehlen und Gehorchen viel krasser als Landarbeiter und Landsoldaten.

Sie sahen an Bord, als knapp gehaltene Schwerarbeiter, neben sich das Faulenzen der Passagiere und deren luxuriöse Bequemlichkeiten. Sie sahen auf monatelangen Reisen elegante Herren mit schönen, zart gekleideten Frauen flirten. Und holde Kinder spielten an Deck. Die Matrosen betrachteten das so, wie arme Kinder durch Schaufenster auf Wunder von Süßigkeiten blicken.

Es war ja ein interessantes, wechselndes und ablenkendes Schauspiel. Es war wie Kino für sie. Auch fiel dabei sonst manches Angenehme für sie ab.

Als ich mit dem großen Schnelldampfer »Columbia« nach New York fuhr, schickten wir – wenn Sturm war – abends nach dem Souper der Passagiere unsere Jungens mit großen Blechschüsseln vor die Kombüse. Sie hielten die Schüsseln dort vor die Bullaugen, und der Koch warf ihnen hinein, was von den Speisen der Seekranken übriggeblieben war, alles bunt durcheinander. Fleischstücke, Bratensaucen, Weintrauben, Hummermayonnaise, Schlagsahne, Pudding, Gemüse. Wir nannten diese willkommene Spende den »Omnibus« und wünschten uns seinetwegen jeden Tag Windstärke 12, Orkan.

Matrosen sind nicht neidisch. Sie können lange, lange entbehren, dulden und sich bescheiden. Sie verlangen an Bord nur ausreichend Futter und wollen in Hamburg abends an Land gehen, in die Kleine Freiheit.

Aber wenn der Bogen einmal springt, wenn die Bedrückten, die Unterdrückten sich erheben, dann stehen die Matrosen an der Spitze. Es ist kein Zufall, wenn Revolutionen bei den Marinen einsetzen. Matrosen sind vielseitiger, geschulter, welterfahrener als das Landvolk. Sie haben zu ihren seemännischen Kenntnissen, die vom Sternenhimmel bis zum Meeresboden reichen, auf Kriegsschiffen noch Signalsprachen, Infanteristisches, Artilleristisches und hunderterlei anderes gelernt. Sie kennen fremder Länder Sitten und Sprachen. Viele von ihnen haben schon an politischen Aktionen teilgenommen, und an Bord verbrachten sie Tage und Nächte in nächster Nähe von höchsten Persönlichkeiten.

Ihr Respekt war immer nur ein vernünftiges Sicheinfügen in erkannt Notwendiges, niemals ein blödes Sichbeugen vor unbegriffener Überlegenheit.

Auf Kauffahrteischiffen kommen Meutereien erklärlicherweise noch häufiger vor.

Matrosenbräute?

Losgelassene Stiere, durchgehende Pferde nach langer Stallzeit, so stürmen die Matrosen an Land. Ihre Ansprüche sind nach so langen Entbehrungen nicht kompliziert. Die letzte Erfüllung wird in der ersten Nacht meistens von bewusstloser Besoffenheit umnebelt.

Sie sind ihren Bräuten schwärmerisch treu. Bis zum nächsten Hafen. Die Bräute verhalten sich ähnlich. Aber ich weiß auch entzückende gegenteilige Beispiele, weiß von rührender, lebenslänglicher Anhänglichkeit japanischer Freudenmädchen, weiß manches Schöne darüber mehr.

Auf Heimaturlaub und besonders, wenn ihre Heimat im Binnenlande liegt, lassen sich die Seeleute mit komischem Stolz bewundern und mit etwas geschämigem Behagen verhätscheln. Von den Eltern, von Geschwistern, Freunden, Bekannten oder von einer Braut.

Verwirrt und in Verlegenheit vor den tausend Fragen, die an sie gerichtet werden, kommen sie dann leicht dazu, zu lügen oder aufzuschneiden, Seemannslatein zu erzählen, Seemannsgarn zu spinnen.

Die vielfach verbreitete und naheliegende Ansicht, dass unter den Matrosen außergewöhnlich viel Homosexuelle wären, trifft nicht zu.

Es gibt aber bei ihnen eine ergreifende männliche und salzige Freundschaft zwischen Kameraden. Es gibt eine starke Treue zum Schiff und eine innige Anhänglichkeit an Heimat, heimatliche Bräuche und Lieder und an die Muttersprache.

D. H. Lawrence

Das Meer

Der fette alte Portier klopft. Ach je, wieder einmal ist es dunkel. Aufstehen, bevor es dämmert. Der Himmel draußen ist düster, bewölkt. Das schrille Geschepper unzähliger Ziegenglocken dringt mit der ersten Herde in die Stadt ein, das Geräusch weckt einen auf. Gut, es ist also Morgen, und wenn man noch so mit den Zähnen klappert. Es regnet wenigstens nicht. Draußen das blasse, bläuliche, theatralische Licht der frühen Dämmerung. Und ein kalter Wind. Wir gelangen zu dem weitläufigen, trostlosen Kai in der Hafenbucht von Panormus. Die kalte See schickt eine entsetzlich blasse Dämmerung herein. Und hier, Hafendreck, Unrat, Fische, Abfall. Die junge Amerikanerin begleitet uns in ihren Pullover eingemummelt. Vor dieser rauhen, kalten, schwarzverschmierten Welt scheint sie fast zu vergehen. Aber was können diese zarten Geschöpfe nicht alles aushalten!

Über die große, breite, schlecht gepflasterte, verdreckte, verzweifelte Uferstraße hinweg ans Meer. Drüben liegt unser Dampfer, drüben, nur halb zu sehen, in dem dämmrigen Dunkel des Hafenbeckens. Der Portier sagt: »Es ist der da, der gerade seine Zigarette raucht.« Schmächtig liegt er unmittelbar neben der gewaltigen *Città di Trieste*. Unser Ruderboot wird von einer Menge leerer Kähne aufgehalten, die sich neben der Ufermauer aneinanderschmiegen. Es arbeitet sich heraus, wie ein Schäferhund eine Schafherde teilt oder ein Eisbrecher durchs Packeis bricht. Wir kommen ins offene Hafenbecken. Unser Rudermann steht auf und zieht die Ruder ein. Mit einem langen, melancholischen Schrei ruft er jemandem auf dem Kai etwas zu. Das Wasser gluckert gegen den drängenden Bug. Der Wind macht frösteln. Die phantastischen Gipfel hinter Palermo ragen geisterhaft in den halbdunklen Himmel. Manche scheinen die Dämmerung nicht zu mögen. Drüben raucht unser Dampfer immer noch seine Zigarette – das heißt, sein Schornstein qualmt. Wir überqueren die ebene Fläche des düsteren Wassers. Links heben sich die Masten von Segelschiffen und die Sparren gegen den dämmrigen Himmel ab.

Hinauf, hinauf, das ist unser Schiff. Wir klimmen am Fallreep hoch. »Du meine Güte!«, sagt das amerikanische Mädchen. »Es ist klein, es ist ja unvorstellbar klein! Mein Gott, wollt ihr wirklich in dieser Walnussschale reisen? Großer Gott! Zweiunddreißig Stunden auf einem so kleinen Schiff? O nein, für mich wäre das nichts.«

Ein ganzer Klüngel von Stewards, Köchen, Kellnern, Mechanikern, Fensterputzern und was nicht alles, die meisten in schwarzen Segeltuchjacken. Niemand sonst auf dem Schiff. Eine kleine, schwarze Bande grober Mannschaften, untätig, und wir sind die ersten Passagiere, die sie anspringen können. Da steht man nun im grauen Morgenlicht.

»Wer fährt mit?«

»Wir beiden – die Signora bleibt hier.«

»Fahrkarten!«

Er hat proletarisch gewöhnliche Manieren.

Wir werden in einen langen Raum mit einem langen Tisch und vielen ahorn-goldenen Türen geführt, an den Wänden sind weiß-blaue Wedgwood-Bilder eingelassen – eine Göttin der Gesundheit in weißem Marmor auf blauem Grund, als sei es die Reklame für das Gesundheitssalz Hygeia. Eine der Wedgwood-Türen tut sich auf – zu unserer Kabine.

»Großer Gott, die ist ja nicht größer als ein Kleiderschrank! Wie kommt ihr da nur rein!«, ruft unsere Amerikanerin.

»Einer nach dem andern«, meine ich.

»Ich habe noch *nie* etwas Winzigeres gesehen!«

Es war wirklich winzig. Um die Tür schließen zu können, musste man sich aufs Bett setzen. Mir kam es darauf nicht an, ich bin kein amerikanischer Riese. Ich warf den Rucksack in die eine, den Kitchenino in die andere Koje, und wir schlossen die Tür. Die Kabine verschwand hinter dem Ahornpaneel des langen, unterirdischen Aufenthaltsraums.

»Wie, ob das der einzige Raum ist, in dem ihr euch aufhalten könnt?«, rief die Amerikanerin. »Aber das ist ja einfach schrecklich! Keine Luft, muffig und dunkel. So ein Schiff gibt es doch gar nicht! Wollt ihr wirklich damit fahren? Wirklich?«

Der Aufenthaltsraum war wirklich sehr unterirdisch und muffig, ohne Luftzufuhr, ohne andere Bequemlichkeiten als einem langen Tisch und einer unheimlichen Versammlung von herumgestellten Haarnadelstühlen; aber für mich, der ich Europa nie verlassen hatte, war es nun auch nicht allzu schlimm. Allerdings – das Ahornpaneel mit seinen Ebenholzleisten – und diese Hygeias! Sie wiederholten sich ringsum, sogar um die entfernte, dämmrige Ecke des Raums herum und auf der Seite gegenüber zurück. Aber das vergoldete

Ahorn ist doch ganz herrlich! Und die lieblichen Ebenholzleisten über den Türen! Über allem lag ein prächtiger, altmodisch viktorianischer Glanz, eine gewisse Pracht. Sogar die Hygeias unter Rahmen und Glas waren erträglich – ihre Farben stimmten, Wedgwood und Weiß, im lieblich goldenen Schimmer. Im Baujahr dieses Schiffes hatte es noch eine bodenständige Großartigkeit gegeben: eine reichhaltige Auswahl in den Materialien. So entstanden Heilsalz-Hygeias und griechisch vergoldetes Wedgwood als Reklamen! Und dabei handelte es sich *nicht* um Reklame. Ich war ganz verstört von dieser Tatsache. Sie waren nie Reklame. Weegos Gesundheitssalz hat sich nur das Motiv gestohlen.

Wir bekamen keinen Kaffee – selbstverständlich nicht. So früh wurde noch nicht gearbeitet. Die Crew steht zusammen wie eine *Gang* von Gaunern an der Straßenecke. Die ganze Straße gehört ihnen – dieses Schiff. Wir steigen zum Oberdeck hinauf.

Unser Schiff ist ein langer, schmaler, alter Dampfer mit nur einem kleinen Schornstein. Ohne die Gauner an der Ecke wirkt er völlig verlassen. Die sind unter Deck. Unser Schiff ist verlassen.

Die Dämmerung hellt sich bläulich auf. Die Wolken sind am Himmel geronnen, gegen Osten ist ein Schimmer Gold hinter dem Monte Pellegrino. Wind fegt durch den Hafen. Hinter Palermo spitzen die Gipfel ihre Ohren über den Horizont. Die Stadt ist nicht einzusehen, sie liegt nahebei in der Ebene. Da – ein großes Schiff fährt ein: der Liniendampfer von Neapel.

Die kleinen Boote lösen sich vom Kai und fahren auf uns

zu. Wir passen auf. Ein untersetzter Kavallerieoffizier, graugrün, mit einem weiten, dunkelblauen Umhang, scharlach gefüttert. Das Scharlachfutter leuchtet flatternd. Er trägt einen kleinen Bart, und seine Uniform ist nicht eben sauber. Als Gepäck führt er vertäute Holzkisten mit sich. Also kein Mann von Stand, ein Armer. Aber das üppige Scharlachfutter und Sporen! Es scheint ein Jammer, dass sich so was mit der zweiten Klasse abfinden muss. Doch so ist es; er geht davon, nachdem der Gepäckträger seine Holzkisten an Deck gehievt hat. Wir haben immer noch keinen Reisegefährten.

Doch neue Boote kommen heran. Holla! Die Verpflegung! Geschlachtete Zicklein, fertig zum Braten; massenhaft Hühner; Fenchel und Sellerie; Wein in einer *bottiglione;* frisches Brot; Pakete. Holt über! Holt über! »Gutes Essen!«, ruft die BK erwartungsvoll. Es muss nun bald losgehen. Noch zwei Passagiere, dicke junge Leute in schwarzen Tuchanzügen stehen hinten in einem kleinen Boot, die Hände in den Taschen, und sehen ein wenig kalt vor sich hin. Sie wirken nicht recht italienisch, zu handfest und männlich. Tatsächlich sind sie Sardinier aus Cagliari.

Wir verlassen fröstelnd das Oberdeck. Es ist heller Tag geworden. Fahles Gold streift den Himmel zwischen den hübschen, kalten Wolken im Osten über dem Monte Pellegrino, und ein türkisfarbener Himmel bricht durchs Gewölk. Links kauert Palermo an seinem Allerweltshafen – es zieht sich an der Kaimauer entlang wie ein Ende-der-Welt, Ende-der-See, trostlos und wirr, winzig. Sogar von hier aus können wir die gelben Karren sehen, die langsam die breite, öde Hafenstraße herunterrattern, und die Maultiere, die mit ihrem hohen, scharlachrot gefiederten Kopfschmuck nicken. Oh, diese bemalten sizilianischen Karren, auf deren Brettern die ganze Geschichte abgemalt ist.

Jemand tritt neben uns. »Der Kapitän fürchtet, dass wir nicht abfahren können. Draußen bläst der Wind zu stark. Es ist stürmisch!« Wie *sehr* lieben sie es doch, solche alarmierenden, beunruhigenden oder ärgerlichen Nachrichten zu vermitteln. Was für einen Spaß sie daran haben! Diese befriedigten Gesichter überall: Natürlich lauern jetzt alle diese Eckensteher an Deck zu uns herüber. Aber wir sind viel geprüft.

»Ach was«, werfe ich ein und sehe zum Himmel, »so viel Wind ist das gar nicht.«

Am meisten wirkt eine ruhige, schulterzuckende Gleichgültigkeit: Als wisse man genau Bescheid, weit besser als sie selber.

»*Ah, si! Molto vento! Molto vento!* Draußen! Auf See!«

Mit langem Gesicht und dramatischer Gebärde weist er vom Hafen fort in die graue See hinaus. Auch ich sehe vom Hafen fort auf die bleiche Linie der See hinter der Mole. Aber ich schenke mir die Antwort, und mein Blick ist ruhig. Da haut er ab, er hat es nicht ganz geschafft.

»Es wird ja immer schlimmer!«, ruft unsere amerikanische Freundin. »Wie wird es euch auf so einem Schiff gehen, wenn schreckliches Wetter im Mittelmeer ist? Ach nein – wollt ihr das wirklich wagen? Fahrt doch lieber von Civitavecchia aus hinüber!«

»Es wird ganz schrecklich werden!«, ruft die BK, mustert

mit einem langen Blick den grauen Hafen und die vielen Masten, die rechts in den grauen Himmel ragen. Der große Dampfer aus Neapel dreht nahebei zum Kai ab und dampft vorsichtig rückwärts in den fast ganz eingeschlossenen Hafen. Über ihm fliegen weiße Wolken, dahinter reißt der Himmel blau auf. Wie Wasserkäfer krabbeln die kleinen Boote kreuz und quer durch das Hafenbecken. Am Kai wartet eine dichte Menschenmenge auf den Dampfer aus Neapel.

Es wird Zeit, wird Zeit! Unsere amerikanische Freundin muss von Bord. Ihre Reisewünsche sind überaus teilnahmsvoll.

»Ich bin schrecklich neugierig auf Nachricht, wie ihr übergekommen seid.«

Sie klettert das Fallreep hinab. Der Bootsmann will zwanzig Franken – sogar noch mehr –, aber er bekommt sie nicht. Er bekommt zehn, wo schon fünf zu viel wären. Sie bibbert in ihrer Wolljacke eingekuschelt ganz klein, geduckt und fröstelnd über das gekräuselte Wasser zu der entfernten Steintreppe. Wir winken. Aber andere Boote schieben sich zwischen uns. Und die BK ist ein wenig nervös und verstimmt, weil die Vorstellungen, die unsere amerikanische Freundin vom Luxus hat, uns in ein so ärmliches Licht gesetzt haben. Wir fühlen uns wie die Ärmsten der Armen aus der seefahrenden Verwandtschaft.

Unser Dampfer heult, was er kann. Ein wichtiger Nachzügler wird herangepullt. Die Ankertrossen werden rasselnd hochgewunden, Möwen – die im Mittelmeer selten sind – flattern vereinzelt wie Schneeflocken am frostigen Himmel. Wolken wirbeln. Wir merken gar nicht, dass wir vom Ufer ablegen, den Ankerplatz verlassen und zwischen der großen *Città di Trieste* und einem andern großen schwarzen Dampfer, der sich wie eine Mauer erhebt, davongleiten. Wir halten genau auf eben diese schwarze Dampfermauer zu. Und natürlich steht ein Individuum mit Beamtenmütze am Fuß unseres Fallreeps knapp überm Wasser und schreit: *»Barca! Barca!«* – Er will ein Boot haben. Und ein alter Mann auf dem Wasser legt sich in die Ruder und steuert sein plumpes Boot immer schneller zwischen uns und jene andere schwarze Wand. Da steht er, klein, weit unter uns und hält mit seinem schwerfälligen Boot auf uns zu, aber er wirkt wie ein Gemälde auf dem dunkelgrünen Wasser. Und unsere eigene schwarze Flanke drängt tückisch und boshaft auf die schwarze Mauer zu. Er rudert in der Schlucht zwischen beiden und ist fast heran. Aber sieh an! – das Individuum am Fuß des Fallreeps sieht sich nach einer anderen Richtung um. Ein anderes Boot hält aus dem offenen Hafenbecken auf uns zu. Es wird ein Rennen: Es holt auf, es ist näher, es ist heran. Mit einer Kurve schwenkt das Boot aus dem offenen Wasser am Fallreep ein. Der Mann zwischen den Schiffen zieht die Ruder ein. Der Beamte schreit und winkt, und der Alte mit den eingezogenen Rudern schreit Vorwürfe herüber. Das andere Boot verlädt seine Beute, unser Schiff beginnt langsam zu stampfen, die Schiffsschraube arbeitet, der Mann in der grünen Wasserschlucht rudert um sein Leben – wir treiben in den offenen Hafen hinaus.

Langsam, langsam drehen wir ab, und wie das Schiff wendet, so wenden sich auch unsere Herzen. Palermo verliert sich aus unserem Bewusstsein: Das Schiff aus Neapel, die landenden Mengen, die ratternden Karren auf der Uferstraße, die große *Città di Trieste,* alles entgleitet unserem Sinn. Wir sehen nur auf die offene Hafeneinfahrt und die flache, blassgraue See. Da draußen glitzert es auf. Unsere Herzen lauschen hinaus – obwohl Palermo noch so dicht hinter uns liegt. Wir sehen uns um, und sehen das alles hinter uns – aber es ist schon entschwunden, es ist unseren Herzen entschwunden. Der frische Wind, das blinkende Lichtgeglitzer, die rollende, offene See jenseits der Hafenmolen.

Wir dampfen hinaus. Und fast plötzlich fängt das Schiff an, ganz langsam und schwingend zu rollen. Es schaukelt sanft nach oben und sanft abwärts, schwingt sich unter uns davon. Die BK wird bleich. Sacht steigt das Deck und schwingt wieder allmählich herab, es senkt sich mit diesem unbeschreiblichen Gleiten nach vorn. Es ist alles ganz höflich – wirklich überaus höflich. Aber oh! – so langsam, langsam, dass einem ganz schwindlig wird.

»Ganz hübsch!«, sage ich der BK.

»Ja, wirklich *sehr* liebenswert«, antwortet sie nachdenklich. Um die Wahrheit zu sagen: In diesem langen, sanften Aufschwingen des Schiffes, in seinem langen, sanften Vornübergleiten liegt etwas, was mich begeistert. Es ist eine Bewegung voller Freiheit. Ich fühle, wie das Schiff sich hebt – dann sachte nach vorn gleitet, ich höre das Wasser malmen, es ist wie das magische Schwingen des Himmels, das magische Schwingen des Elementarraumes. Dieser lange, langsame, galoppierende Rhythmus, der das Schiff hebt und senkt, und die Wasser schnauben, als besäßen sie Nüstern, o Gott!, welches Entzücken für die ungezügelte, innerste Seele. Endlich fühlt man sich frei – man schwingt im sanften Flug der

Elemente, treibt dahin. O Gott!, so befreit zu sein von all dem gestauten Leben – dem Schrecken menschlicher Beschränktheit, der Hölle des Maschinenwesens. Welch ein Todeskampf bedeutet für mich tatsächlich eine Eisenbahnfahrt. Und welch ein lang hingezogener Todeskampf ist das Leben zwischen den zähen, widerstrebenden Landmenschen. Und nun dieses langsame, sachte Heben und Senken des fast leeren Schiffes zu spüren, wenn es vom Wasser gepackt wird! O Gott!, Freiheit, Freiheit, elementare Freiheit! Ich wünschte von Herzen, die Reise möge für immer andauern, das Meer solle nie enden, ich wollte in alle Ewigkeit in diesem schwingenden, bebenden, langen und saugenden Pulsschlag dahinfluten: in einem unendlichen Raum ohne Rückkehr, und ohne je einen Blick zurückzuwerfen.

Das Schiff war fast leer – natürlich außer der eckenstehenden Gaunerbande, die unten auf dem Deck herumlungerte. Wir standen allein auf dem verwitterten, kleinen Promenadendeck, auf dem alte Eichenbänke mit alten, geschnitzten, kleinen Löwen als Armstützen standen – und eine kleine, geheimnisvoll verschlossene Kabine, von der wir endlich herausbekamen, dass es sich um den Funkraum mit der kleinen Bettnische des Funkers hinter einem Vorhang handelte.

Kalter, frischer Wind, schwarzblaue, durchscheinende, rollende See, schäumende Strudel im Kielwasser, Sizilien zur Linken: der Monte Pellegrino, gewaltig, eine ungetüme Masse rötlicher Felsen, nur spärliches Grün krallt sich in den Stein, er reckt sich himmelwärts aus dem Meer. Der Monte Pellegrino wirkt seltsam groß, massig und klotzig und öde, wie ein Stück Sahara, das zum Himmel ragt – und uralt. Die sizilianischen Küsten sind sehr eindrucksvoll und schrecklich. Sie bewachen das Inland. Wieder überkommt mich das Gefühl, als habe das Alter es abgenagt, als haben alte, alte Zivilisationen den Boden abgetragen und ausgelaugt und ließen nur die schreckliche Blöße der Felsen zurück, wie das Tafelland von Syrakus und die gewaltigen Trümmer hier.

Außer uns schien niemand an Bord zu sein; wir waren auf dem kleinen Promenadendeck allein. Wir waren seltsam allein auf diesem verlassenen alten Schiff, das über der rollenden See im Winde steigend und fallend die großen, öden Ufer passierte. Das Holz der Möbel ist ganz ausgewaschen und vom Wasser versilbert, die Kabine, die Bänke und sogar die kleinen Löwen an den Bänken. Die Farbe ist längst verwittert, und hier wird nichts mehr angestrichen werden. Es ist seltsam, die Hand auf das alte, vom Meer gebeizte Eichenholz zu legen. Gute, alte, zartgemaserte Eiche: ich schwöre, dass sie in England wuchs. Und alles ist so sorgfältig gearbeitet, fest und dauerhaft. Ich betrachte die Löwen genauer. Genau sitzende Eichenzapfen sind durch ihre Klauen getrieben, und sie sperren die kleinen Mäuler auf. Sie sind noch so fest gefügt wie in ihren alten, viktorianischen Tagen, so unzerstörbar. Nichts wird sie je verschleißen. Die sorgfältige, gründliche, männliche, dauerhafte Arbeit, die in ein Schiff gesteckt wird, ist eine Freude: jedenfalls auf diesem sechzig Jahre alten Dampfer. Jedes Stückchen dieses Eichenholzes ist noch gesund und prächtig: Und alles ist noch zusammengehalten mit Holzverschränkungen und Holzzapfen, die so viel schöner und lebendiger sind als der eiserne Beschlag. Rostfreies, lebendig geborenes, ins Leben verwobenes, altes Holz: rostfrei, wie Fleisch und Blut rostfrei sind, und so froh wirkend, wie Eisen niemals sein kann. Das Schiff nimmt die See so herrlich an, es reitet so gut über die Wellen, als sei das ganz natürlich so.

Einige von der Mannschaft rücken heran, um uns zu beäugen. Das kleine Promenadendeck liegt über den Erster-Klasse-Kabinen ganz im Heck. So sehen wir einen Kopf nach dem andern über der Leiter auftauchen, meist barhäuptig. Und einer nach dem andern schlendert vorbei und zieht an seiner Zigarette. Die ganze Mannschaft. Schließlich hält die BK doch einen an – darauf haben sie ja gelauert, auf eine Gelegenheit zu sprechen – und fragt, ob das seltsame Ding auf dem Gipfel des Pellegrino eine Ruine sei. Konnte es eine typischere Touristenfrage geben! Nein, es ist die Semaphor-Station. Das ging der BK ins Auge! Ihr macht das aber nichts, und der Mann setzt die Unterhaltung fort. Er ist ein verkommenes, hohlwangiges Stadtkind aus Palermo. Er trägt einen dünnen, blauen Overall und erklärt uns, dass er der Schiffszimmermann ist. Offenbar ist er also für den Rest seines Lebens glücklicherweise nicht mehr beschäftigt und findet das auch ganz in Ordnung. Das Schiff fuhr früher auf der Route Neapel-Palermo – einer sehr wichtigen Route –, in den alten Tagen der General Navigation Company. Die General Navigation Company hatte es vor Jahren für achtzigtausend Lire verkauft, und jetzt war es zwei Millionen wert. Wir taten so, als ob wir das glaubten: Aber ich brachte es nicht so recht heraus. Dieser Lärm mit den Lire macht mich ganz krank. Niemand hört heute in Italien zehn Worte

Italienisch, ohne dass nicht zweitausend oder zwei Millionen oder zehn oder zwanzig oder drei Lire wie giftige Moskitos um seine Ohren sausen. Lire – Lire – Lire, nichts als Lire. Das romantische, das poetische Italien der Zypressen und Orangenbäume ist dahin. Übrig blieb ein Italien, das im filzigen Schmutz unzähliger Lire-Noten vermodert: Dieses eklige, schmierige Papiergeld macht die Luft so dick, dass man es wie schmutzigen Nebel einatmet. Mag sein, dass noch ein paar Leute unter diesem schmutzigen Nebel die italienische Sonne strahlen sehen. Mir fällt das schwer. Man sieht die Michelangelos und Botticellis und alle andern durch diesen Dreck von Lire wie durch schmutziges Glas. Schwer lastet das italienische Nachkriegsklima auf jedem, es ist ein dunkler Druck, der einen auspresst, der einen mit schmierigem Papiergeld zermalmt. König Heinrich war glücklich, dass man seinen Kopf nur in Gold ausmünzen wollte. Italien will uns zwischen filzigen Papierlire zermalmen.

Ein anderer Kopf taucht auf, diesmal mit einer schwarzen Alpakajacke und einer Serviette ausstaffiert – der Kaffee ist fertig. Natürlich nicht, bevor es so weit ist. Wir steigen hinab in den unterirdischen Aufenthaltsraum und setzen uns in die Drehstühle, während das Schiff unter uns sanft auf und ab wiegt; wir trinken ein paar Tassen Kaffee mit Milch und nehmen Butter und Brot. Schließlich gießt mir einer der unzähligen Mannschaftsangehörigen eine Tasse voll, dann kümmert er sich nicht mehr um uns. Offenbar meint er, mehr stünde mir nicht zu: weil natürlich die zahllosen Besatzungsmitglieder gut und gern selber noch Kaffee und Milch gebrauchen könnten. Doch obwohl das Schiff beträchtlich stampft und sich die Alpakajacken bedrohlich an der Tür zusammenrotten, balanciere ich zur Messingtheke hinüber, ergreife die Kaffeekanne und die Milchkanne und bediene die BK und mich selbst mit vollem Erfolg. Nachdem ich besagte Kannen wieder auf ihrem Messingaltar abgesetzt habe, hocke ich mich auf meinen Drehstuhl an der langen, leeren Tafel. Ich bin mit der BK allein. Außer einem goldbetressten Kragen über dem feisten Rücken an dem abgelegenen, reservierten Tisch, der mit fetten Händen in irgendwelchen Papieren kramt; der gehört natürlich zu den besseren Leuten. Eine schlanke, glatte Alpakajacke mit einem Gesicht aus gelbem Stein und großem, schwarzem Schnurrbart bewegt sich von der Tür heran, mustert unsere gefüllten Tassen, schreitet hinüber zum Messingaltar und berührt die Henkel der beiden Kannen; er berührt sie eben so, um sie ein wenig zurechtzurücken, so, als wolle er sagen: die sind mir. Wie kommen diese dreckigen Ausländer dazu, sich selbst zu bedienen!

Wir stolpern so schnell wie möglich aus dem langen Gefängnis, in dem die Alpakajacken wie Schmeißfliegen um die Kaffeekanne schwirren, an die frische Luft. Dort oben wartet wie eine Spinne der Schiffszimmermann auf uns.

»Hat sich die See nicht etwas beruhigt?«, fragt die BK besorgt. Sie ist bleicher geworden.

»Nein, Signora – wie sollte sie?«, antwortet der finster dreinblickende Zimmermann. »Hinter Kap Gallo lauert der Wind auf uns. Sehen Sie das Kap?« Er deutet zu einer schmalen, schwarzen Klippenküste, voraus im Meer. »Wenn wir das Kap erreichen, packt uns der Wind und die See.

Hier« – er macht eine Geste – »ist es noch ganz gemütlich.«

»O je!«, sagt die BK, noch bleicher. »Ich leg mich lieber hin.« Sie verschwindet. Der Zimmermann, der mich hart zu nehmen findet, trollt sich, und ich sehe, wie er sich in den Haufen der zahllosen Mannschaft mischt, der sich zwischen Küche und Maschinenraum auf dem Unterdeck herumtreibt.

Die Wolken jagen über uns. Hart und vereinzelt fallen Regentropfen, wie ein Sprühregen. Aber es ist kein Sprühregen, es regnet tüchtig. Das Schiff bäumt sich und sinkt nach vorn, es stöhnt hohl auf und rollt langsam zurück, immer an der rötlichen Steilküste Siziliens vorbei, die gerade in einer Bucht zurückschwingt. Der Regen kommt von der offenen See, auch die langen Wellen.

Kein Unterschlupf. Man muss unter Deck. Die BK liegt ruhig in ihrer Koje. Der Aufenthaltsraum ist muffig wie eine Untergrundstation. Kein Unterschlupf, außer bei der Küche und dem Maschinenraum, wo ein bisschen Wärme entströmt. Der Koch putzt fleißig Fische, er legt sie auf einem kleinen Gestell gerade vor seiner Küchenhöhle ab, die Weißlinge beißen sich gehässig mit den Mäulern in die Schwänze. Ein langsamer Bach von Spülwasser schwabbert auf dem Deck hin und her. Eine Gruppe Mannschaften lungert in meiner Nähe, eine größere Gruppe weiter hinten. Der Himmel mag wissen, wofür sie alle gut sind – aber sie tun gar nichts als in Gruppen herumlauern, schwätzen, essen und Zigaretten rauchen. Die meisten sind jung – aus Palermo, dazwischen unübersehbar ein paar Neapolitaner mit dem typischen, neapolitanischen, wohlgenährten Galgenvogelgesicht, den fein gemeißelten Backen, dem dünnen schwarzen Schnurrbart und den großen Augen. Die kauen mit vollen Backen und lachen mit ihren feinen, ironischen Nasen. Die ganze Bande schaut beharrlich fort. Niemand erteilt ihnen Befehle – es scheint überhaupt keine Aufsicht zu geben. Nur der dicke Maschinist in seinem grauen Leinenzeug sieht so sauber und zuverlässig aus wie seine Maschinen. Merkwürdig, wie die Macht über die Maschine einen Mann stolz und selbstgewiss macht.

Der Regen ist vorbei. Ich gehe und lehne mich gegen das Segeltuch, das über die runden Bullaugen des kleinen Promenadendecks gespannt ist, derweilen ich auf der Bank sitze, die vor den Bullaugen angeschraubt ist. Der Wind ist kalt: Manchmal gibt es einen kleinen Sonnenfleck und wieder Regenspritzer. Wir haben das große Kap passiert und hinter uns gelassen; jetzt halten wir auf ein fernes Kap zu, das wie eine Wolke in der grauen Luft liegt. Man wird ganz trübsinnig im Gemüt: Es ist eine Art Stumpfsinn, die der Wind und das ununterbrochene Schlingern und Rollen des Schiffes bewirken. Es ist nicht Übelkeit, sondern nur eine trübe Schwäche, dies Übermaß an Bewegung, die gewaltige Luft. Und bei alledem ein beständiger Triumph in dem langsamen, sanften Galopp des Schiffes über die See.

Eine Glocke schlägt laut an: Mittag. Die Mannschaft geht essen. Sie rast zum Essen. Nach einer Weile werden wir gerufen. »Isst die Signora nicht mit?«, fragt der Steward eifrig –

er hofft, nicht. »Doch, sie kommt essen«, sage ich. Ich hole die BK aus ihrer Koje. Sie schwankt ein wenig, aber sie kommt und setzt sich in ihren Drehstuhl. Bums, da wird uns auch schon ein riesiger Teller dicker, öliger Kohlsuppe hingesetzt, sehr voll, es schwappt über die Ränder. Wir halten uns ran, so gut wir können. So auch der dritte Fahrgast: eine junge Frau, die niemals einen Hut trägt und sich damit als eine ›aus dem Volk‹ zu erkennen gibt, die aber ein kostspieliges, aufwendiges Kleid trägt, dazu niggerfarbige, dünne Seidenstrümpfe und schwedische Schuhe mit hohen Hacken. Sie ist hübsch, kräftig, hat große, schwarze Augen und handfeste freie Manieren: viel zu handfest für eine waschechte Italienerin. Sie ist aus Cagliari – und kann mit dieser Kohlsuppe nicht viel anfangen: Das sagt sie dem Steward in ihrer dunklen, zutraulich zufriedenen Stimme. An der Tür lauert eine kleine Wolke von Alpakajacken, die in ihrer boshaften Freude auf erhoffte Zusatzverpflegung grinsen. Wie Schmeißfliegen; sie denken, wir fühlten uns zum Essen zu krank. Die Suppe wird abgetragen, und es erscheint ein schweres, gelbes Omelett, das aussieht wie eine Scheibe gallig-gelbes Holz. Es ist hart und schwer und in dem üblichen ranzigen Olivenöl gebacken. Die junge Frau findet nicht viel Geschmack daran, und wir auch nicht. Die Schmeißfliegen triumphieren, als das gelbe Monstrum zu ihrem Altar getragen wird. Es folgt eine große Platte mit dem unvermeidlichen Fleisch, das in unzählige Stücke zerschnitten ist und nach rein gar nichts schmeckt. Es ist bedeckt mit einer dicken Soße von brauner Geschmacklosigkeit: es würde wohl für zwölf Personen reichen. Das, neben einer Masse von grünlichem, herbem Blumenkohl mit reichlich beigegebenem Öl macht unser Dinner aus, auf einem Schiff, dessen stetes Schlingern einem sowieso das Herz aus dem Leibe hebt. Der übelwillige Triumph der Schmeißfliegen im Gang erreicht seinen Höhepunkt. Weiter geht es mit einem Nachtisch von Orangen und Birnen, die innen holzig sind und außen dickes, gelbliches, waschledernes Fleisch haben, und Äpfeln. Danach Kaffee.

Wir haben das durchgestanden, und das heißt etwas. Die Alpakaschmeißfliegen summten über den Nahrungsmengen, die vom Tisch zurück auf den Messingaltar wanderten. Alles war bestimmt so angerichtet, dass wir es nicht essen sollten! – Die junge Frau aus Cagliari sprach uns an. Ja, sie sprach diese grässliche Sprache, die die Italiener – die ganz gewöhnlichen – Französisch nennen. Und sie bestehen darauf, diese Sprache zu ihrem eigenen Ruhme zu sprechen. Wenn sie ans Himmelstor kommen, werden sie den heiligen Petrus bestimmt fragen:

»On bigliay pour trosième classe.«

Zum Glück oder zum Unglück wurde sie dabei von ihrer Neugier überwältigt, und sie fiel in ihr angeborenes Italienisch zurück. Wer wir seien, wo wir herkämen, wo wir hinwollten, warum wir reisten, ob wir Kinder hätten, ob wir Kinder wünschten und so fort. Nach jeder Antwort schüttelte sie den Kopf, sagte »Ahu!« und sah uns mit ihren energischen dunklen Augen an. Dann grübelte sie über unsere Nationalität nach und verkündete vor einer unsichtbaren Zuhörerschaft: *Una bella coppia.* Ein schönes Paar! Doch im Augenblick fühlten wir uns weder schön noch als Paar, wir wurden nur grüner. Der finstere Kellner fragte uns, ob wir ein bisschen Wein wünschten, und da verfiel sie wieder in ihr zehnpfündiges Französisch, das nicht leicht zu begreifen war. Sie verkündete, dass man auf einer Seereise essen müsse – man müsse essen, wenn auch nur einen Happen. Aber – und nun ging es italienisch weiter – man dürfe auf keinen Fall Wein trinken, nein, nein! Wir wollten das auch gar nicht, sagte ich kummervoll. Daraufhin sagte der finstere Kellner – den wir natürlich um die Flasche gebracht hatten, weil er sie nicht für uns öffnen brauchte – mit äußerstem Hohn, erst der Wein mache einen Mann aus einem Mann, na, usw. Aber mich ärgerte dieser Unterton, ich begriff, was er wollte: Wir sollten Wein, Wein, Wein trinken. Und wir hatten keinen bestellt. Essen brauchten wir seinetwegen nicht.

Die Cagliareserin erzählte uns, sie komme jetzt gerade aus Neapel, und ihr Mann folge in ein paar Tagen. Er hatte Geschäfte in Neapel. Ich war drauf und dran, sie zu fragen, ob er ein kleiner Haifisch sei – so nennen die Italiener die Gelegenheitsmacher; aber ich konnte noch an mich halten. Die beiden Damen zogen sich zurück in ihre Kojen. Und ich setzte mich wieder vor meine Segeltuchwand.

Ich fühlte mich sehr trübsinnig und war nur halb ich selbst. Ich döste vor mich hin. Der Nachmittag wurde etwas sonniger. Das Schiff schlug einen südlichen Kurs ein, und es wurde wärmer und glatter, als wir Wind und Wellen im Rücken hatten. Die Sonne spendete schöne, starke, weinige Wärme und warf einen goldenen Schimmer auf das dunkelblaue Meer. Das alte Eichenholz leuchtete fast weiß, der Nachmittag auf dem Meer war köstlich. Und im Sonnenschein und Meeresrauschen, beim schnelleren Lauf des leeren Schiffes, fiel ich für eine warme, köstliche Stunde in Schlaf, und dann erwachte ich wieder. Vor mir zur Rechten tauchten bleiche, schroffe Inseln auf: die windigen Ägaden. Rechts hob sich ein Berg oder besser ein hoher, kegelförmiger Hügel mit Gebäuden auf dem Gipfel; und an der Seeküste, weiter weg, hoben sich die Gebäude eines Hafens am Kai; es gab eine Mole und ein in die See hineingebautes Kastell, und alles wirkte klein und weit fort wie ein Fernblick. Die Gebäude waren würfelförmig und hübsch. Es war recht eindrucksvoll – zauberhaft unter dem fernen Sonnenschein und dem flotten Wind, diese viereckigen, wohl ausgewogenen Bauten, die in der Ferne warteten, die wie eine vergessene Stadt in einer Geschichte, die wie eine Stadt des Rip van Winkle warteten. Ich wusste, es war Trapani, das im Westen Siziliens unter westlicher Sonne liegt.

Und der nähere Hügel war der Eryx. Ich hatte ihn noch nie gesehen. So dachte ich, er sei ein himmelaufragender Berg. Aber er war nur ein Hügel mit einem verworrenen Gewirr von Häusern auf der Höhe, über die gerade ein kaltes Wolkengeflock dahinzog. Er soll 1000 m hoch sein. Er sieht aber wie ein Hügel aus.

Aber warum in Gottes Namen will mein Herz stehenbleiben beim Anblick dieses Hügels, der sich dort übers Meer erhebt? Es ist der Ätna des Westens: aber nur ein Hügel mit einer kleinen Stadt auf der Höhe. Aber er muss auf die Menschen einen noch größeren Zauber ausüben als der Ätna. Er sieht nach Afrika hinüber! An klaren Tagen ist die afrikanische Küste einzusehen. Gefürchtetes Afrika! Und auf dem Hügel lag der große Schutztempel, geheiligt in der Welt, ein Weltwunder der untergegangenen Welt. Er war der Venus der Ureinwohner geweiht, die älter ist als Griechenlands Aphrodite. Die Venus der Ureinwohner sah von ihrem Schutztempel über die Ägadischen Inseln nach Afrika hinüber. Das Weltwunder, die lächelnde Astarte. Dies ist einer der Mittelpunkte der Erde und älter als alt. Die weibliche Göttin, die nach Afrika hinüberspäht! *Erycina ridens.* Das lachende, göttliche Weib im Mittelpunkt einer alten, ganz untergegangenen Welt.

Ich bekenne, dass mir das Herz stillstand. Ist denn eine Tatsache der reinen Geschichte, die man stückweise aus Büchern erfährt, so überwältigend, dass sie derart zu Herzen geht? Oder beschwört das Wort allein ein Echo in der Tiefe des Blutes? Mir will es so scheinen. Mir will scheinen, dass der Name des Eryx ein schreckliches Echo in der verborgenen Tiefe meines Blutes weckt. Ein unwägbarer Vorgang. Der Name Athen rührt mich kaum. Doch ›Eryx‹ – das lässt mein Blut erschaudern. Eryx, der nach Westen in den Sonnenuntergang Afrikas späht. *Erycina ridens.*

Es tickt in der kleinen Kabine, gegen die ich mich lehne. Zweifellos verkehrt der Funker mit Trapani. Er ist ein dicker junger Mann mit fahlblondem, krausem Haar und wichtigem Gehabe. Überlasst einem Mann die Aufsicht über eine Maschine, und sogleich entwickelt er ein Air von Bedeutsamkeit und übermenschlicher Würde! Eins der unzähligen Mannschaftsmitglieder lungert vor der kleinen Tür wie ein Huhn auf einem Bein und weiß nichts mit sich anzufangen. Die Cagliareserin erscheint mit zwei jungen Männern – nach ihrer untersetzten Gestalt, dem unabhängigen Blick und dem Anflug von Stolz in den dunklen Augen zu schließen, ebenfalls Sardiniern. Sie trägt nichts außer ihrem feinen Tuchkleid und diesen durchsichtigen, niggerfarbenen Seidenstrümpfen. Auf dem Kopf hat sie nichts, und der Wind weht ihr die Haarsträhnen um das Gesicht. Doch anscheinend ist ihr nicht kalt. Sie sitzt zwischen den beiden jungen Männern und redet lebhaft. Dabei hält sie zutunlich die Hand des einen mit dem Mantel. Immerzu hält sie entweder dem einen oder dem andern der jungen Männer die Hand; sie streicht sich die vom Wind zerwehten Haare aus der Stirn und spricht in ihrer herben, lässigen Stimme schnell und pausenlos und mit drängender Energie. Der Himmel mag wissen, ob die beiden jungen Männer – Passagiere der dritten Klasse – alte Bekannte von ihr sind. Aber sie hält ihre Hände brüderlich, schlicht und hübsch, keineswegs lüstern und zudringlich. Alles macht den Eindruck eines ›Warum nicht?‹.

Als ich vorbeigehe, ruft sie mir in ihrem kräftigen, ungewöhnlichen Französisch zu:

»Madame votre femme, elle est au lit?«

Ich bestätige, dass sie sich hingelegt hat.

Sie nickt befriedigt: *»Elle a le mal de mer?«*

Nein, sie ist nicht seekrank, sie hat sich nur hingelegt. Die beiden jungen Leute, zwischen denen sie wie zwischen zwei Kissen sitzt, mustern mich mit ihren wissbegierigen, dunklen, sardinischen Augen, die so vergnügt wirken und die ringsherum das Weiße zeigen. Sie sind reizend, ein bisschen wie Seehunde. Und im Augenblick schauen sie ein wenig benommen drein, wohl unter dem Eindruck dieser fremden Sprache. Und sie übersetzt energisch unser Gespräch ins Sardinische, während ich weitergehe.

Es sieht nicht so aus, als ob wir in Trapani landen. Die Stadt liegt mit ihren rechteckigen Bauten, die mich an die Lagerhäuser der Ostindian Company erinnern, links am Fuß des Hügels. Sie leuchtet im Sonnenschein am Saum des merkwürdigen, geborgenen Hafens hinter der rauschenden, dunkelblauen See. Wir scheinen die Inselgruppe von Levanzo anzusteuern. Vielleicht halten wir auf Sardinien zu, ohne Trapanien zu berühren.

Weiter und weiter fahren wir, und immer noch sieht es so aus, als hielten wir auf die blassgrau aufragenden Inseln zu und ließen Trapani linker Hand liegen. Die Stadt war eine Stunde und länger in Sicht geblieben, und noch immer laufen wir in der offenen See auf Levanzo zu. Der Funker tickt und klopft in seiner kleinen Kabine auf dem Oberdeck. Wenn man hineinlugt, sieht man sein Bett und einen Stuhl hinter einem Vorhang, der von dem kleinen Amtsraum trennt. Alles wirkt sehr sauber und gefällig.

Von den Inseln her kreuzt eines der mittelmeerischen Segelschiffe nach Trapani zu unseren Kurs. Ich kenne mich mit Schiffsbezeichnungen nicht aus, aber der Zimmermann erklärt mir, es sei ein Schoner: und er sagt das mit jenem italienischen Anflug von Zweifel, der sich nicht recht auskennt, aber es nicht ertragen kann, sich nicht auszukennen. Wie dem auch sei, das Schiff kommt auf. In der Nachmittagssonne leuchtet das viereckige Segelwerk an seinen hohen Masten, es zeigt seinen prächtigen Bug und jagt in einer wunderbar ausgewogenen Kurve wie ein Raubtier hinter einer erzitternden Spur über die Wasser. Jetzt schlägt es nach Norden ein. Es kreuzt vor der Hafenmündung und segelt davon, hinter uns vorbei. Es ist hübsch, behänd und flink mit seiner weißen Takelage, herrlich in seinem Eifer.

Wir wechseln den Kurs. Die ganze Zeit hatten wir auf den Süden von Levanzo zugehalten. Jetzt bemerke ich, dass die Inseln hinter uns versinken, als wollten sie uns den Weg frei machen, wie ein Mann auf der Straße. Die Inseln weichen aus und verschwinden. Wir halten jetzt deutlich auf die Hafeneinfahrt zu. Die ganze Zeit sind wir draußen in der See vorwärts gefahren, rings um den Hafen herum. Jetzt sehe ich das Befestigungswerk, altes Gemäuer, in das Meer hinausragend, ich sehe einen kleinen Leuchtturm und die Einfahrt. Dahinter zeigt sich die Stadtfront mit großen Palmen und seltsamen andern Bäumen und noch weiter im Hintergrund die breiten, quadratischen Gebäude des Südens, die sich gewaltig wie strenge und große Paläste an der Uferpromenade erheben. Das alles bietet ein stattliches, eindrucksvoll südliches Bild, wie aus unserem Jahrhundert ausgespart, jenseits der Gezeiten unseres industrialisierten Lebens.

Ich muss an die Kreuzfahrer denken, die auf ihrer Fahrt nach Osten hier so oft gelandet sind. Trapani scheint mit seinen Palmen und seinem Schweigen in der nachmittäglichen Sonne immer noch auf sie zu warten. Es hat offenbar nicht viel anderes zu tun, außer zu warten.

Die BK erscheint in der Sonne und ruft, wie hübsch das doch sei! Das Meer ist ruhiger: Wir sind schon im Lee des Hafens. Von Norden her läuft das Segelschiff der Inseln im Wind auf uns zu. Und im Süden, in der Höhe des Meeres, drehen zahllose kleine Windmühlen hurtig ihre Flügel, eine Windmühle neben der anderen; ziemlich niedrig drehen ihre Flügel fröhlich im blauen, stillen Nachmittag zwischen den Salzlagunen, die sich bis nach Marsala erstrecken. Aber es ist eine ganze Legion von Windmühlen, Don Quijote hätte den Kopf verloren. Überall drehen sie ihre Flügel über dem Horizont der blass-blauen See. Und man sieht auch das

Glitzern des angehäuften Salzes. Das sind die großen Lagunen, die Trapanis Reichtum ausmachen.

Wir fahren ins Hafenbecken ein; vorbei an dem Kastell auf der Landzunge, an dem Leuchtturm vorbei gleiten wir durch die Einfahrt in das stille Hafenwasser. Die Nachmittagssonne fällt voll und warm in den runden, schläfrigen Hafen ein. Er wirkt klein und gemütlich, dieser Hafen mit den warmfarbigen Gebäuden hinter der dunklen Baumpromenade der Marina. Überall diese geruhsame, schläfrige, unendliche, sonnendurchwärmte Stattlichkeit.

Inmitten dieser Ruhe drehen wir langsam auf dem schimmernden Wasser, und wenig später fallen die Anker. Rechts sind andere Schiffe vor Anker gegangen. Alle verschlafen im flutenden Strom der Nachmittagssonne. Die graue See und der Wind sind jenseits der Einfahrt ausgesperrt. Hier ist alles still und heiß und vergessen.

»Vous descendez en terre?«, ruft die junge Frau in ihrem energischen Französisch – und einen Augenblick lang lässt sie die Hand des jungen Mannes fahren. Wir wissen es noch nicht, und jedenfalls wünschen wir sie uns nicht zur Begleitung – ihr Französisch ist nicht unser Französisch.

Das Land schläft; keiner beachtet uns. Ein einziges Boot rudert die zwölf Meter zu uns herüber. Wir gehen doch an Land.

Wir wussten, wir hätten das bleibenlassen sollen. Niemals sollte man eine dieser südlichen Städte betreten, die von fern so hübsch und liebenswert aussehen. Doch wir wollten uns etwas Keks kaufen. Wir überquerten die Allee, die von See her so herrlich ausgesehen hatte und die, wenn man sie betritt, zu einer Mischung zwischen einem vorstädtischen Schuttabladeplatz und einer halbfertigen, großen Straße mit ein paar eisernen Bänken und Gelumpe aus Stroh und Unrat wird. Sie ist unbeschreiblich trostlos. Doch die Bäume sind edel, der Sonnenschein ist schön, die Inseln jenseits der Hafeneinfahrt schimmern wie verzaubert, die Sonne scheint prall herab. Eine handvoll dürftiger Nichtstuer stand auf südländische Art traurig herum, als wären sie dort zurückgelassen worden, vom Wasser angeschwemmt mit der letzten Flut, und nun warteten sie auf die nächste Flut, um fortgewaschen zu werden. An der Ecke des Kais träumt ein norwegischer Dampfer davon, dereinst im Durcheinander des kleinen Hafens beladen zu werden.

Wir sahen uns nach Keksen um, aber was wir entdeckten, schien uns für unseren seegeplagten Magen zu schwer und blass. So bogen wir in die Hauptstraße ein, die dunkel und stickig wie eine Kloake war. Eine Straßenbahn machte rumpelnd Station, als sei nun die Welt wirklich zu Ende. Schulkinder verfolgten uns begeistert, um mit angehaltenem Atem die lautlichen Schrecknisse unserer ausländischen Sprache zu vernehmen. Wir bogen in eine düstere Seitengasse ein, die schon nach vierzig Schritten endete: und standen an der nördlichen Bucht mitten in einem schwarzen Gestank, den ein Abzugskanal offenbar beständig ausströmte.

So wandten wir uns wieder zu der dunklen Hauptstraße und machten, dass wir in die Sonne kamen. Es dauerte nur Augenblicke, o Gott! Dort wuchsen die Palmen, dort lag unser Schiff in dem schimmernden, gebogenen Hafenbecken, die Sonne prallte herab, wir waren im Handumdrehen ganz betrunken oder betäubt. Betäubt. Wir setzten uns auf eine Eisenbank auf die trostlos ruppige, sonnenbeschienene Promenade.

Ein zerlumptes, dreckiges Mädchen hütete ein feistes, feuchtes, regungsloses Baby und passte auf einen dreckigen, fetten Jungen auf. Sie stand nur einen Meter von uns entfernt und starrte uns an wie ein Schwein, das man kaufen möchte. Sie kam näher und musterte die BK. Ich hatte mir den großen Hut in die Stirn gezogen. Aber das half nichts, sie setzte sich genau neben mich und beugte ihr Gesicht richtig unter meine Hutkrempe, ihr zerzaustes Haar streifte mich, und ich fürchtete, gleich werde sie mich küssen. Doch das nun nicht. Sie blies ihren Atem auf meine Backe und starrte mir nur ins Gesicht, als sei ich ein Wunder aus Wachs. Hastig stand ich auf.

»Das wird mir zu viel«, sagte ich der BK.

Sie lachte und fragte, wie das Baby heiße. Das Baby hieß Beppina wie die meisten Babys.

So fortgescheucht, spazierten wir die trostlose Promenade zwischen Schatten und Sonne entlang auf unser Schiff zu und sahen uns noch einmal in der Stadt um. Wir waren noch keine zehn Minuten an Land. Diesmal hielten wir uns rechts und fanden mehr Geschäfte. Die Straßen waren dunkel, ohne Sonne und kalt. Mir schien, dass in Trapani nur zwei Annehmlichkeiten feilgeboten wurden: gegerbte Kaninchen- und Katzenfelle sowie scheußliche, große, moderne Bettdecken aus schwerer Seide, mit Blumenmustern zu fabelhaften Preisen. Sie wirkten, als ob es in Trapani auf tausend Lire nicht ankomme.

Aber am meisten fielen uns die Kaninchen- und Katzenfelle auf. Kaninchen und Katzen flatterten überall wie getrocknetes Laub bis in den letzten Winkel. Pelze! Weißes Karnickel, schwarzes Karnickel, geschecktes Karnickel, alles in großer Auswahl, graues Karnickel und eben Katzen: getigerte Katzen, schildkrötenfarbene Katzen, doch meistens schwarze Katzen, geisterhaft lebenswirklich, aber natürlich ganz platt. Lauter Einzelfelle. In Haufen, gebündelt, getürmt, baumelnde Gehänge der Außenseiten von Karnickeln und Katzen! Im Dutzend oder zwanzig Felle, wie's beliebt. Würde sich je eine Schiffskatze hierher verirren, sie würde mörderisch aufkreischen und verrückt werden, da bin ich sicher.

Wir stöberten noch zehn Minuten in der engen, entnervenden, unwirklichen Stadt. Sie schien eine Anzahl wohlgedeihender Bewohner und ein gut Teil Sozialisten zu beherbergen, soweit man das aus den auf alle Mauern geschmierten Losungen schließen konnte: W. LENIN und ABASSO LA BORGHESIA. Doch das ›W‹ soll Lenin nicht mit einem neuen Vornamen schmücken – es steht für *evviva* und ist ein doppeltes ›V‹.

Nein, Kekse wagten wir nach genauerer Prüfung nicht zu kaufen. Doch wir fanden Makkaroni-Biskuits und ein flaches Gebilde aus Zuckerwerk: Jesus unter der Taube. Davon kauften wir zwei. Die BK knabberte ihre Makkaroni-Biskuits alle auf der Straße auf, und wir kehrten zum Schiff zurück. Ein feister Bootsmann rief uns an, er wolle uns hinüberbringen. Es waren gerade zehn Meter durchs Wasser zu rudern, so dicht lag das Schiff am Kai vor Anker. Man hätte fast an Bord springen können. Ich gab dem Bootsmann zwei Lire, zwei Mark. Er setzte sofort eine Miene sozialistischer Gekränktheit auf und warf mir die Banknote hin.

Noch sechzig Centesime! Die Passage kostete hin und zurück dreizehn Sous – in Venedig oder Syrakus hätte das zwei Sous gekostet. Ich sah ihn mir an, gab ihm das Geld und sagte: »*Per dio,* wir sind in Trapani!« Er brummte irgendetwas über Ausländer zurück. Mir treibt diese gehässige, unmännliche Schamlosigkeit dieser Herren der Arbeit – jetzt, nachdem sie ihre verschiedensten Gewerkschaften hinter sich und ihre ›Rechte‹ der Arbeiterklasse haben – das Blut aus dem Gesicht. Sie sind ganz gewöhnliche Kerle, nichts sonst: Der menschliche, frohe Italiener ist elend umgekommen. Sie haben neue Ehren usw. errungen. Die Würde menschlicher Arbeit setzt sich auf die Hinterbeine und haut jedem Unwissenden, der sich dessen noch nicht versieht, in die Schnauze.

Aber in Parenthese muss ich doch noch einmal anmerken, dass wir Engländer selber den Fehler gemacht haben. Wir haben so viel von Würde der Arbeit geschwafelt, dass die Würdenträger natürlich den Kuchen schließlich schmecken wollten. Mehr noch, wir haben politisch solch ein Wesen von der Größe und dem Galahadgleichen Rang der Freiheit gemacht und uns dabei so schamlos die eigenen Taschen gefüllt, dass wir uns nicht wundern dürfen, wenn uns so ein naiver, südländischer Idealist ein paar runterhaut.

Nun gut, wir sind wieder auf dem Schiff. Wir möchten Tee haben. Der Anschlag an der Tür belehrt uns, dass wir Kaffee, Milch und Butter um 8.30, Mittagessen um 11.30, Tee, Kaffee oder Kakao um 3.00, Abendbrot um 6.30 Uhr bekommen. Außerdem heißt es: »Die Gesellschaft verpflegt die Reisenden nur für die normale Reisedauer.« Sehr gut – sehr gut. Wo ist also der Tee? Keine Spur davon! Die Alpakajacken gehen uns aus dem Weg. Doch wir finden unseren Mann und fordern unser Recht ein: zumindest tut das die BK.

Die Fahrkarten von Palermo nach Cagliari kosten zusammen 583 Lire. Davon sind 250 Lire für die Fahrt, und 40 Lire pro Kopf für die Verpflegung. Für zwei Fahrkarten ergäbe das 580 Lire. Die dummen drei restlichen sind für die üblichen Stempel. Die Reisedauer wurde auf etwa dreißig bis zweiunddreißig Stunden veranschlagt: von acht Uhr am Abfahrtsmorgen bis zwei, drei, vier Uhr am folgenden Nachmittag. Wir haben unseren Tee bestimmt bezahlt.

Die andern Passagiere sind erschienen: ein großer, bleicher, dicker, ›reizender‹ Mann aus Palermo, der als Professor nach Cagliari geht; dessen große, dicke, stark geschminkte Frau; und drei Kinder, ein gebrechlicher Dreizehnjähriger, der aussieht wie ein mageres Mädchen, ein kleiner Bube in einem Kaninchenmantel mit einem ziemlich zerzausten Fell, und ein kleines Mädchen als Schoßkind. Natürlich ist das einjährige kleine Mädchen der einzige Mann in dieser Gesellschaft.

Sie alle waren den ganzen Tag über seekrank und sehen verwaschen aus. Wir sind voller Mitgefühl. Sie jammern über die Grausamkeiten der Reise – *senza servizio, senza servizio,* ohne jedes Stubenmädchen! Die Mutter bestellt Kaffee und ein Kännchen Milch für die Kinder; doch als sie unseren Tee mit Zitrone sieht – davon hat sie doch schon gehört! –, will sie auch Tee haben. Der Kaninchenjunge verlangt Kaffee – Milchkaffee – und nichts anderes. Doch, eine Apfelsine. Das Baby will eine Zitrone, Zitronenscheiben. Die väterliche, junge ›Dame‹ von einem älteren Bruder lacht nachsichtig über all diese Wünsche der beiden Kleinen. Und der Vater lacht und findet seine Bande ganz bewunderungswürdig, er erwartet, dass auch wir sie bewundern. Doch er ist noch viel zu matt, um sich so recht hingeben zu können und seiner Liebe volle Aufmerksamkeit zu schenken.

Die Mutter bekommt also ihren Tee, sie steckt eine Zitronenscheibe hinein – und dann gießt sie Milch zu. Der Kaninchenjunge lutscht an einer Apfelsine, schlabbert mit Tee, besteht auf Kaffee und Milch, angelt nach einer Zitronenscheibe und bekommt ein Biskuit. Das Baby verzieht sein Gesichtchen, kaut auf Zitronenstückchen herum – und lässt sie in die Familientasse fallen. Mit einem Zuckerstückchen fischt es sie wieder heraus, tröpfelt sie über die Tischplatte bis zu seiner Schnute, wirft sie weg und langt nach einem neuen Stück. Das finden alle lustig und bewundernswert. Die Milch wird gebracht und wie ein zweiter Liebesbecher behandelt – Orangen, Zitronen, Zucker, Tee, Biskuit, Schokolade und Keks werden hineingebrockt. Vater, Mutter und älterer Bruder haben nicht den Magen, der noch etwas aufnehmen könnte. Aber sie sind natürlich entzückt von den niedlichen Einfällen und der Planscherei der Kleinen. Sie haben eine ungewöhnlich freundliche Geduld und finden in den Jüngeren eine stete Quelle beglückenden Vergnügens. Sie sehen einander an – die Älteren –, lachen und erklären sich einander alles, während die beiden Kleinen sich und den Tisch in eine Zitronen-, Milch-, Apfelsinen-, Tee-, Biskuit-, Kuchen-, Schokolade-Pfütze verwandeln. Diese keine Ordnung berücksichtigende liebenswerte italienische Geduld mit ihren Affenkindern ist erstaunlich. Die Affen werden

RESTAURANT
1ère Classe

RÉCLAMATIONS

dabei noch äffischer, ihr Selbstbewusstsein wächst ins Ungeheuerliche, und schon ein Baby verfügt über alle Tricks der Huren Babylons, verdreht die Augen und lässt sich neue Streiche einfallen. Am Ende ist die ganze südliche heilige Familie nur noch die unheilige Dreieinigkeit der Torheit. Derweilen kaute ich an meinem Jesuskind-mit-Taube-Gebilde. Es schmeckte wie Glas, hart und scharf. Es war aus Mandeln und vermutlich Eiweiß zusammengebacken, und wenn man es essen konnte, war es gar nicht so schlecht. Es war von Weihnachten übriggeblieben. Und dabei beobachtete ich über den schmalen Tisch weg die Heilige Familie und bemühte mich, nicht alle meine Gefühle zu zeigen.

Sobald wir konnten, gingen wir an Deck und sahen zu, wie die Weinfässer im Laderaum verstaut wurden – ein friedfertiges Verfahren, bei dem der Zufall eine große Rolle spielte. Das Schiff hatte wohl ebenso wenig Ladung wie Passagiere an Bord. Was die Passagiere betrifft, waren wir alle zusammen offenbar 12 Erwachsene und die drei Kinder. Und an Ladung hatten wir die Holzkisten des Offiziers und die 14 Weinfässer aus Trapani. Die Fässer waren schließlich unter der Aufsicht des Eigentümers oder dessen Beauftragten mehr oder weniger gut verzurrt. Von der Besatzung schien niemand für irgendetwas verantwortlich zu sein. Schließlich bequemten sich vier Mann der unzähligen Mannschaft, die großen Planken über den Laderaum zu schieben. Jetzt, wo es bereit war, in See zu stechen, sah das Schiff wieder merkwürdig verloren aus. Es lief auf seinem Kurs durch das mittlere Mittelmeer wie eine verlorene Seele.

Jenseits des Hafens ging die Sonne unter mit prächtig goldenem und rotem Himmel über den verdämmerten Eilanden der Ägaden. An der Ostseite der Insel erlebten wir den Sonnenuntergang über dem Ionischen Meer als das große, vertraute Ereignis des Tages: so entschieden ein Ereignis, dass, wenn das Licht am Horizont des Meeres erscheint, sich meine Augen jedes Mal öffnen und hinschauen müssen; sie wissen, es ist Dämmerung, und wenn der nächtliche Purpur zurückfließt und ein Scharlach-Schein zum Zenit flammt, dann fühle ich jeden Tag, den Gott kommen lässt, dass ich aufstehen muss; wir wohnen im Osten und sind durch die steilen Gipfel der Gebirge in unserem Rücken hermetisch gegen den Westen abgeschlossen – deshalb fühlten wir diesen westlichen Untergang der Sonne im afrikanischen Meer in seiner ganzen schrecklichen Dramatik. Er wirkte weit großartiger und tragischer als unsere ionische Dämmerung, die immer etwas von einer Blume hat, die sich öffnet. Doch hier dieser gewaltige, rote, trompetendröhnende Sonnenuntergang hat etwas Afrikanisches, Unheimliches: Er vollzieht sich weit fort jenseits der See, in einem unbekannten Land. Die ionische Abenddämmerung bleibt immer nah, vertraut und glücklich.

Diese ganz anders geartete Göttin Eryx Astarte, das Weib Aschtaroth, die *Erycina ridens* muss mit ihrem dunklen, prähistorischen Lächeln die Sonnenuntergänge jenseits der Ägaden furchtsam beobachtet haben – eine Gottheit ganz anderer Art als der goldleuchtende Apollo des ionischen Ostens. Diese *Erycina Venus* ist eine mir fremde Göttin, und dieser Westen ist mir fremd und unvertraut, und er beängstigt mich, ob er Afrika heißt oder Amerika.

Langsam bei Sonnenuntergang fuhren wir aus dem Hafen aus, und als wir fast an der Mole vorbei waren, sahen wir weit vor uns zwischen den Inseln ein deutliches Licht aufblitzen. Wir schauten zurück auf die aufflammenden Lichter der Hafeneinfahrt, und die entlegene, verlorene Stadt begann aufzuglänzen. Die Nacht senkte sich über das Meer; sie drang durch die karmesinrote, purpurne Nachtglut.

Als wir näher kamen, ragten die Inseln groß und dunkel in der sich verdichtenden Nacht auf. Der gewaltige Abendstern glänzte über der offenen See, und ich erschrak in meinem Herzen, so sehr war ich gewöhnt, ihn über den Gipfeln der Berge hängen zu sehen, dass ich nun fürchtete, er könne in die raumlose Tiefe unter sich abstürzen.

Levanzo und die andere große Insel lagen im Dunkel; es war völlig dunkel, abgesehen von dem Lichtstreif eines niederen Leuchtturms in weiter Entfernung. Der Wind blies wieder stark und pfeifend; wieder begann das Schiff sich zu neigen und zu heben, sich zu neigen und zu heben, was wir schon dankbar vergessen hatten. Über unseren Köpfen standen unzählige große, heftige Sterne, als sei Leben im Himmel; ich sah den Orion hoch hinter uns, sah den Hundsstern leuchten Die See zischte auf, wenn wir die Wellen schnitten, und wieder, wenn wir hindurch waren, *»Zisch!«* Dieses merkwürdig rhythmische Zischen und das hohle Dröhnen eines Dampfers auf hoher See haben eine narkotisierende, fast verrückt machende Wirkung auf den Geist – das Wasser birst mit einem langen Zischen heran, dann folgt das hohle Rollen, bis plötzlich wieder ein Zischen heranschwillt!

Eine Glocke hatte angeschlagen, und wir wussten, dass die Mannschaft wieder einmal aß. Jeden Augenblick des Tages und wahrscheinlich auch des Nachts ging die Fresserei weiter oder das Kaffeetrinken.

Wir werden zum Abendbrot gerufen. Unsere junge Frau saß schon am Tisch. In einiger Entfernung beendete ein dicker, uniformierter Maat oder Zahlmeister oder was auch immer für ein Offizier seine Mahlzeit. Auch der bleiche Professor erschien, und weiter weg am Tisch saß ein grauhaariger, dickschädeliger, kleiner Mann in einem langen grauen Reiseanzug aus Alpaka. Die beliebten Makkaroni mit Tomatensoße wurden aufgetragen – keine Verpflegung für die See. Ich setzte meine Hoffnungen auf den Fisch. Hatte ich den Koch nicht Weißfische zusammendrehen sehen, dass sie sich boshaft in die Schwänze bissen? Der Fisch kam. Und was war das? Gebackene Tintenfässer! Ein *calamaio* ist ein Tintenfass; er ist auch ein Polyp, ein kleiner Octopus, der leider im Mittelmeer häufig ist. Er speit Tinte, wenn man ihn beleidigt. Dieser Polyp mit seinen Fangarmen wird aufgeschnitten und gebacken, wobei er sich in gekochtes Zelluloid verwandelt. Das wird für eine Delikatesse gehalten, aber er ist zäher als Radiergummi und durch und durch knorpelig.

Ich hege eine besondere Abscheu vor diesen Tintentöpfen. In Ligurien hatten wir einmal ein eigenes Boot und ruderten mit bäuerlichen Fischern hinaus. Alessandro fing Tintenfische. Und zwar so: Er hielt sich in einem Wasserloch ein Weibchen, es war irgendwie festgebunden. Er hatte es dazu an einer Stelle durchbohrt, wo es ihm gerade einfiel. Dort hauste das Weibchen wie der drahthaarige Terrier einer Amphitrite, bis Alessandro zum Fischen hinausfuhr. Dann zog er es wie einen Pudel im Schlepp. Und genauso wie ein Pudelweibchen lockte es aus dem salzigen Meer die Verehrer hinter sich drein. Diese armen verliebten Polypen wurden seine Opfer. Sie wurden als Beute an Bord gehievt, wo ich voller Entsetzen auf ihre grauen, durchscheinenden Fangarme und ihre großen, kalten, steinernen Augen starrte. Dann wurde das Lockweibchen wieder ausgeworfen. Doch nach ein paar Tagen ging es ein.

Ich denke, selbst so abscheulich aussehende Geschöpfe dürfen nicht derart niederträchtig behandelt werden. Die herrlichen Menschen stehen doch viel tiefer als selbst so ein Octopus.

Nun gut, wir kauten ein paar Fangarme der in Öl gebratenen Tintentöpfe und gaben auf. Die Cagliareserin gab auch auf. Der Professor hatte es nicht einmal versucht. Nur der dickschädelige Graukopf im Alpakaanzug kaute vergnügt mit vollen Backen. Berge von *calamaio* gingen an die entzückten Schmeißfliegen zurück.

Es erschien das unvermeidliche Fleischgericht – eine große Platte völlig geschmackloser, angebratener, zahlloser graubrauner Scheiben. O Italien! Der Professor floh.

Die waschledernen Birnen kamen, die Äpfel und Apfelsinen – wir nahmen einen Apfel für eine glücklichere Stunde mit.

Kaffee wurde serviert und als besonderer Leckerbissen etwas von dem altbekannten Kuchen. Sie schmecken überall gleich langweilig. Die junge Frau schüttelte den Kopf. Ich schüttle meinen Kopf auch, doch der BK gefällt es wie einem Kind. Am meisten gefällt es jedoch den Schmeißfliegen, deren schwarzer Alpaka-Schwarm um den Messingaltar summt und sich laut und wild über die blässlichen Kekse stürzt.

Doch der Ausgemergelte mit den zitronengelben Backen scheint sich aus Keks nichts zu machen. Er bedrängt uns wieder mit seinem Wein. Er gibt nicht Ruhe, bis die Cagliareserin ein Glas Marsala bestellt, und ich muss ihr zur Hilfe eilen. Da sitzen wir also, vor drei Glas brauner Flüssigkeit. Die Cagliareserin nippt und macht sich augenblicklich davon. Die BK nippt mit unendlicher Vorsicht und zieht sich still zurück. Ich leere das kleine Glas der BK, leere mein eigenes, und die gefräßigen Schmeißfliegen surren böse erregt. Der mit den Zitronenbacken ist mit der Flasche entschwunden.

Aus der Professoren-Kabine dringen Schmerzlaute, schwache und wilde, als ob es da jemandem übel sei. Es ist ja nur eine dünne Tür zwischen dem Aufenthaltsraum und der Kabine. Das ganz niedergeschlagene, abgenutzte, verbrauchte Gespenst eines Mannes schleicht so heimlich wie möglich mit einem Waschbecken vorbei und möchte vermeiden, dass einer dessen ekelhaften Inhalt erblickt. Ich steige hinauf, um mir die lebendigen, leuchtenden Sterne zu betrachten, den kalten Wind zu atmen und auf die schlingernde dunkle See zu sehen. Dann gehe auch ich in die Kabine, werfe noch einen letzten Blick durchs Bullauge und verkrieche mich in die enge, untere Koje, wo es mir geht wie einer Scheibe Schinken im Klappbrot. Ach du raumlose Kabine, in der wir wie zwei Streichhölzer in einer Schachtel herumwirbeln! Ach du befremdlicher, selbst jetzt noch herrlicher Galopp eines Schiffes auf hoher See!

Ich schlief gar nicht so schlecht in dieser stickigen, rollenden Nacht – ich schlief später sogar recht gut. Es war heller

Tag, als ich durchs Bullauge lugte; die See war sanfter geworden. Es war ein herrlich klarer Morgen. Ich beeilte mich und wusch mich flüchtig in einem winzigen Waschbecken, aus dessen Ablauf das Wasser in einen Eimer in der Ecke tröpfelte. Nicht einmal ein Stuhl hatte hier Platz, und das Waschbecken war neben meinem Kopfkissen. Ich stieg an Deck.

Lieblicher Morgen! Fern hinter uns kam die Sonne soeben über den Horizont der See. Der Himmel war ganz golden, ein frohes wie Feuer glühendes Gold. Das Meer strahlte gläsern und glatt, der Wind hatte sich ganz gelegt, die Wogen waren zu langen, niederen Wellen zusammengesunken, der Schaum des Kielwassers glänzte blass eisblau in der goldenen Luft. Herrlich süßer, weiter Morgen auf dem Meer, die aufgehende Sonne, die sich heraufschwingt, wie ein schlanker Segler, dessen hochragende Takelage sich zart gegen die Wand aus Licht abhebt. Und drüben weit in der Ferne zieht ein Dampfer durch den elektrisch geladenen, lebhaften Horizont.

Liebliche Morgendämmerung, lieblicher, reiner, weiter Morgen des Mittelmeers, goldene Lüfte; erquickend, wie Goldmünzen hüpft es über das Wasser, und der Himmel ist hoch, unendlich hoch und unermesslich klar. Wie herrlich, auf einem Schiff zu sein! Das ist eine goldene Stunde für ein männliches Herz. Ach, könnte man für immer so dahinsegeln auf einem kleinen, stillen, einsamen Schiff von Land zu Land und von Insel zu Insel – hinziehen durch alle Räume dieser geliebten Welt, immer durch alle Räume dieser geliebten Welt dahinziehen. Dann würde es süß sein, sich manchmal der undurchsichtigen Erde selber zu nähern, sich an das feste Land zu heften, das Beben des eigenen Fluges an der Reglosigkeit der *terra ferma* zu beschwichtigen – doch das Leben selber würde zum Flug werden, in dem alle Räume widerklingen. Das Erzittern der unendlichen Räume, während der Flug sie durcheilt! Nur noch Raum und das Herzklopfen des Raumes, das glückliche, einsame Beben des eigenen Herzens. Niemals mehr angepflockt zu sein! Niemals mehr der Esel mit dem Strick um die Beine, einem Klotz, der an die Erde zwingt, die nichts mehr bedeutet. Sondern loszukommen!

Fände man doch drei männliche, weltverlorene Seelen und könnte mit ihnen, weltverloren, durch den zitternden Raum treiben und treiben, solange das Leben währt! Warum Anker werfen? Es gibt keinen Ankerplatz. Das Land hat der Seele nichts mehr zu sagen. Es bedeutet nichts mehr. Freundliche Götter, schenkt mir ein kleines Schiff und drei weltverlorene Gefährten! Erhört mich! Lasst mich ziellos treiben durch die lebendige Austernschale der Welt, durch die menschenleere Welt, durch den fliehenden Raum.

Köstlicher, himmelgelber Morgen auf offenem Meer, das bleicher wird gegen den köstlich blauen Horizont! Dort hebt sich die Sonne als das große, flammende Stigma der heiligen Blume des Tages. Die Segler des Mittelmeers, die so mittelalterlich wirken, trieben im frischen Morgenwind, als sei ihnen kein Weg gewiss, seltsame, beschwingte Insekten, die die Blume des Tages befliegen. Der Dampfer senkte den Bug Spanien entgegen. Der Raum um uns wurde klingend: Weite der See!

Die junge Frau aus Cagliari erschien mit ihren beiden Freunden. Jetzt, wo die See ruhig war, sah sie hübsch und erfrischt aus. Ihre beiden männlichen Begleiter standen neben ihr, und jeder hielt seine Hand auf eine ihrer Schultern.

»Bonjour, monsieur!«, bellte sie mir zu. *»Vous avez pris le café?«*

»Pas encore. Et vous?«

»Non! Madame votre femme …«

Sie bellte wie ein Schlächterhund, und dann übersetzte sie salbungsvoll für ihre beiden kenntnislosen Freunde. Dass die ihr Französisch nicht verstehen konnten, begriff ich nicht ganz, es war travestiertes Italienisch.

Ich stieg hinab zur BK.

Als wir an Deck zurückkamen, zeichnete sich vor uns der verschwebende Umriss von Land durchscheinend wie perlfarbene Haut ab. Das war schon Sardinien. Der Blick von der See her erfasst das aufragende Land, wenn es weit in der Ferne erscheint, wie einen Zauber; es ist geisterhaft durchscheinend wie Eisberge. Jetzt war es Sardinien, dessen faszinierende Schatten über das Meer ragten. Und die Segelschiffe entschwebten, als seien sie in die durchscheinende Sprödigkeit von Perlen geschnitten, auf Neapel zu. Ich hätte ihre Segel zählen wollen. Sie hatten fünf rechteckige Segel – die eines über dem andern stehen, wie eine Leiter –, aber wie viel Seitensegel? Das war nicht auszumachen.

Unser Freund, der Zimmermann, belauerte uns; aber nein, mein Freund war er nicht. Und ich bin sicher, dass er mich nicht *simpatico* fand. Aber er gesellte sich zu uns und wollte uns wieder mit seinen langweiligen Redensarten unterhalten. Und die junge Frau rief schon wieder, ob wir Kaffee getrunken hätten. Wir seien schon unterwegs, beschwichtigten wir sie. Und sie erklärte, dass wir für alles bezahlen müssten, was wir heute noch äßen – die Verpflegung sei nur für einen Tag berechnet. Die BK ärgerte sich und fühlte sich betrogen. Aber ich hatte schon so etwas geahnt.

Wir stiegen hinab und bekamen widerstandslos Kaffee. Und die junge Frau kam ebenfalls und warf einer der Alpakaschmeißfliegen einen Blick zu. Daraufhin wurde eine Tasse Milchkaffee mit zwei Biskuits diskret in ihre Kabine gebracht. Wenn Italiener diskret und verschlagen werden, wird die ganze Luft um sie herum mitteilsam und scheint wie mit tausend Zungen zu reden. So bekam die junge Frau unter dem lärmenden Gerede von tausend unsichtbaren Zungen ihren Kaffee heimlich und gratis in ihre Kabine gebracht.

Der Morgen war dennoch lieblich. Die BK und ich trieben uns am Heck des Schiffes herum, wir waren vom Wind geschützt und außer Sicht gerade über dem schäumenden Kielwasser. Wir hatten den offenen Morgen vor uns, und die Kielfurche zog sich gleißend wie die Spur einer Schnecke über die See: für eine kurze Strecke schnurgerade, dann krümmte sie sich nach links und immer weiter nach links; vom klaren Horizont lief sie auf uns zu, wie eine breite Schneckenfährte. Glücklich saßen wir dort in der Stille geborgen, weit und breit nur dem Glanz der menschenfernen See gegenüber.

Aber nein, wir wurden entdeckt. Der Zimmermann kam.

»Ah, da haben Sie ja ein schönes Plätzchen gefunden!«

»Molto bello!« Diesmal antwortete die BK. Ich konnte den Kerl nicht mehr hören.

Wieder begann er zu schwätzen, und das war wohl unvermeidlich – vom Krieg. Ach, der Krieg – das war eine schreckliche Sache. Er war krank geworden – sehr krank. Denn, verstehen Sie – man hat nicht nur keine richtige Verpflegung, keine richtige Ruhe und Wärme, sondern, sehen Sie, man schwebt auch dauernd in Todesgefahr, die ganze Zeit. Man hat Sterbensangst um sein Leben. Und das bringt einen um. Sechs Monate im Lazarett! Die BK hatte natürlich Mitleid.

Darin sind die Sizilianer sehr einfach. Sie erzählen einfach, sie hätten Todesangst ausgestanden, und das hätte sie krank gemacht. Die BK, ganz weiblich, mochte sie, weil sie das so einfach zugaben. Mich ärgerte das irgendwie. Denn sie *erwarten* dafür unsere überschwängliche Teilnahme. Doch der große Kriegsgott Mars mag noch so verschrumpelt und runzlig durch unsere Tage wanken, ich mag es nicht, wenn man ihn *so* blasphemisch behandelt.

Unter uns spulte sich das automatische Schiffslog an einem dünnen Tau ab. Es wirbelte in krampfhafter Eile dahin und spulte ab. Der Zimmermann erklärte uns, dass die kleine Schraube am Ende der Leine die Fahrtgeschwindigkeit messe. Wir machten zehn bis zwölf italienische Meilen in der Stunde. O ja! wir hätten zwanzig geschafft. Aber wir machten nur zehn bis zwölf, um Kohlen zu sparen.

Kohlen – *il carbone*! Das ging auf uns. England – *l'Inghilterra* –, das hatte Kohle. Und was machte es damit? Es verkaufte sie teuer. Besonders teuer an Italien. Italien hat den Krieg gewonnen, und jetzt bekommt es nicht einmal Kohlen. Und warum nicht? Diese Preise! Der Wechselkurs! – *il cambio*. Jetzt hat er mich aber! Zwei Länder konnten den Wert ihres Geldes halten – England und Amerika. Der englische Sovereign – *la sterlina* – und der amerikanische Dollar – *sa*, das ist noch Geld! Jetzt reisten die Engländer und Amerikaner nach Italien, mit ihren *sterline* und *dollari* und kauften was sie wollten, für ein Nichts, für ein Butterbrot. *Ecco!* Hingegen wir armen Italiener – wir sind ganz ruiniert –, wir sind ruiniert. Die Alliierten, na, und so weiter und so weiter.

Das ist mir so vertraut – es hängt mir zum Hals heraus. Ich kann keinen Schritt tun, ohne von diesem blöden Wechselkurs, vom *cambio* zu hören. Jeder schmeißt es dir an den Kopf. Und das mit einer herausfordernden Frechheit, die das Blut zu Kopf steigen lässt. Da kann ich lange reden, dass ich für alles zahle, was ich in Italien kaufe: dass ich nicht England bin. Ich bin nicht das Britische Inselreich auf zwei Beinen. *La Germania* – Deutschland – tat unrecht, den Krieg zu beginnen. Aber Krieg ist schließlich Krieg. Italien und Deutschland – *l'Italia e la Germania* – waren immer Freunde. In Palermo …

Ich konnte das bei Gott keine Sekunde mehr aushalten. Da saß ich über dem Kielwasser und sollte es mir gefallen lassen, dass dieser üble Kerl mir den Brei zerkauter Zeitungen ins Ohr stopfte – nein, das war unerträglich. Es ist ausweglos in Italien. Du sagst zwei Worte, und so ein Kerl stopft dir zerkautes, altes Zeitungspapier in die Ohren. Ausweglos. Wenn einer Engländer ist, wird er zu *l'Inghilterra*, *il car-*

bone und *il cambio*, und er wird behandelt wie England, Kohle und Wechselkurs. Es ist völlig hoffnungslos, dabei noch ein Mensch bleiben zu wollen. Es wird ein staatliches Wuchersystem aus dir, ein Kohlenschieber und ein Kursdieb. Jeder Engländer ist in dieser dreifachen Abstraktion für die Augen des Italieners und besonders des Proleten verschwunden. Du kannst es ja versuchen, ihnen beizubringen, du seist nur ein Mensch, kannst es versuchen, ihnen beizubringen, du seist schlechterdings nur ein Geschöpf. Schließlich bin ich nur ein einzelnes menschliches Geschöpf, das seinen Weg allein durch diese Jahre sucht. Aber nein – für einen Italiener bin ich ein abstraktes Ungeheuer: England, Kohle, Wechselkurs. Früher einmal waren die Deutschen die Teufel unmenschlich abstrakter Theorien über die Lebewesen. Aber jetzt schlagen die Italiener sie. Ich bin eine wandelnde, statistische Rubrik, mit einer schlechten Summe für Italien. Sonst nichts. Und als solche halte ich den Mund und verschwinde.

Für den Augenblick sind wir den Zimmermann los. Aber ich bin wütend, blöder Kerl, der ich bin. Als hätten mich die Mücken geplagt. Die Segelschiffe sind jetzt ganz nahe, und ich kann fünfzehn Segel zählen. Ein herrlicher neuer Anblick. Doch wäre ich oben an Deck, würde mir bestimmt einer Zeitungspapier verkaufen und mich als England-Kohle-Wechselkurs behandeln.

Die Mücken schwirren und schwirren. Aber ich zeige ihnen die kalte Schulter und wimmele sie ab. Sie schwirren trotzdem. Und die BK fühlt Mitleid mit ihnen, wirkliches Mitleid. Das kommt davon, dass sie natürlich als ein *bel pezzo* behandelt wird, die Schuhe würden sie ihr ablecken! Wir essen derweil die Äpfel vom gestrigen Nachtisch und die Reste von BKs Jesuskind-mit-Taube-Zuckerwerk. Das Land kommt näher, und wir können die Ausläufer des Vorgebirges einer Halbinsel und einen weißen Fleck ausmachen, der wohl eine Kirche ist. Die Landmasse, der wir uns nähern, wirkt verloren und gestaltlos, aber anziehend.

Dass wir so nach dem Land ausspähen, liefert uns wieder aus. Die Mücke stürzt sich auf uns. Ja – ganz sicher ist er nicht – er denkt schon, dass der weiße Fleck eine Kirche ist – oder ein Leuchtturm. Wenn man rechts am Kap vorbeifährt und in die weite Bucht zwischen Kap Spartivento und Kap Carbonara kommt, sind es noch zwei Stunden bis Cagliari. Wir werden dort zwischen zwei und drei landen. Jetzt ist es elf. Die Segelschiffe fahren wahrscheinlich wirklich nach Neapel. Wir haben jetzt nicht viel Wind. Bei flottem Wind fahren sie schnell, schneller als unser Dampfer. Ach, Neapel – *bella, bella, eh?* Ein bisschen dreckig, sage ich. Aber was wollen Sie?, sagt er, es ist eine Großstadt! Natürlich ist es in Palermo besser.

Ah, die Neapolitanerinnen, sagt er, und wir können ihn nicht hindern. Sie kämmen sich so schön, so sauber und fein, aber darunter – *sotto, sotto!* –, da sind sie dreckig. Nachdem wir das in kaltem Schweigen haben über uns ergehen lassen, fährt er fort: *Noi giriamo il mondo! Noi, che giriamo, conosciamo il mondo.* Wir kommen herum und kennen die Welt. Ich weiß nicht, wer da *Wir* sein soll: Seine Hoheit der Zimmermann aus Palermo, dieser Flegel bestimmt. Aber *wir*, die da reisen, kennen die Welt? Er setzt zum Angriff an. Neapolitanische Weiber, englische Weiber, alles dasselbe: alle unten herum dreckig. Unten der gleiche Dreck. Die Londonerin –

Es kotzt mich an.

»Sie suchen ihre dreckigen Weiber«, gebe ich es ihm, »da finden sie auch überall dreckige Weiber.«

Er hält ein und mustert mich.

»Nein, nein! Sie haben falsch verstanden. Nein! Das habe ich nicht gemeint. Ich meine ja nur, dass die Weiber aus Neapel und die englischen Weiber dreckige Unterwäsche tragen –«

Darauf bekommt er keine Antwort, sondern nur einen kalten Blick und die kalte Schulter. Da versucht er BKs Mitgefühl zu wecken. Einen Augenblick später redet er mich erneut an.

»*Il Signore* fühlt sich beleidigt. Er ist mir böse!«

Ich drehe mich weg. Schließlich räumt er das Feld, aber, das muss ich zugeben, im Triumph: wie eine Mücke, die einem in den Nacken gestochen hat. Tatsächlich soll man sich heute nie mehr mit diesen Burschen einlassen. Sie gehören nicht mehr der Menschheit an. Man wird gehasst, weil man ein Engländer ist, und den Einzelnen sehen sie gar nicht erst.

Wir spazieren zum Vorderdeck, wo der Kapitän seine Kommandobrücke hat. Der Kapitän ist ein älterer Mann, verschwiegen und verdrossen. Er wirkt wie ein Herr. Aber niedergeschlagen. Irgendein Mitglied der tellertragenden Abteilung bringt ihm gerade eine Tasse Kaffee die Leiter hinauf. Auf dem Rückweg linsen wir durchs Oberlicht in die Küche. Da sehen wir gebratene Hühner und Würste – gebratene Hühner und Würste! Da bleiben also diese Zicklein und Hühner und all die anderen guten Dinge: Alle rutschen durch den Schlund der Mannschaft. Für uns gibt's bis zur Landung nichts mehr zu beißen.

Wir haben das Kap passiert, und der weiße Fleck ist ein Leuchtturm. Der dickliche, nette Professor ist mit seinem kleinen Töchterchen an Deck gekommen, und der weibische ältere Bruder führt den ruppigen Kaninchenbuben an der Hand. So sind sie *en famille* – schauderhaft *en famille*. Sie kommen in unsere Nähe, und eine neue Unterhaltung droht. Um nichts in der Welt, meine Lieben!

Die Seeleute – ach was, Seeleute! ein paar von diesen lumpigen Eckenstehern – hissen die Flagge, die rotweißgrüne italienische Trikolore. Sie flattert oben am Mast, und der weibische Bruder reißt in einer hübschen Gefühlsaufwallung seine komische Mütze vom Kopf und schreit:

»Ecco la bandiera Italiana!«

Ach, diese verabscheuenswürdige Sentimentalität unserer Tage! Langsam ziehen wir am Land vorbei, ganz langsam. Es ist hügelig, ein paar Bäume wachsen, aber es sieht kahl aus. Es ist nicht so gebirgig und großartig wie Sizilien. Wir halten uns entlang der Ostküste der Bucht, Kap Spartivento bleibt im Westen. Von Cagliari ist noch nichts zu sehen.

»Noch zwei Stunden!«, ruft die Cagliareserin. »Noch zwei Stunden, bevor es zu essen gibt. Ach, werde ich gut essen, wenn ich erst an Land bin.«

Die Leute ziehen das automatische Schiffslog ein. Der Himmel bewölkt sich mit dem eisig milchigen Gerinnsel, das nach der Mittagsstunde aufzieht, wenn der bittere Nordwind bläst. Es ist nicht mehr warm.

Langsam, langsam kriechen wir an dem gestaltlosen Ufer entlang. Eine Stunde geht vorüber. Wir sehen eine kleine Befestigung vor uns, die aus riesigen, schwarz-weißen Quadern errichtet ist, sie wirkt wie das Fragment eines gewaltigen Schachbretts. Sie steht vorn auf einer gestreckten Landzunge – einer langen, schmalen Halbinsel ohne Gebäude, die wie ein Golfplatz aussieht, aber keiner ist. Plötzlich liegt Cagliari vor uns: eine nackte Stadt, die sich steil und vergoldet aus der Fläche inmitten der gestaltlosen, tiefen Bucht aufreckt. Es ist fremdartig und fast schön, überhaupt nicht italienisch. Die Stadt ragt luftig und wie eine Miniatur aufwärts; ich muss an Jerusalem denken: keine Bäume, keine Deckung, so erhebt sie sich fast kahl und stolz, in die Vergangenheit verschlagen, ganz wie eine Stadt in einem klösterlichen, illuminierten Missale. Was mag sie an diesen Platz versetzt haben? Auch wirkt sie wie Spanien – oder Malta: nicht Italien. Steif und verlassen und baumlos ragt sie auf, wie auf einer alten Illumination. Dennoch hat sie etwas von einem Juwel: als ob plötzlich aus der Tiefe der öden Klippen ein Bernstein rosettenförmig herausgeschlagen sei. Die Luft ist kalt, der Wind bläst frostig und bitter, der Himmel ist geronnen. Das ist Cagliari. Es hat diesen merkwürdigen Zauber, als könne man es wohl sehen, aber nicht betreten. Es ist mehr eine Vision, eine Erinnerung, etwas, das lange vergangen ist. Es ist unmöglich, dass man wirklich in dieser Stadt *herumwandern* kann: seinen Fuß dort hinsetzen, lachen und essen. Ach, nein! Doch das Schiff treibt näher und näher, und wir lugen nach dem wirklichen Hafen.

Es ist die übliche Uferfront mit den dunklen Bäumen einer Promenade und den palastartigen Gebäuden dahinter; doch diesmal nicht so rosig-freundlich, sondern verhalten, dunkler, aus gelbem Stein. Der Hafen selber ist ein kleines Wasserbecken. Behutsam schiffen wir hinein, derweilen drei mit schneeweißem Salz beladene Barken, durch einen winzigen Schlepper gezogen, von links herankommen. Nur zwei andere verlorene Schiffe liegen im Hafenbecken. Es ist kalt an Deck. Das Schiff dreht langsam bei und wird am Kai vertäut. Ich gehe hinunter, meinen Rucksack zu holen, und eine fette Schmeißfliege kriegt mich zu fassen.

»Sie zahlen neun Franken fünfzig.«

Ich zahle, und wir gehen von Bord.

Cees Nooteboom

Schiffstagebuch

Ich gehe auf die Brücke, denn wir nähern uns einem Gletscher. 23 000 Jahre alt, sagt jemand, doch wegen der plötzlich einsetzenden Regenböen sehe ich nichts. Das Wasser hat die Farbe von Zink. Ein Boot soll ausgebracht werden, dazu zieht ein großer schwarzer Mann die Persenning von einem der Rettungsboote, das dann mit der Winde zu Wasser gelassen wird. Er wird losgeschickt, um »lebendes« Eis zu holen, eine Tradition bei dieser Art Seereisen. Von unten höre ich die Stimmen der Matrosen in der großen, kalten Stille. Dann fahren sie weg und schneiden eine breite Furche in das reglose Wasser, in dem unzählige Brocken geschliffenen Eises liegen. Der Gletscher selbst wirkt durchscheinend blau, weiter hinten und weiter oben ist er weiß mit hohen, senkrecht stehenden zackigen Zähnen. Ist ein Gletscher männlich? Und falls ja, warum? In Tirol sagt man zu Gletschern Kees, was bedeuten diese Dinge? Er hängt obszön wie eine große gefrorene Zunge ins Wasser, voller Klüfte und Schrunden, links und rechts davon die Steine und Erde, die er an den Seiten hochdrückt.

Es dauert ein bisschen, bevor mir die Absurdität der Situation aufgeht. Ich befinde mich auf einem Schiff, das zwischen den schroffen Felswänden in diesem eigenartigen Eiswassertal liegt. Die Maschinen stehen auf ›andante‹, doch wir fahren nirgends hin. Das lebende Eis wird auf Gläser verteilt und sieht aus wie Eis, weiß, glänzend, durchsichtig. Als der Whisky darüberschwappt, ergibt sich für einen Moment ein Effekt von flüssigem Gold über durchsichtigem Silber. Trinke ich jetzt Wasser, das vor 23 000 Jahren gefroren ist? Wasser aus einer Zeit vor Platon, Homer, Aristoteles, Christus? Bewahrte Zeit trinke ich. Altes Wasser.

In meinem Tagebuch finde ich eine Notiz, aber ich kann wieder einmal meine eigene Schrift nicht lesen, sodass die erste Hälfte der Zeile entfällt. Möglicherweise steht da: »Chaotisch geschlafen. Ein Satz ist mir noch in Erinnerung. Jeder spricht immer in Übersetzung.« Dünung, Morgen. Das Leben an Bord gleicht dem in einem Internat oder einer Kaserne, der sanfte Zwang der Uhr. Abendessen in einem der Restaurants, später ein Drink in der Bar Zum Alten Fritz, die einer vornehmen Hamburger Hafenbar gleicht, stilecht mit einem Standbild des großen Preußenkönigs. Man sieht immer wieder dieselben Gesichter, aber keiner behelligt einen. Das Deck ist dunkel vom Regen, niemand liegt in den Liegestühlen, ein paar Leute beugen sich über die Reling und werden nass.

Wir nähern uns Ushuaia, der südlichsten Stadt Argentiniens und damit auch der südlichsten Stadt der Welt. Ich sehe Kriegsschiffe an einem Kai und ein ankerndes Schiff namens Antarctic. Dies ist der Ausgangshafen für Fahrten zum Südpol, und das spürt man. Wir befinden uns im argentinischen Sommer, aber kalte Windböen mit Regen fegen über den Kai. Warum ist das so aufregend, in der südlichsten Stadt der Welt zu sein? In der Ferne verschneite Berge, eine senkrechte Linie bis zum Beagle-Kanal, der Argentinien von Chile trennt, etwas, das aussieht wie auf dem politischen Zeichenbrett entstanden, willkürlich und unnatürlich verläuft diese Linie durch Flüsse und leere Landschaften, womöglich auch durch Fuchsbauten und Eulennester. Ushuaia liegt am Kanal, das heißt zwar am Wasser, aber nicht am Meer, eigentlich ein wenig versteckt zwischen der Sierra Sorondo und dem Parque Nacional Tierra del Fuego. Bucht, die das Land bis in den Westen durchdringt, bedeutet Ushuaia in der Sprache der Yámana. Unmittelbar südlich des Kanals beginnt Chile wieder, die Isla Navarino, dann die Nassau-Bucht, darunter die Islas Wollaston mit Kap Hoorn. Ausnahmegebiet, das hat mich immer gelockt. Das Argentinische Meer, der Südpazifik, der Atlantische Ozean und darin die Falklandinseln, die hier Islas Malvinas heißen, und dann, auf meiner Karte, das scharf umrissene Dreieck des antarktischen Argentinien bis zum Südpol.

Puerto Montt ist der erste Hafen, in dem wir anlegen, zwischen lebhaftem Hin und Her kleiner Boote, vollbepackt mit Blöcken aus schwarzem gepresstem Tang. Wenn man Chile für einen Moment vom Rest des Kontinents ablöst, sieht man, wie unendlich schmal und lang das Land ist, viele Tausende Kilometer. Puerto Montt ist eine Provinzstadt, Hauptstadt der x. Region. Nach Süden zu wird das Land immer leerer, die Nummern der Regionen höher. Puerto Montt ist bis zur Antarktis (xii. Region) die wichtigste Stadt. Wir waren ein paar Tage auf See, lange genug, um uns an den sich wiederholenden Tagesablauf zu gewöhnen. Das Leben an Bord hat Ähnlichkeit mit einem Kloster, alles geschieht zu festen Zeiten, und man kann nicht weg. Nach einer Weile hat man seine Schritte dem sanften Schaukeln angepasst, der feste Boden an Land fühlt sich danach merkwürdig an. Ich lese die Zeitung mit der Lokalpolitik, vor dem Hintergrund der Anden auf der einen und dem Ozean auf der anderen Seite steht eine neunköpfige Jungengruppe und gibt auf großen Trommeln ein aufwühlendes Konzert, so laut, dass man es bis in die Berge hören kann. Holzschiffe hängen schief am Kai. Auf irgendeiner Mauer steht, dass Lesen ein Rettungsanker gegen die Langeweile ist, wohlgemerkt. Ich lese nun schon seit Tagen die unglaubliche Geschichte *Sailing Alone Around the World* von Joshua Slocum, der auf seinem eigenhändig gebauten Schiff zwischen 1895 und 1898 als Erster allein die Welt umsegelte. Hätte er diese Reise jetzt gemacht, so hätten wir ihm begegnen müssen, denn er segelte über Kap Hoorn und die Magellanstraße in Gegenrichtung entlang dieser Küste nach Norden zu den kleinen Inseln Juan Fernández und San Félix, die Schouten und Le Maire bereits 1615 auf dem Weg nach Indien besucht hatten, kleine Flecke weit entfernt im Ozean, die wir rechts liegenlassen. Unweit von Puerto Montt befindet sich Puerto Varas, ein kleiner Hafen am Llanquihee-See. Dort sehe ich auch meinen gepressten Seetang wieder, bestimmt für die Fischsuppe. Auf hohen Pfählen steht ein Holzgebäude im Wasser, man geht auf einem Steg an den vielen Küchen mit Fischen, Garnelen, Krabben und großen Seeigeln entlang und sucht sich einen Platz mit Blick auf den schneebedeckten Vulkan. Local 20, von Silvia. Eine Holzveranda über dem Wasser, ein ferner Vulkan mit Eismütze, um mich herum das weiche Schnurren des chilenischen Spanisch, aus dem kleinen Transistorradio über dem mächtigen Herd kommt ein Lied über eine große entschwundene Liebe, und meine eigene Welt rückt in immer weitere Ferne.

Die Insel Chiloé, der Golf von Ancud, der Golf von Corcovado – Binnengewässer, die mit dem Ozean verbunden sind. Weil es so still ist, hat man das Gefühl, das Schiff schleicht. Das Wasser ist fast schwarz, bewegt sich nicht, glänzt wie polierter Marmor. An Land ist nichts zu erkennen, das nach Besiedelung aussieht. Dann ein kleiner Hafen, in dem wir nicht anlegen, Puerto Aguirre. Fjorde, Winter, auch wenn hier Sommer ist. Geheimnisvoll, all die Hügel links und rechts, mit niedrigen Wäldern. Ich stehe auf dem Vordeck, sehe, wie das Schiff das Wasser aufbricht. Weil das so langsam und still vor sich geht, scheint es, als würden zwei große Seidentücher auseinandergebreitet. Auf diesen Hügeln muss sich alles Mögliche tummeln, Eulen, Füchse, Schlangen, vielleicht sogar Menschen, aber zu sehen ist nichts und auch nicht zu hören. Schwere Wolken, eisenfarbenes Licht, später Regen.

Das Leben an Bord geht seinen eigenen rituellen Gang, ein Tag verschwindet im nächsten, wir kommen in die Nähe der Magellanstraße, und wieder möchte sich die Phantasie alles Mögliche ausmalen, wie der Portugiese als Erster diese Passage fand, was sein Chronist in den Berichten über die hier lebenden Indianer vermerkte, und die Mythen, die aus diesen Chroniken hervorgingen – und dann möchte die Phantasie die patagonischen Riesen aus diesen Mythen sehen, doch es gibt nichts zu sehen, tagelang fährt das Schiff unter einem mächtigen Wolkengewölbe dahin, an Backbord stets diese ewige Küste ohne Häuser und Menschen.

Manchmal gehe ich auf die Brücke, um mir die Seekarten

anzusehen, die Tiefen- und Entfernungsangaben, doch am meisten interessieren mich die Namen. Wenn alle diese Orte einen Namen haben, warum wohnt hier dann niemand? In meinem Tagebuch berichte ich von einer blonden Russin mit eisblauen Augen, aber auch von einer »engen Passage mit hohen Bergen« zwischen Abismo und Sor Amalia. Einmal sehe ich ein Boot mit einem Fischer, und alles beugt sich über die Reling und schaut zu ihm. Er lacht und winkt, aber wo wohnt er? Nirgends ein Dorf, Haus oder Hafen auszumachen.

Wir überqueren den 52. Breitengrad, Isla Ramírez, Isla Contreras, Isla Pacheco, und das sind die Inseln, die auf meiner Karte noch einen Namen tragen, um sie herum liegen unzählige blau umrandete namenlose grüne Flecke, die, sofern dort doch Menschen wohnen, auf detaillierteren Karten zweifellos ebenfalls Namen haben. Am frühen Morgen die Isla Fulgate am Eingang zur Meerenge, langsam fahren wir ein, in der unendlich weiten Mündung passieren wir erst den Leuchtturm Evangelistas, später zwei andere, einen an Steuerbord, einen an Backbord, namens San Félix und Fairway. Auf der Landkarte kein einziger Ort, keine einzige Straße, keine Bahnlinie, kein Flugplatz, die Berge sehen immer höher und gefährlicher aus, diese gesamte Küste ist ein einziges grenzenloses Reservat, für Abenteurer muss es das Paradies sein. Die wenigen Indianer, die hier noch leben, machen von ihren Kanus aus Jagd auf Seehunde und Fisch, wie sie es vor zehntausend Jahren taten.

Langsam drehen wir um die Península de Brunswick nach Norden. Der nächste Hafen ist Punta Arenas, die südlichste

Stadt Chiles. Es ist Nacht, wir liegen auf Reede, an Land sehe ich Autos und Lichter, seltsam nach all den Tagen auf See mit nichts anderem als menschenleeren Landschaften und dem Meer. Am nächsten Morgen bietet die Stadt im Frühlicht einen schönen Anblick, niedrige Häuser vor dem Hintergrund brauner Hügel. Das Wasser im Hafen glatt, kalter Satin. Zwei schlepperartige Schiffe ankern in seiner Mitte. Gestern haben wir Kap Froward passiert, ich habe etwas aufgeschrieben über Vögel, das ich jetzt nicht mehr entziffern kann, Wasservögel, deren Flügel länger sind, als ihr (weißer) Rumpf breit ist. Von Arica im Norden Chiles bis hier sind es mehr als 5000 Kilometer, von Santiago gut 3000. Große Länder haben das, Orte, in die sie Gefangene abschieben können oder an die man verbannt werden kann, die chinesische T'ang-Dichtung ist voller Heimweh nach dem Hof und der Hauptstadt, und vielleicht ist es hier nicht anders. Die südlichste Stadt der Welt, sagen die Chilenen, aber eine Tagesreise weiter kommt Ushuaia, und das liegt in Argentinien und, wie es aussieht, gut einen Grad weiter südlich.

Auf dem Hauptplatz von Punta Arenas eines dieser Standbilder, die in ihrer Unschuld eine pathetische Geschichte voller Widersprüchlichkeiten verkörpern sollen. Als Erstes sieht man einen gigantischen Fuß. Küsse und Streicheln haben die Bronze in glänzendes Gold verwandelt, die Alchimie des Aberglaubens: Wer den übergroßen Fuß dieses Tehuelche-Indianers küsst, wird wiederkommen. Nur wird er dann keinen Tehuelche mehr vorfinden – von den ursprünglichen Bewohnern dieser Regionen haben lediglich einige überlebt. Der Besitzer des Fußes sieht stark genug aus, er sitzt grübelnd auf einem runden Bogen, das Bein mit diesem Fuß bis weit über den Rand gestreckt wie eine katholische Heiligenfigur, und er grübelt wohl zu Recht, denn genau über ihm (und über den drei Indianern anderer Stämme auf den anderen Seiten des Denkmals) steht der große Entdecker Fernando de Magallanes, der die Durchfahrt vom Atlantischen zum Pazifischen Ozean entdeckte und so der Erste gewesen wäre, der die Welt umsegelte, wäre er nicht bei einem Gefecht in Asien ums Leben gekommen.

Mit fünf spanischen Schiffen war er, der Portugiese, von Spanien aus aufgebrochen. Die Ausmaße eines solchen Unternehmens werden wir wohl nie ganz erfassen können – es ist allenfalls mit der Raumfahrt zu vergleichen –, doch so gefährlich und lang ein Flug zum Mars auch sein mag, hier weiß man im Unterschied zu einer damaligen Expedition, wohin die Reise geht und wie lange sie dauern wird. Magelhaens (jeder schreibt seinen Namen anders) wusste im Grunde weder das eine noch das andere. Auf der Karte von Martin Waldseemüller aus dem Jahr 1507 hieß das, wohin er segeln wollte, schlichtweg die Neue Welt, und an der Küste, an der er schließlich landete, auf halber Höhe Patagoniens, war vor ihm noch nie ein Europäer gewesen. Seine eigenen Landsleute hatten kein Vertrauen zu ihm, doch Karl v. und Johanna die Wahnsinnige unterzeichneten am 22. März 1518 eine *capitulación* (und das bedeutet hier einen Vertrag) mit Magellan (wie wir ihn nennen), demzufolge dieser ein Fünftel von allem erhalten sollte, was »die neuen Länder« an Einkünften erbringen würden. Am 20. September 1519 ging er auf eine Reise, die von Schicksalsschlägen und Auseinandersetzungen geprägt sein sollte, auf der er aber doch die Durchfahrt entdecken sollte, die der arabische Kartograph Al-Chwarizmi bereits 833 in Bagdad auf einer Karte eingezeichnet hatte. Wie das möglich war, ist ein Rätsel, dessen Lösung ich nicht kenne.

Magellans Schiff war die Trinidad, die anderen waren die San Antonio unter dem Kommando von Juan de Cartagena, die Concepción unter Gaspar de Quesada, die Victoria unter Luis de Mendoza und die Santiago mit dem Kapitän Juan Serrano, eine katholische Invasion mithilfe von Dreifaltigkeit und Unbefleckter Empfängnis. Schon bald änderte Magellan den ursprünglichen Reiseplan, was zu Differenzen mit de Cartagena führte, der von Karl v. als *veedor general* eingesetzt worden war – also so etwas wie ein höherer Aufseher. Der autoritäre und sehr misstrauische Magellan entzog ihm den Befehl über sein Schiff, was später zu großem Ärger führen sollte. Die anderen Kapitäne wollen einen geschützten Hafen für den Winter aufsuchen, Magellan jedoch will nichts davon hören und setzt seinen Willen durch, obwohl er weiß, dass die Berechnungen, die er anhand seiner Karten angestellt hat, nicht stimmen. Nach einer ersten Landung in Brasilien segeln sie weiter nach Süden und finden am 31. März 1520 eine geschützte Bucht, die sie San Julián nennen; hier wollen sie überwintern. Es muss eine eigenartige Gesellschaft gewesen sein, voller Argwohn und Groll. Die Männer sind seit sechs Monaten fern der Heimat, die Vorräte gehen zur Neige, die Durchfahrt ist noch immer nicht gefunden. Man erwartet ein Drama, und das tritt auch ein.

Drei Kapitäne, de Quesada, de Mendoza und de Cartagena, rebellieren, sie nehmen Magellans Neffen, Álvaro de Mezquita, auf der San Antonio gefangen und haben nun den Befehl über drei Schiffe. Magellan selbst hat nur noch die

Trinidad und die Santiago. Dann aber begehen die drei Meuterer einen folgenschweren Fehler. Sie bitten um ein Gespräch mit dem Kommandanten. Magellan willigt ein, sie entsenden eine Abordnung, die von Magellan sofort gefangen gesetzt wird. Daraufhin schickt er den *alguacil* (Wachtmeister) der Flotte mit einer schriftlichen Botschaft auf de Mendozas Schiff, doch noch während dieser sie liest, sticht der *alguacil,* Gonzalo Gómez de Espinosa, ihn nieder. Eine kleine Gruppe bewaffneter Männer und ein plötzlich aufkommender Sturm, der die Schiffe aufeinander zutreibt, erledigen den Rest, die Meuterer ergeben sich und werden vor ein Gericht gestellt, das aus dem Rest der Besatzung besteht. Ich versuche es mir vorzustellen: die wilde patagonische Küste, ein paar Spanier, fünf Schiffe in einer Bucht, ein Prozess. Das Schafott ist bereits errichtet, das erste in Patagonien, das zu diesem Zeitpunkt noch nicht so heißt. Es geht hier um Hidalgos, und ein Hidalgo hat einen Schildknappen, dessen Aufgabe es ist, seinen Herrn zu beschützen. Das perverse Urteil lautet, dass de Quesadas Schildknappe seinen Herrn enthaupten muss. Tut er es nicht, so bedeutet es seinen eigenen Tod. Er tut es. Danach werden die Leichen des zuvor schon getöteten de Mendoza und die de Quesadas gevierteilt und zur Schau gestellt. Die meisten anderen werden verschont, schließlich muss die Flotte weiter.

Zwei Monate später kommt es zum ersten Kontakt mit der Bevölkerung, und das wirft ein anderes Licht auf den übergroßen Fuß des unterhalb von Magellan sitzenden Indianers, wenngleich das vielleicht nicht so beabsichtigt war. Der Chronist auf dieser Reise ist ein junger Venezianer, Antonio Pigafetta. Er war der Erste, der von den großen Füßen der

Patagonier berichtete, und nicht nur von ihren Füßen – wenngleich sie denen ihren Namen zu verdanken haben –, auch vom Rest ihrer Gestalt. Er nennt sie Riesen, und das kam in Europa gut an. Dass sich seine Inspiration denselben Ritter- und Abenteuerromanen verdankte, auf die auch Don Quijote so versessen war, ist lediglich ein Teil aller Theorien, die je zum Namen Patagonier ersonnen wurden. Ob sie nun wirklich so groß waren – die Durchschnittsgröße der Spanier lag zu jener Zeit bei lediglich einem Meter fünfzig – oder ob sie der Kälte wegen Tierfelle an den Füßen trugen, dieses Thema beschäftigt den schreibenden Reisenden jedenfalls noch jahrelang. Wie dem auch sei, der riesige Fuß auf dem windigen Platz glänzt im kalten Sonnenlicht wie Petrus' Zeh in der Peterskirche zu Rom, und wer hierher zurückkehren will, muss ihn küssen.

Merkwürdiger noch, als nachts auf einem fahrenden Schiff wach zu werden, ist es, wach zu werden, wenn es nicht fährt. Wir liegen noch immer an unserem fernen Kai in Ushuaia. Jedes Mal, wenn ich aufwachte, hatte ich das Gefühl, auf hoher See zu sein, und so ist es auch jetzt. Ich schaue durch das Bullauge und sehe, dass das nicht stimmt, Täuschung des Windes. Draußen die Lichter der Stadt, ein Auto, und als ich mit meinem Fernglas den Kai absuche, ein paar nächtliche Passanten. Der Mond wird auf zwei Seiten von schwarzen Wolkenfetzen angefressen, das Wasser sieht aus wie geschliffen, in der Ferne die vage Form des Schleppers Saint Christopher, der in den Fünfzigerjahren hier im Hafen gestrandet ist. Im Mondlicht sehe ich jetzt auch die schneebedeckten Berggipfel in der Ferne. Still ist alles, und ich überdenke meinen Tag. Mit einem Bus sind wir in einen Naturpark nördlich der Stadt gebracht worden, dort habe ich mich von der Gruppe getrennt und bin spazieren gegangen. Widersprüche – ein Naturpark, in dem die Fahrer den Motor ihres Busses wegen der Klimaanlage laufen lassen. Es passt nicht zu der Stille. Einen Fischadler habe ich gesehen, dann wieder ein merkwürdig sumpfiges Gebiet, grellgrüne Grasbüschel im Wasser, aus dem abgestorbene Bäume ragten, die Ruine eines Waldes. Ich weiß nicht, wie viel Zeit ich habe, bevor die Busse zurückfahren, und marschiere auf gut Glück los. Ein schmaler Weg, der mäandernd mehr oder weniger einem kleinen Fluss folgt, der Gedanke, so vielleicht tagelang weitergehen zu können, und dann plötzlich ein Zeichen aus der Wirklichkeit, ein Schild, das sagt, hier ist die Grenze zu Chile.

Nirgends Wächter, es gibt keinen Schlagbaum, warum bleibe ich dann stehen? Vielleicht weil sich an einem solchen Ort die Vorstellung davon, was eine Grenze eigentlich ist, stärker als irgendwo sonst aufdrängt. Auf dieser Reise war ich schon in Chile, das kann es nicht sein. Nein, es ist eher die Tatsache, dass man da in einem Wald steht, die Vögel hört, die Wolken ohne Pass vorbeisegeln sieht, einem Wald, in dem die Bäume einander gleichen und in der Luft keinerlei Widerstand zu spüren ist, der einen am Weitergehen hindern würde, und dabei weiß, dass einen Meter weiter nicht Kirchner regiert, sondern Bachelet, dass dort andere Gesetze gelten, aber auch, dass die Vergangenheit dort genauso grauenhaft war wie hier. Menschen aus Flugzeugen geworfen auf dieser Seite, Operation Condor auf der anderen, über die ganze Welt Exilanten verstreut, die nicht mehr konnten, was ich jetzt kann, wo niemand mich sieht: hin und her gehen und von der einen Staatsform in die andere wechseln, als bedeute das nichts. Aber genau das ist es, nichts, und ich gehe zu meinem Bus zurück und dann auf einen Katamaran, der zur Isla de los Lobos segelt, wo wir Seelöwen, Pinguine und Kormorane beobachten, denen ihre eigene Welt genügt. Wie große braune Wollballen liegen die Seelöwen in der Sonne, und natürlich schauen sie nicht zu uns. Der Felsen, auf dem sie sich niedergelassen haben, sieht aus, als hätte jemand ihn mit einem Messer bearbeitet und geometrische Figuren mit einer Botschaft hinterlassen, die wir nicht entziffern können. Die Pinguine stehen nicht weit von den schlafenden Löwen entfernt, wie Diener in Livree, die den Schlummer ihrer Herren nicht stören dürfen. Der Felsen wirft das Sonnenlicht weiß zurück, darunter grünes Moos, im Hintergrund die Berge mit ihren Drachenzähnen, weiß vom Schnee, und für einen Augenblick weiß man nicht mehr, warum das hier Feuerland heißt.

Weitergefahren durch den Beagle-Kanal, das eine Ufer Argentinien und die Ausläufer der Cordillera de los Andes, das andere Chile und die auf der Karte völlig menschenleere, riesengroße Isla Navarino. Geankert in Puerto Williams. Im Schlaf merke ich, dass das Schiff ständig dreht. Als ich davon aufwache und an Deck gehe, stehe ich unter der Uhr des Alls. Wenn man zu Dantes Zeit an den Sternen erkennen konnte, wie spät es war, warum kann ich das dann nicht? Für Dante war das Fegefeuer ein Berg mitten in dem Meer, das die gesamte südliche Hemisphäre bedeckte, genau gegenüber der nördlichen Hemisphäre mit Jerusalem als dem Mittelpunkt der bewohnten Erde. Und weil im Fegefeuer nur Schemen hausen, war er der erste lebende Mensch, der seit Adam und Eva die Sterne dort sehen konnte. Vier sieht er, das Kreuz des Südens, und wie gut er und seine Zeitgenossen den kosmischen Himmel im Kopf hatten, beweist er, als er sagt, die aufgehende Sonne verberge die Fische und wenn er zum anderen Pol schaue, sei der Wagen bereits verschwunden – der Himmel als Uhrwerk. Verwaist nennt er den Norden, wo seine Zeitgenossen leben, die dies, im Gegensatz zu ihm, nie erblicken werden. Und als er erklärt (im *Purgatorio,* XXII. Gesang, 118): »Und vier der Mägde schon des Tages waren / Zurückgeblieben und die fünft' am Steuer, / Streckend zur Höhe noch die glühende Deichsel«, da klärt mich der Kommentar zu meiner Übersetzung von 1940 auf, dass es *folglich* die fünfte Stunde des Tages ist. Ich muss nicht nur nachschlagen, wer diese Mägde sind, sondern auch noch, was eine Deichsel ist. Doch auch bei mir ist es früher Morgen, und die Welt gleicht dem Fegefeuer, denn es rücken Wolken an, schwere bleierne Luftmaschinen, die die Nacht verlängern wollen und zu unserem Ziel passen: Heute werden wir Kap Hoorn umrunden. Zwei Niederländer haben diesem Kap den Namen ihrer Stadt an der Zuidersee gegeben, Schouten und Le Maire. Als es so weit ist, darf ich auf die Brücke, ein Jungentraum. Dieses Meer ist berüchtigt, in Ushuaia habe ich ein Buch über Schiffbrüche gekauft, endlose Listen von Galeonen, Karavellen, Dampfschiffen und Jachten, die in diesem Gebiet zwischen dem Atlantischen und dem Pazifischen Ozean untergegangen sind. Das Wasser sieht düster genug aus, metallfarben, als wäre Schwarz hineingemischt, ich höre, wie es wild und weiß schäumend gegen den Kiel schlägt. Unter einer grauen Felswand sehen wir eine große Jacht mit hohen braunen Segeln, unser Kapitän betrachtet sie voller Bewunderung. Er steht zwischen zwei Assistenten, eine Dreiermannschaft, die über die Wasserfläche späht, auf der nichts zu sehen ist. Sie stehen vor einer Batterie Computerschirme, doch sie schauen über sie hinweg auf die wilde See hinter den großen Fensterscheiben. Metamorphose: gestern Abend Captain's Dinner, schwarze Krawatte zur Galauniform mit dem Stern und den vier goldenen Streifen, 2003er Eitelsbacher Karthäuserhofberg, in Ingwer und Honig hausgebeizter Lachs auf Salat von Bambussprossen, Porzellan und Kristall, jetzt ein grober Pullover und ein Becher Kaffee, Herr über die wilde graue Fläche, Gesichtsausdruck: bereit für Abenteuer. Der Kapitän ist Leser, das gestrige Gespräch kreiste um Gombrowicz' Buch *Trans-Atlantik* und *Billy Budd* von Melville, beide sehr passend. Rüdiger hat einen Satz von Gombrowicz aus diesem Buch in sein Repertoire übernommen, ein mit Crescendo dreimal wiederholtes »Ich gehe! Ich gehe!! ICH GEHE!!!« Er bedauert, dass er *Billy Budd* erst jetzt liest, diese Geschichte hätte er gern für sein Buch über das Böse verwendet, und er will wissen, was der Kapitän getan hätte: In dem Buch wird der »hübsche« junge Matrose von einem anderen zum Bösen verleitet, und der Kapitän, der ihn sehr mag, muss ihn verurteilen. Kommt so etwas noch immer vor, will er wissen, doch die Antwort ist enttäuschend für den Romantiker, und so versucht der Kapitän ihn mit der Geschichte von Slocum zu trösten, der als Erster ganz allein in seinem kleinen, selbstgebauten Schiff das Kap umrundete. Ich höre leise Kommandos, *slowly, slowly*, dann: »Wollen wir jetzt eindrehen, da vorne ist nichts mehr.«

Auf den Tischen Seekarten, jemand arbeitet mit Zirkel und durchsichtigem Plastikdreieck, Kap Hoorn ist nicht *eine* Insel, sondern eine ganze Gruppe, das Meer darum herum ist übersät mit kleinen Zahlen, hinter mir sehe ich in kleinen Kästchen die Flaggen aller Länder der Erde, die sie anlaufen, dieses Schiff fährt unentwegt um den Globus. 970 Millibar, höre ich, Windstärke 8. Fünf Männer und eine Frau sind schwer beschäftigt, ich komme mir überflüssig vor und gehe an Deck, wo der Wind mich beinahe umbläst. Fast vierhundert Jahre ist es her, dass Schouten und Le Maire hier fuhren. Ich versuche es mir vorzustellen. Das Kap, das sie von ihrem kleinen Schiff aus gesehen haben müssen, ragt wie damals düster aus dem Meer auf, kein Zeichen einer menschlichen Anwesenheit, damals nicht und heute nicht. Irgendwo muss es einen Leuchtturm geben, eine Wetterstation, in der eine Familie wohnt, doch das ist von hier aus nicht zu sehen. Nebel oder tiefhängende Wolken hüllen die dunkle, drohende Form ein, hinter diesem einen Berg liegen andere, niedrigere, auf der Brücke habe ich gesehen, dass wir zwischen den Inseln Herschel und Deceit durchfahren, wir befinden uns auf der Grenze zwischen Pazifischem und Atlantischem Ozean, hier in der Nähe muss zwischen Feuerland und Staateninsel die Passage liegen, die noch heute den Namen Le Maire trägt. Die Strömung verläuft dort in nord-südlicher Richtung und kann an Geschwindigkeit zwischen zwei und sechs Knoten schwanken, je nachdem, ob man sich in der Mitte der Le-Maire-Straße befindet oder in der Nähe eines der Kaps. Die Ebbe strömt in die andere Richtung und setzt eine Stunde nach der Flut ein. Bei Staateninsel – von Schouten so benannt nach den Staten-Generaal, dem niederländischen Parlament – fließen die Gezeitenströme mit gewaltiger Kraft entlang der Nord- und der Südküste, durch die Intensität prallen die Wogen aufeinander und bewegen sich dann in alle Richtungen. Oft ist der Himmel dicht bewölkt, falls er morgens einmal klar ist, kann er sich in kurzer Zeit wieder völlig zuziehen, und dann ist die Sicht gleich null, die Windstöße von den Bergen im Zusammenwirken mit dem »normalen«, fast ständig blasenden Westwind haben dieser Region den Beinamen »Seemannsgrab« gegeben. Später versuche ich zu lesen, was ich auf der Brücke oder an Deck notiert habe, doch es ist nutzloses Gekritzel geworden, *mit* dem Wind sind wir gefahren, entziffere ich noch, und dass es wogte und schwankte und man später das Gefühl hatte, Stunden durch Schneetreiben gegangen zu sein.

Isaäc Le Maire, der wusste, dass dieses Gebiet unter der Hoheit der Vereinigten Ostindischen Kompanie (VOC) stand, hatte am 14. Juni 1615 das Projekt einer »Reyse rund um den gantzen Erdtball« in Angriff genommen und zu diesem Zweck die Australische Kompanie gegründet. Das Problem war nur, dass Australien, das Südland, noch nicht entdeckt war. Le Maire griff also mit diesem Namen der Entdeckung einer noch zu erkundenden alternativen Route nach Westen, nach Indien und womöglich auch zum noch nicht gefundenen Australien vor, die nicht durch die Magellanstraße führen sollte, weil dieses Gebiet nun mal von der konkurrierenden VOC beansprucht wurde, die mit der Beschlagnahmung des Schiffes drohte, sollte es doch jemand wagen. Le Maires Schiffe waren die Hoorn und die Eendracht, *jagten* oder Pinassschiffe, wie sie zur damaligen Zeit genannt wurden. Die Eendracht war 30 Meter lang, 8,64 Meter breit, hatte drei Masten, und in diesem kleinen Universum lebten 65 Mann. Das Schiff stand unter dem Kommando von Willem Corneliszoon Schouten. Le Maires Sohn Jacob führte den Befehl über die Expedition und war der Kommandant der Hoorn. Nach sechs Monaten trafen sie in Patagonien ein, im heutigen Puerto Deseado. Dort geriet bei Reparaturen die Hoorn in Brand, doch noch im selben Monat setzten sie die Fahrt auf der Eendracht fort. Es war natürlich ein Umstand, der zu der damaligen Zeit gehörte, doch wenn ich so etwas lese, muss ich mir immer kurz klarmachen, dass es keine Möglichkeit gab, dieses Ereignis heim nach Hoorn oder wem auch immer zu melden. Wie die beiden Besatzungen (die Hoorn hatte 22 Mann an Bord) auf dem einen Schiff Platz fanden, ist ein Rätsel, aber elf Tage später hatte das Schiff die fast 1500 Kilometer zur erhofften Passage zurückgelegt, die heute also Le-Maire-Straße heißt. Ungefähr dort befinden wir uns jetzt, und wieder muss ich daran denken, dass ich jetzt sehe, was sie damals sahen. Sie segelten weiter zu einer Inselgruppe, der sie den Namen Hoorn-Inseln gaben, wir fahren nach Norden, nach Puerto Madryn, wo wir uns eine große Pinguinkolonie ansehen wollen. Die Reise Le Maires, die kein gutes Ende nahm, wurde später in seinem Buch beschrieben, das 1622 postum erschien. Die Eendracht überquerte die riesige Fläche des Pazifischen Ozeans und fuhr nördlich am gesuchten Australien vorbei nach Jacatra, dem heutigen Jakarta, doch weil Jan Pieterszoon Coen, der dortige Befehlshaber der VOC, nicht glauben wollte, dass Le Maire eine neue Passage gefunden hatte und infolgedessen durch die verbotene Magellanstraße gefahren sein musste, wurde die Besatzung gefangen gesetzt und das Schiff beschlagnahmt. Die Rehabilitierung sollte erst viel später erfolgen, doch da war Jacob Le Maire bereits tot.

Wenn wir geglaubt hatten, bei Kap Hoorn habe schwerer Seegang geherrscht, so werden wir einige Tage später eines Besseren belehrt. Schaukeln, Schlingern, Sturm, aber diesmal ein richtiger. Es scheint, als müsse das große Schiff jedes Mal die Wogen hinaufsteigen, bevor es auf der anderen Seite wieder hinunterrutscht. Fünf Meter hohe Wellen, Windstärke 10. Am beeindruckendsten finde ich das Tosen der Böen und die Wassermassen, die übers Deck schlagen, wo man sich mit beiden Händen an der Reling festhalten muss. Viele Passagiere sind in die Kabinen verschwunden, ich leide nicht unter Seekrankheit und bin einer der wenigen, die noch in der Lounge sitzen, als der gesamte Gläserbestand der Bar mit einem wahnsinnigen Kreischen auf den Boden kracht. Die Pianistin aus Aserbaidschan, die an diesem Abend ein Chopin-Konzert geben soll, ist nicht zu erschüttern. Elnara Ismailova heißt sie, der Saal ist längst nicht voll wegen der Seekranken, und ob der Flügel auch seekrank ist, wird nicht klar, jedenfalls will er weg, am liebsten mitsamt dem Klavierhocker. Während ihrer kleinen Einleitung hält sie sich energisch, um nicht zu sagen krampfhaft am Flügel fest, doch es hilft alles nichts, zusammen mit dem Podium, dem Flügel und uns wird sie jedes Mal hochgehoben, wie ein großes Stück Treibholz taumeln wir durch die inzwischen stockfinstere Sturmnacht, und trotzdem gibt sie sich nicht geschlagen, Ballade in F-Dur op. 38, Walzer in cis-Moll op. 64, Scherzo in h-Moll op. 20, alles klingt wunderbar, begleitet vom mächtigen Orchester des Sturms. So werde ich Chopin nie wieder hören. Am nächsten Tag erfahren wir, dass das Schiff wegen des schweren Seegangs nicht in Puerto Madryn anlegen kann, wir sehen es in der Ferne, ein verführerisch langer Pier, ein paar hohe Gebäude, aber es geht nicht, schade um die Pinguine. Als Trostpreis schenkt man uns Montevideo, was nicht im ursprünglichen Reiseplan stand. Ein kleines Kümo, dessen Namen ich nicht erkennen kann, liegt vor Madryn stampfend auf Reede, *es* darf, wir nicht, doch dann sehe ich an der Brücke, wie der Lotse sich verabschiedet und einem Tänzer gleich von seiner schwingenden Leiter an Bord seiner sich aufbäumenden Deseada springt, die, eine wilde Schaumspur hinter sich herziehend, in den Hafen zurückjagt.

Anne Enright

Die Kreuzfahrt

Im Frühjahr jenes letzten Jahres kamen Kates Eltern auf den Gedanken, eine Kreuzfahrt zu unternehmen. Von Miami aus sieben Tage in die östliche Karibik: Puerto Rico, Haiti, Turks und Caicos, St. Thomas. Als Kate sie durch das Abfluggate des Dubliner Flughafens gehen sah – ihre Mutter in einem taubenblauen Trainingsanzug, ihren Vater in weißen Laufschuhen –, wurde ihr klar, dass sie sterben würden. Daran war der Trainingsanzug schuld.

Sie hoffte, ihr Vater würde in der Sonne eine Kopfbedeckung tragen. Aber nicht seine gewöhnliche Kopfbedeckung, auf der vorn »Clondalkin Reifenrunderneuerung« stand. Er war ja nicht mal Mechaniker. Ihr Vater war Versicherungsvertreter und schon lange im Ruhestand. Kate hoffte, dass er sich irgendwo in der Karibik einen anständigen Hut kaufen und anstelle der Kappe tragen würde.

»Es wimmelt dort nur so von Läden«, hatte sie gesagt und in die Broschüre geschaut. »Ich meine nicht, in der Karibik, ich meine, auf dem Schiff gibt's überall Läden. Was hast du denn sonst noch vor?«, fragte sie. »Sieh mal!«

Ihr Vater sah hin – er war ein Mann, der Läden um jeden Preis mied. Aber es gab ja nicht nur Läden: Auf dem Schiff gab es eine Kunsteisbahn, eine Kletterwand sowie auf dem

Oberdeck eine Art Perpetuummobile-Welle, auf der man die ganze Nacht hindurch surfen konnte.

»Was hast du denn sonst noch vor?«, fragte Kate erneut und dachte, dass es vermutlich auch Kartenspielclubs, Bingo und sogar Frisiersalons gab.

»Ja. Sogar die Getränke sind kostenlos«, sagte ihre Mutter und lachte kurz auf. »Die fließen offenbar aus einem Hahn.«

Kate wusste, dass ihre Mutter nicht zu viel trinken würde, oder zumindest vermutlich nicht. Schlimmstenfalls etwas Pinkfarbenes, in dem ein Schirmchen steckte. Ihre Mutter hatte schon immer die Sonne geliebt – Sonnenschein war für sie Glamour genug. Und ihr Vater mochte es hin und wieder gern romantisch: Dann nahm er schwerfällig ihre Hand und führte sie über den Tanzboden in irgendeinem Hotel.

Sie würden sich prächtig amüsieren. Für sie war es eine große Unternehmung. Obwohl man zugeben muss, dass sie auf der Straße zum Flughafen nicht ganz auf der Höhe waren. Kate musste auf der Standspur anhalten, damit ihr Vater im Kofferraum nachsehen konnte, ob er seine Pillen eingepackt hatte, während das halbe Land an ihnen vorbeiraste.

»Wer braucht schon Tabletten«, rief Kate ihrer Mutter durch den Verkehrslärm zu, »wenn wir ihn von einem Sattelschlepper über den Haufen fahren lassen können?« Sofort stellten sich Schuldgefühle ein. Obwohl der Gedanke sie auch erheiterte.

»Steig ein! Steig ein, du Idiot. Und leg den Sicherheitsgurt an!«

So brachte sie sie zum Flughafen. Sie schleppte die Koffer, die Klarsichtbeutel mit den Toilettenartikeln und die alte Tüte aus dem Supermarkt mit den Pantoffeln und den Flugsocken, die ihr Vater im Flugzeug tragen wollte – und dann gingen sie durch das Abfluggate und waren verschwunden.

Sie schickten ein paar elektronische Postkarten, die sie mühsam auf einer Tastatur im Internetcafé des Schiffes mit Text gefüllt hatten. »St. Maarten schön! Hoffen alle wohlauf!« Eines Abends erschien auf der Website, auf der sich immer Kates Jüngster, Jimmy, tummelte und alberne Botschaften an andere Neunjährige schickte, die vor ihren langsam ladenden Webcams hockten, ein Bild vom Gesicht ihrer Mutter – oder träumte er etwa?

»Da ist ja Omi!«, sagte er.

»Was?«

Kate ging ins Wohnzimmer hinüber, um sich das Foto anzusehen, und tatsächlich, in einer Ecke des Bildschirms stieg das Gesicht ihrer Mutter auf, blau und stumm.

»Du meine Güte!«, rief sie aus, als das Bild wackelte und gefror.

Es sah aus wie aus einem Science-Fiction-Film. Eine Botschaft von einem anderen Stern, die vor vielen Jahren abgeschickt worden war.

Kaum waren sie abgereist, waren sie auch schon wieder zu Hause. Kate sah auf dem Kalender nach, um die Daten zu überprüfen, aber tatsächlich schien es so, als hätte eine Woche auf einem Kreuzfahrtschiff genauso viele Tage und Nächte wie eine Woche in ihrer Küche.

An dem Abend, als sie ankamen, holte sie sie ab. Die Sonnenbräune ließ sie jünger aussehen, aber – vielleicht lag's ja am Jetlag – sie wirkten müde. Pflichtschuldig erzählten sie von den Inseln – von der Größe der Spinnen, von den Palmen und dem Mantarochen, den sie von der Hafenmole eines Ortes namens Labadee aus gesehen hatten –, schienen von der Welt jedoch leicht enttäuscht zu sein, nun da sie sich so mühelos erkunden ließ. Ihre Mutter war sehr beeindruckt von der Wärme und der endlosen Schönheit des Meeres, dabei war ihnen, wie sie erklärte, bei Landgang gar nicht viel Zeit geblieben, schwimmen zu gehen. Außerdem habe es an Bord Sprudelbäder und so weiter gegeben. Das Aufregendste sei das Schiff selbst gewesen.

»Erstaunlich«, sagte ihr Vater.

Sie seien überhaupt nicht seekrank gewesen, erzählte ihre Mutter, außer einmal, am zweiten Tag. Das Schiff sei riesig gewesen, wie ein Einkaufszentrum, nur dass man wusste, man bewegt sich fort, man spürt es einfach.

»Dann steigt man aus«, ergänzte ihr Vater, »und steht auf festem Boden. Richtig dumpf«, sagte er. »Unter den Füßen.«

»Hast du dir einen Hut gekauft?«, fragte ihn Kate, die aus unerfindlichen Gründen neidisch war.

»Nein.«

»Ich hatte dir doch gesagt, du sollst dir einen Hut kaufen.«

»Ich hab doch meine Kappe«, sagte er.

Aber dann hörten sie auf, von dem Schiff zu erzählen, und erkundigten sich stattdessen nach der Familie, nach den Kindern und Enkelkindern; wer in dieser Woche wo sei – Kevin, Kates Bruder, hielt sich geschäftlich in Maryland auf und wollte über New York zurückkommen.

»Ihr hättet doch für ein, zwei Tage hinfliegen und ihn treffen, euch Manhattan anschauen können«, sagte Kate, die, noch während sie sprach, wusste, dass ihnen so etwas nie in den Sinn kommen würde. Sie hatten ihr Abenteuer gehabt. Sie würden Irland nie wieder verlassen.

»Das Meer hat man ganz vergessen«, sagte ihre Mutter versonnen. Das Schiffsinnere sei hohl gewesen. »Wie ein Raumschiff«, sagte sie. »Oh, es war riesig.«

So groß wie zwei Fußballfelder hintereinander, ergänzte ihr Vater.

»Und vier Stockwerke hoch«, fuhr ihre Mutter fort. Mit allen möglichen Restaurants und Bars; thailändisch, mexikanisch – vieles davon sehr scharf, deswegen hätten sie einen Bogen darum gemacht.

»Nur das Schlafen war schwierig«, sagte ihr Vater.

Ja, lustig, wie schwierig es gewesen sei, zu schlafen. Man würde meinen, dass das Schiff einen in den Schlaf wiegt wie ein Baby. Und manchmal hätten sie trotz der Größe ein Dröhnen in den Metallwänden hören können.

»Ganz weit weg«, sagte ihr Vater.

Die Klimaanlage sei perfekt gewesen, aber beide seien sie hellwach geblieben. Eines Nachts sei sie aus dem Drang heraus, das Meer zu sehen, aufgestanden und kilometerweit gelaufen, am Nachtclub und an den geschlossenen Restaurants vorbei, um den richtigen Lift zu finden, den, der nach ganz oben fuhr. Und als sie an die frische Luft gekommen sei, erzählte sie, seien die Sterne so wunderschön gewesen, dass man den Eindruck hatte, der Himmel drehe sich. Dann das schwarze Wasser und die Wellen, die sich in einem weißen V brachen, alles unter ihr in ständiger Bewegung, kilometerweit.

»Schön«, sagte Kate.

Dann hörten sie eine Zeitlang auf, davon zu erzählen – im Hochsommer hätte man meinen können, die Kreuzfahrt sei bereits völlig vergessen –, doch als es Herbst wurde und die Kälte heranschlich, ging es wieder los. Diesmal war sie noch erstaunlicher. Die Kreuzfahrt! Die Kreuzfahrt! Es war ein Traum, von dem ohne Ende erzählt wurde: von den Miniaturarmaturen im Badezimmer bis zu den anderen Paaren, die sie beim Abendessen kennengelernt hatten. Das Paar aus Limerick zum Beispiel, die Feeneys, die ein Möbelgeschäft besaßen, »dreihundertsiebzig Quadratmeter groß!« Auch ein gemischtrassiges Paar sei an Bord gewesen, »ausgerechnet aus Belfast«. Am prominentesten aber waren die Carters aus Yorkshire. Es gab nichts, was Kate nicht über die Carters aus Yorkshire erfahren hätte. Sie wusste, dass die Tochter sich zum zweiten Mal einer Hormonbehandlung unterzogen hatte und dass sie gern Tanqueray Gin tranken. Mr Carter hatte sich die Krampfadern entfernen lassen. Mrs Carter spielte Golf. Sie hatten dafür gesorgt, dass in der Silver Lounge *Texas Hold'em* gespielt wurde, und beim Steward zu diesem Zweck einen Behälter mit Trockennudeln erbettelt, die sie als Spielgeld einsetzten.

Mrs Carter hatte erzählt, dass die Friseurin nur fünf Pfund die Stunde verdiene. Mr Carter hatte erzählt, im Gefrierschrank liege eine Leiche – das sei auf großen Schiffen immer so –, und der Chefsteward habe erklärt, bevor sie nach Hause kämen, würden es zwei sein.

An diesem Punkt schwieg ihre Mutter aus Respekt vor den namenlosen Toten.

Kate stellte sich einen Werbeleiter im Ruhestand vor, schon von Leichenstarre befallen, während das Schiff das

Meer durchpflügte; die Lippen von Eiskristallen bedeckt, der Rücken von den Wellen emporgetragen und wieder fallen gelassen, dies in einem unauffälligen Fach zwischen Frühstücksspeck und Hunderten von Pawlowas, und in den fünf Swimmingpools schwappte das Wasser in die den Wellen entgegengesetzte Richtung.

Als ihr Vater eines Tages wirklich ziemlich krank war, überflog Kate müßig einen Brief, der bei ihren Eltern auf dem Garderobentisch lag. Es handelte sich um einen dieser Rundbriefe, die die Leute zu Weihnachten verschicken. »Stellt euch vor, wie fassungslos wir waren«, las sie, »als wir entdeckten, dass die Pfotenspuren auf dem Wohnzimmerteppich tatsächlich von einem Dachs stammten!!« Auf der zweiten Seite waren drei Familienfotos abgedruckt: »Wir frieren uns in Cromer den **sch ab«, »Großeltern, endlich!« und »Das soll ein Hund sein?« Der Brief war mit »Lee und Sally (Carter)« unterschrieben. Sie sehen glücklich aus, dachte Kate, als sie den Brief wieder auf den Tisch warf. Sie sehen aus wie Bewohner einer anderen Welt.

Wann immer die Leute zum Ausdruck bringen wollten, wie sehr sich Kates Vater verändert hatte, betonten sie, wie gut er bei der Rückkehr von der Kreuzfahrt ausgesehen habe. Dies war der letzte feste Bezugspunkt, über den sie verfügten. Er lag häufig im Bett – ziemlich unleidlich, um die Wahrheit zu sagen –, und Kates Mutter wusste nicht mehr ein noch aus. Über die Carters, den Grünen Strahl bei Sonnenuntergang oder die Marshmallows, die in der Bar auf Deck vierzehn im Kaffee schwammen, wurde nicht mehr gesprochen. Etwas später jedoch fand Kate einen weiteren

Brief, der in Yorkshire abgestempelt war, und als sie danach fragte, antwortete ihre Mutter: »Ich wollte ihnen nur mitteilen, wie es um deinen Papa steht.«

Kate war so verärgert, dass sie sich wegdrehen musste.

»Ich wünschte, du würdest das lassen, Mama«, sagte sie.

»Mein Schatz«, antwortete ihre Mutter, »ich bin zweiundsiebzig Jahre alt.« Aber sie maßte sich nicht an, zu erklären, was das beweisen sollte.

Ihr Vater hatte keinen leichten Tod, als es so weit war, obwohl die Stationsschwester sagte, sie habe schon viel Schlimmeres erlebt. »Ich weiß, dass dies kein Trost für Sie ist.« Am Ende waren sie alle empört – nicht dass es jemanden gab, dem man Vorwürfe machen konnte –, es war einfach empörend, mit ansehen zu müssen, wie die Flut des Todes über ihrem Vater zusammenschlug und sich wieder zurückzog, eine Welle nach der anderen, bis sie schließlich nicht mehr wussten, ob es ihnen lieber wäre, wenn er bliebe oder wenn er von ihnen ginge.

Und als er schließlich von ihnen ging, konnten sie auch das nicht fassen. Sie sahen einander an, Brüder und Schwestern – zum ersten Mal kamen sie einander wirklich vor. Die Tage, die folgten, hatten etwas sehr Aufrichtiges. Die Beerdigung verlief gut, die Gebete am Grab waren beinahe erträglich, und um ihre Mutter kümmerten sie sich abwechselnd. Sie war natürlich ihre größte Sorge. Sie wünschten sich, ihre Mutter würde endlich weinen, aber sie tat es nicht. Das Leid hatte sie erstaunlich verwandelt. Kates Mutter trug ein taubengraues Kostüm und um den Hals einen blauen Schal. Sie sah aus, wie Lauren Bacall beim Tod Humphrey

Bogarts ausgesehen haben mochte: unberührbar. Sie umarmte Nachbarn und Freunde und schüttelte ihnen die Hände, aber keiner kam richtig an sie heran. Das war kein gutes Zeichen. Kate stand auf der anderen Seite der Menschenmenge, lud Trauergäste ins Haus ein und organisierte Mitfahrgelegenheiten, als sie schließlich das Geräusch hörte, auf das sie alle gehofft hatten, seit – nun, seit ihr Vater dahingesiecht war. Es war das Geräusch eines Weinkrampfs. Sie bahnte sich einen Weg zu ihrer Mutter und fand sie schluchzend und dem Zusammenbruch nahe in den Armen eines fremden Mannes.

»Ist ja gut«, sagte der Mann und strich ihr über das graublonde Haar. »Ist ja gut.«

Er trug eine sandfarbene Safarijacke; sein Nacken war breit und rot, seine Augen von einem unbestimmten Blau. Eine winzige, mit einem Trenchcoat bekleidete Frau neben ihm hielt die Hand ihrer Mutter und streichelte sie.

»Ist ja gut«, stimmte die Frau ein. »Ist ja gut, Marjorie. Ist ja gut.«

Hinter den bebenden Schultern ihrer Mutter hervor streckte der Mann ihr einen kurzen, dicken Arm entgegen, aber er musste sich Kate nicht vorstellen. Sie wusste seinen Namen bereits.

»Lewis Carter«, sagte er. »Mein Beileid.«

Und später, als die drei in einer Ecke des Wohnzimmers *Some Enchanted Evening* sangen, war Kate nicht weiter überrascht. Auch damit hatte sie gerechnet.

Nachweis

Andrea Camilleri (* 6. September 1925, Porto Empedocle)
Das Gespenst in der Kabine. Aus dem Italienischen von Moshe Kahn. Aus: Andrea Camilleri, *Die Ermittlungen des Commissario Collura*. Copyright © 2003 by Verlag Klaus Wagenbach, Berlin

Anne Enright (* 11. Oktober 1962, Dublin)
Die Kreuzfahrt. Aus dem Englischen von Hans-Christian Oeser und Jürgen Schneider. Aus: Anne Enright, *Alles, was du wünschst*. Copyright © 2009 by Deutsche Verlags-Anstalt, München, in der Verlagsgruppe Random House GmbH

F. Scott Fitzgerald (24. September 1896, St. Paul/Minnesota – 21. Dezember 1940, Hollywood)
Der Riffpirat. Aus dem Amerikanischen von Christa Schuenke. Aus: F. Scott Fitzgerald, *Winterträume*. Copyright © 2009 by Diogenes Verlag, Zürich

Jonathan Franzen (* 17. August 1959, Western Springs bei Chicago)
Echt skandinavisch (Titel vom Herausgeber). Aus dem Amerikanischen von Bettina Abarbanell. Aus: Jonathan Franzen, *Die Korrekturen*. Copyright © 2002 by Rowohlt Verlag, Reinbek bei Hamburg

Iwan Gontscharow (18. Juni 1812, Simbirsk – 27. September 1891, Sankt Petersburg)
Das Kreuz des Südens. Aus dem Russischen von Erich Müller-Kamp. Aus: Iwan Gontscharow, *Briefe von einer Weltreise*. Copyright © 1982 by Diogenes Verlag, Zürich

René Goscinny (14. August 1926, Paris – 5. November 1977, ebenda)
Wir legen ab und *Landausflüge.* Aus dem Französischen von Hans Georg Lenzen. Aus: René Goscinny, *Eine Kreuzfahrt, die ist lustig.* Copyright © 2012 by Diogenes Verlag, Zürich

Jerome K. Jerome (2. Mai 1859, Walsall/Staffordshire – 14. Juni 1927, Northampton)
Alles inklusive (Titel vom Herausgeber). Aus dem Englischen von Arnd Kösling. Auszug aus: Jerome K. Jerome, *3 Männer im Boot*. Copyright © 1998 by Piper Verlag, München

D. H. Lawrence (11. September 1885, Eastwood – 2. März 1930, Vence)
Das Meer. Aus dem Englischen von Georg Goyert. Aus: D. H. Lawrence, *Das Meer und Sardinien.* Copyright © 2007 by Diogenes Verlag, Zürich

Thomas Mann (6. Juni 1875, Lübeck – 12. August 1955, Zürich)
Jungfernfahrt über den Atlantik (Titel vom Herausgeber). Aus: Thomas Mann, *Meerfahrt mit Don Quijote*. In: ders., *Gesammelte Werke in dreizehn Bänden, Band IX: Reden und Aufsätze 1.* Copyright © 1995 by S. Fischer Verlag, Frankfurt

Gabriel García Márquez (* 6. März 1927, Aracataca/Kolumbien)
Fluss-Kreuzfahrt. Aus dem kolumbianischen Spanisch von Dagmar Ploetz. Auszug aus: Gabriel Garcia Marquez, *Die Liebe in Zeiten der Cholera.* Copyright © 1987, 1998, 2006 by Verlag Kiepenheuer & Witsch, Köln

W. Somerset Maugham (25. Januar 1874, Paris – 16. Dezember 1965, Saint-Jean-Cap-Ferrat bei Nizza)
Winter-Kreuzfahrt. Aus dem Englischen von Helene Mayer. Aus: W. Somerset Maugham, *Gesammelte Erzählungen.* Copyright © 2005 by Diogenes Verlag, Zürich und The Royal Literary Fund

Ingrid Noll (* 29. September 1935, Shanghai)
Kreuzfahrt-Romanze (Titel vom Herausgeber). Auszug aus: Ingrid Noll, *Über Bord.* Copyright © 2012 by Diogenes Verlag, Zürich

Cees Nooteboom (* 31. Juli 1933, Den Haag)
Schiffstagebuch (Titel vom Herausgeber). Aus dem Niederländischen von Helga von Beuningen. Auszug aus: Cees Nooteboom, *Schiffstagebuch.* Copyright © 2011 by Suhrkamp Verlag, Berlin

Joachim Ringelnatz, eigentlich Hans Bötticher (7. August 1883, Wurzen bei Leipzig – 16. November 1934, Berlin)
Matrosen. Aus: Joachim Ringelnatz, *Matrosen.* Edition Maritim, Hamburg 2005

Mark Twain, eigentlich Samuel Langhorne Clemens (30. November 1835, Florida/Missouri – 21. April 1910, Redding/Connecticut)
Passagiere und Kapitäne (Titel vom Herausgeber). Aus dem Amerikanischen von Ana Maria Brock. Aus: Mark Twain, *Die Arglosen im Ausland*. Copyright für die deutsche Übersetzung © 1966, 2008 by Aufbau Verlag GmbH & Co. KG, Berlin

John Updike (18. März 1932, Reading/Pennsylvania – 27. Januar 2009, Beverly/Massachusetts)
Kreuzfahrt. Aus dem Amerikanischen von Maria Carlsson. Aus: John Updike, *Der Mann, der ins Sopranfach wechselte*. Copyright © 1997 by Rowohlt Verlag, Reinbek

David Foster Wallace (21. Februar 1962, Ithaca/New York – 12. September 2008, Claremont/Kalifornien)
Schrecklich amüsant. Aus dem Amerikanischen von Marcus Ingendaay. Auszug aus: David Foster Wallace: *Schrecklich amüsant – aber in Zukunft ohne mich*. Copyright © 2007 by mareverlag, Hamburg

Evelyn Waugh (28. Oktober 1903, London – 10. April 1966, Taunton)
Kreuzfahrt. Aus dem Englischen von Otto Bayer. Aus: Evelyn Waugh, *Wer zuerst kommt, mahlt zuerst*. Copyright © 1943, 1946, 1963, 1982 by Evelyn Waugh, used by permission of the Wylie Agency (UK) Limited. Copyright für die deutsche Übersetzung © 1985 by Diogenes Verlag, Zürich

Abdruck der Zeichnungen von Jean-Maurice Bosc auf den Seiten 2, 124, 177 und 246/247 mit freundlicher Genehmigung von Alain Damman, Aubais. Die Zeichnungen von Loriot auf den Seiten 6 und 383 sind dem Buch Loriot, *Gesammelte Bildergeschichten* (Diogenes Verlag, 2008) entnommen. Die Zeichnungen von Jean-Jacques Sempé auf den Seiten 50/51 sind dem Buch *Schöne Aussichten* (Diogenes Verlag, 2001), auf Seite 85 dem Buch *Nichts ist einfach* (Diogenes Verlag, 1968, 1982, 1987), auf Seite 223 dem Buch *Traumtänzer* (Diogenes Verlag, 1999), auf Seite 285 dem Buch *Morgenmenschen* (Diogenes Verlag, 1984, 1993) und auf der Seite 334/335 dem Buch *Quelques Manifestants* (Éditions Denoël, 1983, 2000) entnommen.

Bitte beachten Sie
auch die folgenden Seiten

René Goscinny

Eine Kreuzfahrt, die ist lustig

Mit vielen Fotos. Aus dem Französischen
von Hans Georg Lenzen

Eine Seefahrt, die ist lustig... aber auf andere Weise, als man es sich vorgestellt hat.
Mit seinem unvergleichlichen Humor beschreibt René Goscinny, der als Jude auf einem Frachter nach Argentinien emigrierte und seither am liebsten per Schiff reiste, eine dreiwöchige Kreuzfahrt, von der Einschiffung bis zur Rückkehr. An Bord existiert eine ganz klare Hierarchie: an der Spitze der Kapitän – und ganz unten die »armen« Touristen, darunter unvermeidlich einige Snobs, mürrische dicke Damen, unerträgliche Kinder, selbsternannte Stimmungskanonen und nur wenige hübsche Mädchen.

»Auf den Landausflügen haben die Touristen die Wahl zwischen mehreren ungewöhnlichen Fortbewegungsmitteln – vom Fiaker über den Esel bis zum Kamel. Es ist schon bemerkenswert, wie man Touristen dazu bringen kann, irgendein Tier zu reiten mit der Aussicht, dabei fotografiert zu werden.« *René Goscinny*

Ingrid Noll
Über Bord

Roman

Eine marode Villa, Geldsorgen, eine betagte Mutter, zwei Töchter mit unpassenden Freunden, eine schlecht bezahlte, langweilige Stelle beim Einwohnermeldeamt – so sieht Ellens trister Alltag aus. Da sie geschieden und nicht mehr jung ist, erscheint ihr die Zukunft nicht gerade in rosigem Glanz. Nur ein Märchenprinz könnte sie retten, Ellen aber mag nicht an Wunder glauben.
Da taucht ein gutaussehender Mann auf und behauptet, ihr Halbbruder zu sein. Dank einiger Gentests kommen erstaunliche Familiengeheimnisse ans Licht. Die Einladung zu einer Mittelmeer-Kreuzfahrt erscheint Ellen als Höhepunkt ihres Lebens. Doch nicht nur die Illusion einer letzten großen Liebe geht über Bord…

»Ingrid Noll schreibt Bücher, die in einem trügerischen Niemandsland zwischen Krimi und Familiendrama, zwischen Frauenbuch und heimeligem Horror siedeln.« *Joachim Kronsbein / Der Spiegel, Hamburg*

Auch als Diogenes Hörbuch erschienen,
gelesen von Uta Hallant

Nicht schon wieder Wellen!
Hinterhältige Geschichten vom Meer
Ausgewählt von Daniel Kampa und Winfried Stephan

Alle träumen vom Meer, doch diese endlosen Wellen können auch nerven. Und genauso kann ohne Schiffbruch einiges ins Wasser fallen – wenn man keinen festen Boden unter sich hat oder die Füße im Sand: Flaute und stürmische Überfahrten, zu steile Sprünge und zu hohe Wellen, Magenprobleme im Inselparadies, Langeweile oder zu viele nackte Busen am Strand, Meeresungeheuer und Haie, Seekrankheiten oder Landgänge (die noch gesundheitsschädlicher sind), Geisterschiffe, oder noch schlimmer: überfüllte Kreuzfahrtschiffe… Ob in Honolulu, der Karibik, an der Côte d'Azur, im Mittelmeer oder in der Weite der Ozeane: *Nicht schon wieder Wellen!* versammelt die schönsten hinterhältigen Geschichten vom Meer.

»Der Strand ist der Friedhof der Wellen.«
Tomi Ungerer

Ausgewählte Geschichten auch als
Diogenes Hörbuch erschienen,
gelesen von Sabine Kastius und Jochen Striebeck

Ferienanthologien im Diogenes Verlag

Strandlesebuch

Sonnige und coole Geschichten

Man sollte sich nicht darauf verlassen, am Strand eine Flaschenpost zu finden, um etwas Spannendes zum Lesen zu haben – schließlich verliert sogar die Brandung oder der schönste Sonnenuntergang irgendwann seinen Reiz. Ein gutes Buch hingegen ist auch bei schlechter Witterung eine Garantie für gelungene Ferien, besonders mit folgenden Reisebegleitern: Doris Dörrie, Bernhard Schlink, Ingrid Noll, John Irving, Philippe Djian, Patrick Süskind oder Haruki Murakami.

Balkonlesebuch

Spannende und entspannende Geschichten

»Man sollte lieber nicht auf Reisen gehen, sondern auf dem Balkon sitzen bleiben« riet Erich Kästner. Recht hat er. Und deshalb gibt es für alle, die zu Hause bleiben, ob sie es sich nun auf dem Balkon bequem machen oder nicht, ein Sommerbuch mit spannenden und entspannenden Geschichten von weltbekannten Erzählern wie Patricia Highsmith, Bernhard Schlink oder Ingrid Noll. Und als Zugabe: Geschichten von Almudena Grandes, Hermann Hesse und Axel Hacke, in denen der Balkon zum spannenden Schauplatz wird.

Landleben

Ein Sehnsuchts-Lesebuch

Von den Lebensgewohnheiten auf dem Lande anno dazumal und von den Freuden eines einfachen Lebens im Einklang mit der Natur erzählen Klassiker wie Adalbert Stifter, H.D. Thoreau oder Anton Čechov.

Zeitgenössische Autoren wie Tomi Ungerer, Judith Hermann und Andrea De Carlo schreiben außerdem über die Sehnsucht nach einem Refugium im Grünen und nicht zuletzt über die naiven Vorstellungen der Städter und die doch ganz andere Wirklichkeit des Landlebens.

Sommerliebe

Liebesgeschichten

Nicht jede Sommerliebe endet mit einem Happyend: Bei D.H. Lawrence sind die Standesunterschiede zwischen einer Amerikanerin aus gutem Haus und einem italienischen Bauern einfach zu groß, Urs Widmer erzählt von einem sonnensehnsüchtigen Touristen, der auf der griechischen Insel Naxos in ein verwirrendes Gefühlslabyrinth verstrickt wird. John Irvings junger Held Edward hat auf Long Island eine Affäre mit seiner Traumfrau, die nur einen Fehler hat: Sie ist mit seinem Arbeitgeber verheiratet.
Egal, ob die Sommerliebe auch über den Herbst hinaus hält, die Geschichten in diesem Buch zeigen: Mag der Frühling die Jahreszeit der Leidenschaft sein, der Sommer ist die Zeit der Liebe.

Nicht schon wieder Stau!

Hinterhältige Reisegeschichten

»Reisen ist eine arge Beschäftigung. Das moderne Unterwegs ist womöglich noch schlimmer als das vergangene. Früher wurde man von unkonzessionierten Räubern überfallen und ausgezogen, und man hatte immerhin das Gefühl, dass einem Unrecht geschähe. Das hat sich geändert«, so Erich Kästner. Statt Raubüberfällen gibt es heute Flugverspätungen, verlorene Gepäckstücke und verstopfte Straßen. Da kann man froh sein, wenn man überhaupt an das Ziel der Reise kommt. *Nicht schon wieder Stau!* versammelt wunderschön hinterhältige Reisegeschichten von John Irving, Martin Suter und Doris Dörrie. Und Anna Gavalda schreibt über einen Mann und eine Frau in einem Auto – natürlich im Stau.

Nicht schon wieder Wellen!

Hinterhältige Geschichten vom Meer

Alle träumen vom Meer, doch diese endlosen Wellen können auch nerven. Und auch ohne Schiffbruch kann so einiges ins Wasser fallen – wenn man keinen festen Boden unter sich hat oder die Füße im Sand: Flaute und stürmische Überfahrten, zu steile Sprünge und zu hohe Wellen, Magenprobleme im Inselparadies, Langeweile oder zu viele nackte Busen am Strand, Meeresungeheuer und Haie, Seekrankheiten oder Landgänge (die noch gesundheitsschädlicher sind), Geisterschiffe oder noch schlimmer: überfüllte Kreuzfahrtschiffe... Ob in Honolulu, der Karibik, an der Côte d'Azur, im Mittelmeer oder in der Weite der Ozeane: *Nicht schon wieder Wellen!* versammelt die schönsten hinterhältigen Geschichten vom Meer.

D. H. Lawrence im Diogenes Verlag

»Seine Verdienste um die moderne englische Literatur sind erkannt und anerkannt.«
Romeo Giger / Neue Zürcher Zeitung

Gesammelte Erzählungen und Kurzromane in zwei Bänden in Kassette
Band 1:
Aus dem Englischen von Martin Beheim-Schwarzbach, Marta Hackel, Karl Lerbs und Elisabeth Schnack

Band 2:
Deutsch von Martin Beheim-Schwarzbach, Georg Goyert, Karl Lerbs und Elisabeth Schnack
Daraus die Erzählung *Der Mann, der Inseln liebte* auch als Diogenes Hörbuch, gelesen von Hans Korte

Verliebt
Geschichten von Liebe und Leidenschaft. Ausgewählt von Daniel Kampa. Deutsch von Martin Beheim-Schwarzbach und Elisabeth Schnack
Ausgewählte Geschichten auch als Diogenes Hörbuch erschienen. Diogenes Sammler-Edition. 7 CD in Geschenk-Verpackung, gelesen von Rolf Boysen, Brigitte Buhre, Anna König und Hans Korte

Der preußische Offizier
Erzählungen. Deutsch von Elisabeth Schnack und Martin Beheim-Schwarzbach

England, mein England
Erzählungen. Deutsch von Martin Beheim-Schwarzbach, Marta Hackel, Karl Lerbs und Elisabeth Schnack

Die Frau, die davonritt
Erzählungen. Deutsch von Martin Beheim-Schwarzbach, Georg Goyert, Karl Lerbs und Elisabeth Schnack

Der Fremdenlegionär
Erzählungen. Autobiographisches. Fragmente. Deutsch von Elisabeth Schnack

Der Hengst St. Mawr
Roman. Deutsch von Gerda von Uslar

Liebe im Heu
Erzählungen. Deutsch von Martin Beheim-Schwarzbach und Elisabeth Schnack

Lady Chatterley's Lover
Die zweite Fassung. Roman. Deutsch von Susanna Rademacher. Mit einem Nachwort von Roland Gart (vormals: *John Thomas & Lady Jane*)

Briefe
Deutsch von Elisabeth Schnack. Mit einer Einleitung von Aldous Huxley

Mr. Noon
Autobiographischer Roman. Deutsch von Nikolaus Stingl

Mexikanischer Morgen
Reisetagebücher. Deutsch von Alfred Kuoni

Das Meer und Sardinien
Reisetagebücher. Deutsch von Georg Goyert

Etruskische Stätten
Reisetagebücher. Deutsch von Oswalt von Nostitz

Italienische Dämmerung
Reisetagebücher. Deutsch von Georg Goyert

F. Scott Fitzgerald im Diogenes Verlag

Er war Ernest Hemingways Vorbild. Dashiell Hammett, Raymond Chandler, Gertrude Stein und T.S. Eliot lasen ihn mit Begeisterung. Und heute ist er der Lieblingsautor so unterschiedlicher Persönlichkeiten wie Doris Dörrie, Joey Goebel und Haruki Murakami.

»Fitzgerald ist ein Schriftsteller, wie er der Gegenwart fehlt. Seine Prosa trägt mit jedem Satz das Gewicht der Welt, und es wirkt wie die leichteste Übung überhaupt. Eleganz, das wusste dieser Schriftsteller, ist eben der echte Existenzialismus.
Jetzt, spätestens, kann man ihn wiederentdecken, diesen Schreiber, der Buchstaben setzte wie Musiker Noten und mit seinen Figuren durch das *Jazz Age* tanzte, durch den Boom und den Crash, von den Weiten des Mittleren Westens bin an die Côte d'Azur und schließlich sogar bis an den Rand des Wahnsinns.«
Georg Diez / Die Zeit, Hamburg

»F. Scott Fitzgerald war der Größte unter uns allen.«
Ernest Hemingway

Die Romane in fünf Bänden in Kassette
Alle Bände auch als Einzelausgaben in Leinen sowie im Taschenbuch erhältlich:

Diesseits vom Paradies
Roman. Aus dem Amerikanischen von Bettina Blumenberg und Martina Tichy. Mit einem Nachwort von Manfred Papst

Die Schönen und Verdammten
Roman. Deutsch von Hans-Christian Oeser. Mit einem Nachwort von Manfred Papst

Der große Gatsby
Roman. Deutsch von Bettina Abarbanell. Mit einem Nachwort von Paul Ingendaay
Auch als Diogenes Hörbuch erschienen, gelesen von Gert Heidenreich

Zärtlich ist die Nacht
Roman. Deutsch von Renate Orth-Guttmann. Mit einem Nachwort von Heinrich Detering

Die Liebe des letzten Tycoon
Roman. Deutsch von Renate Orth-Guttmann. Mit einem Nachwort von Verena Lueken
Auch als Diogenes Hörbuch erschienen, gelesen von Anna Thalbach

Oben in der Villa
Roman. Deutsch von William G. Frank und Ann Mottier

Liza von Lambeth
Roman. Deutsch von Irene Muehlon

Der bunte Schleier
Roman. Deutsch von Anna Kellner und Irmgard Andrae

Der Magier
Ein parapsychologischer Roman. Deutsch von Melanie Steinmetz und Ute Haffmans

Mrs. Craddock
Roman. Deutsch von Elisabeth Schnack

Der schmale Winkel
Roman. Deutsch von Mimi Zoff (vormals: *Südsee-Romanze*)

Der Menschen Hörigkeit
Roman. Deutsch von Mimi Zoff und Susanne Feigl

Außerdem lieferbar:

Die halbe Wahrheit
Keine Autobiographie. Deutsch von Matthias Fienbork

Notizbuch eines Schriftstellers
Herausgegeben und mit einem Essay von Simone und Thomas Stölzel. Deutsch von Irene Muehlon und Simone Stölzel

Books and You
Eine kleine persönliche Geschichte der Weltliteratur. Deutsch von Matthias Fienbork

Denken mit W. Somerset Maugham
Über Skepsis und humorvolle Resignation, die Natur des Menschen und den Beruf des Schriftstellers. Herausgegeben und mit Essays von Thomas und Simone Stölzel

Ashenden
oder der britische Geheimagent. Erzählungen. Deutsch von Helene Mayer, Eva Schönfeld und Wulf Teichmann

Silbermond und Kupfermünze
Roman. Deutsch von Susanne Feigl

Theater
Ein Schauspieler-Roman. Deutsch von Renate Seiller und Ute Haffmans

Damals und heute
Ein Machiavelli-Roman. Deutsch von Hans Flesch und Ann Mottier

Diogenes Hörbücher:

Regen
und andere Meistererzählungen
Diogenes Sammler-Edition. 6 CD in Geschenk-Verpackung, gelesen von Marietta Bürger, Hans Korte, Friedhelm Ptok und Werner Rehm

Der Büchersack
Erzählung. 1 CD, gelesen von Hans Korte

Gesammelte Erzählungen in vier Bänden in Kassette
Herausgegeben von Silvia Zanovello
Alle Bände auch als Einzelausgaben (Leinen) erhältlich:

Winterträume
Erzählungen. Deutsch von Bettina Abarbanell, Dirk van Gunsteren, Christa Hotz, Alexander Schmitz, Christa Schuenke, Walter Schürenberg und Melanie Walz. Mit einem Nachwort von Manfred Papst
Daraus die Erzählung ›Winterträume‹ auch als Diogenes Hörbuch erschienen, gelesen von Friedhelm Ptok

Die letzte Schöne des Südens
Erzählungen. Deutsch von Bettina Abarbanell, Anna Cramer-Klett, Dirk van Gunsteren, Christa Hotz, Alexander Schmitz, Walter Schürenberg und Melanie Walz. Mit einem Nachwort von Paul Ingendaay

Wiedersehen mit Babylon
Erzählungen. Deutsch von Bettina Abarbanell, Christa Hotz, Renate Orth-Guttmann, Alexander Schmitz, Christa Schuenke, Walter Schürenberg und Melanie Walz. Mit einem Nachwort von Daniel Kampa

Der letzte Kuss
Erzählungen. Deutsch von Christa Hotz, Renate Orth-Guttmann, Harry Rowohlt, Alexander Schmitz, Walter Schürenberg und Melanie Walz. Mit einem Nachwort von Verena Lueken

Außerdem lieferbar:

Drei Stunden zwischen zwei Flügen
und andere Meistererzählungen. Ausgewählt und mit einem Nachwort von Daniel Kampa
Acht Meistererzählungen auch als Diogenes Hörbuch erschienen, gelesen von Helene Grass, Volker Hanisch, Hannelore Hoger, Dietmar Mues, Friedhelm Ptok und Ernst Schröder

Junger Mann aus reichem Haus
Erzählungen. Mit einem Vorwort von John Updike. Deutsch von Bettina Abarbanell und Walter Schürenberg

Der seltsame Fall des Benjamin Button
Erzählung. Deutsch von Christa Schuenke
Auch als Diogenes Hörbuch erschienen, gelesen von Gert Heidenreich

Ein Diamant – so groß wie das Ritz
Erzählung. Diogenes Hörbuch, 2 CD, gelesen von Gert Heidenreich

Pietro Citati
Schön und verdammt
Ein biographischer Essay über Zelda und F. Scott Fitzgerald. Aus dem Italienischen von Maja Pflug

W. Somerset Maugham im Diogenes Verlag

Seit 2005 erscheint eine Neuausgabe der Romane und Erzählungen W. Somerset Maughams in revidierten Übersetzungen.

»Somerset Maugham ist noch heute ein Autor von verblüffender Modernität.« *Der Tagesspiegel, Berlin*

»Ein humaner, toleranter Fabulierer, der in der Vielfalt seines Werkes die Antwort auf die Vielfalt der Welt findet. Trotz seiner Produktivität hat Maugham nicht eine einzige langweilige Zeile geschrieben.«
Hessischer Rundfunk, Frankfurt am Main

»Ein glänzender Beobachter. Menschen und Umwelt gewinnen bei ihm höchste Präsenz.«
D. H. Lawrence

Bisher erschienen:
(Stand Winter 2010/2011)

Gesammelte Erzählungen in zwei Bänden in Kassette

Band 1: *Ost und West*
Aus dem Englischen von Felix Gasbarra, Tina und Gerd Haffmans, Ilse Krämer, Eva Schönfeld, Wulf Teichmann, Kurt Wagenseil und Mimi Zoff

Band 2: *Der Rest der Welt*
Deutsch von Felix Gasbarra, Marta Hackel, Monique Humbert, Raymond G. May, Helene Mayer, Claudia und Wolfgang Mertz, Wulf Teichmann, Friedrich Torberg und Mimi Zoff

Die *Gesammelten Erzählungen* sind außerdem in sechs Taschenbuchausgaben lieferbar:

Honolulu

Fußspuren im Dschungel

Der Büchersack

Eine flüchtige Beziehung

Die romantische junge Dame

Die Winterkreuzfahrt

Regen
und andere Meistererzählungen. Ausgewählt von Daniel Keel und Daniel Kampa. Deutsch von Tina und Gerd Haffmans, Ilse Krämer, Irene Muehlon, Simone Stölzel, Friedrich Torberg, Kurt Wagenseil und Mimi Zoff

Auf Messers Schneide
Roman. Deutsch von N.O. Scarpi

Rosie und die Künstler
Roman. Deutsch von Hans Kauders und Claudia Schmölders